ALEJANDRO REBO

DELINCUENCIA ORGANIZADA
TRANSNACIONAL
"El Gran Negocio"

RCG | REBOLLEDO
CONSULTING
GROUP

© Alejandro Rebolledo, 2019

Edición
Rebolledo Consulting Group

Diseño, diagramación, y portada
Janet Salgado Mukarssel

ISBN: 978-1793999351

DELINCUENCIA ORGANIZADA
TRANSNACIONAL
"El Gran Negocio"

CONTENIDO

CAPÍTULO IV
El Contrabando

CAPÍTULO V
Falsificación

CAPÍTULO VI
Riesgo

CAPÍTULO VII
Fraude

Capítulo VIII
Evasión Fiscal

Capítulo IX
Trata de personas - Trata de migrantes

Capítulo X
Secuestro y Extorsión

Capítulo XI
Tráfico de Armas

Capítulo XII
Ciberdelincuencia y Criptomonedas

Capítulo XIII
Narcotráfico

Capítulo XVI
Lavado de Dinero

DEDICATORIA

A las víctimas de la Delincuencia Organizada Transnacional que no tienen quien hable por ellas.

A Venezuela, mi país, gobernado por la Delincuencia Organizada.

AGRADECIMIENTO

Al Miami Dade College por su apoyo y confianza.

A la Fundación International Solidarity for Human Rights por su respaldo permanente.

A mis alumnos.

A mi equipo por su consecuente acompañamiento.

PRÓLOGO

La delincuencia organizada transnacional representa una amenaza significativa y creciente para la seguridad nacional e internacional, con consecuencias desastrosas para la seguridad y salud pública, las instituciones democráticas y la estabilidad económica en todo el mundo. No sólo redes delictivas se están expandiendo, sino que también están diversificando sus actividades, resultando en la fusión de distintas amenazas que hoy tienen efectos explosivos y desestabilizadores.

Los países en desarrollo, algunos conocidos por sus debilidades institucionales, pueden ser particularmente susceptibles a la delincuencia organizada transnacional. Su infiltración en estos países profundiza el debilitamiento de la gobernabilidad.

La aparente relación creciente entre elementos de gobierno –incluyendo los servicios de inteligencia– y grupos de la delincuencia organizada transnacional, representa una amenaza significativa al crecimiento económico, democrático e institucional. En países con débil gobernabilidad, hay funcionarios corruptos que se hacen de la vista gorda a la actividad de la delincuencia organizada transnacional.

Estas redes hamponiles penetran en el proceso político internacional de varias maneras. A menudo mediante el soborno directo a funcionarios públicos y privados; establecen economías de sombra, infiltración financiera y seguridad a través de la coerción o la corrupción; y se posicionan como alternativos proveedores de gobierno, en áreas como la seguridad, servicios y medios de subsistencia. La expansión de estas redes amenaza la estabilidad nacional y socavan los mercados libres, las instituciones financieras, y por ende la aplicación de la ley.

La penetración de la delincuencia organizada transnacional en los gobiernos tiene como objetivo intensificar la corrupción y socavar la gobernabilidad, el estado de derecho, los sistemas judiciales, la prensa libre, la creación de instituciones democráticas y la transparencia.

En Estados Unidos, la delincuencia organizada transnacional amenaza los intereses económicos nacionales y podría causar un daño significativo al sistema financiero mundial a través de la subversión, explotación y distorsión de la actividad económica y los mercados legítimos.

La gran preocupación de los empresarios en Estados Unidos es que las empresas norteamericanas se están colocando en situación de desventaja frente al poderío de la delincuencia organizada, particularmente en los mercados emergentes donde se percibe la debilidad institucional. Este hecho espanta la inversión extranjera en muchos países del mundo donde "gobierna" el crimen organizado.

Las actividades de la delincuencia organizada transnacional pueden conducir a la interrupción de la cadena de suministro global, que a su vez disminuye la competitividad económica y afecta la capacidad de sectores de la industria y el transporte de Estados Unidos, amenaza que no permitirá.

Organizaciones criminales transnacionales, aprovechando sus relaciones con naciones, entidades, industrias o actores aliados con el Estado, para ganar influencia sobre los mercados de productos básicos claves tales como el gas, el petróleo, el aluminio y los metales preciosos, junto a la potencial explotación del sector transporte.

La infiltración de la delincuencia organizada transnacional en el corazón del Estado-Nación ha infectado el estado de derecho y desplazado a intereses democráticos utilizando la avaricia, la corrupción y la violencia.

El impacto de la delincuencia transnacional incluye el aumento de crímenes violentos, impuestos y el decaimiento social que amenaza la prosperidad, seguridad y calidad de vida de los ciudadanos en Estados Unidos y el mundo.

El centro de gravedad de la delincuencia organizada transnacional es su claro fin de lucro y el centro de gravedad del Estado-Nación es la gobernabilidad.

Se estima, que para el año 2030, el panorama criminal va a cambiar en la sociedad de Estados Unidos y de Europa; la delincuencia organizada transnacional será más peligrosa y diversificada. El crecimiento indetenible de crímenes transnacionales seguirán desestabilizando Estados emergentes, mientras que la corrupción de las instituciones e infraestructuras en todo el mundo se diversificará.

La globalización de la delincuencia se refleja en el enorme volumen de dinero que se mueve a través de las fronteras durante el proceso de blanqueo de capitales.

Un marco regulatorio que se centre en áreas críticas tales como: lavado de dinero, comercio internacional, programas de asistencia social, legislación y la cooperación universal requiere ser implementado urgentemente ante la peligrosa amenaza de la delincuencia organizada transnacional en los Estados Unidos y el mundo.

Eso es, justamente, lo que el Dr. Alejandro Rebolledo vino a hacer el 08 de marzo del año 2018 en el Miami Dade College, Escuela de Justicia, Seguridad Pública y Estudios de Derecho. Sus credenciales hablan de su vasto conocimiento en el campo del derecho penal, la criminalística y de cómo opera la delincuencia organizada transnacional.

Su logro docente, ejecutado en la clase Magistral más prolongada en Prevención de Crimen Organizado; más de 24 horas ininterrumpidas y acompañado de cientos de estudiantes, directamente en el Miami Dade College, North Campus, hablan de su compromiso de llamar la atención ante el peligro de la delincuencia organizada transnacional y la imperiosa necesidad de detenerla.

Este trabajo permite dejar plasmado ese esfuerzo y sirve como un documento único de consulta para entender esta grave problemática mundial.

Decano Raimundo Socorro, PhD
Escuela de Justicia, Seguridad Pública y Estudios de Derecho
Miami Dade College, Miami, FL

Introducción

El crecimiento vertiginoso que ha venido demostrando el crimen organizado en las últimas décadas a nivel mundial, pone en evidencia la vulnerabilidad de diversos sectores que tradicionalmente se veían blindados contra el delito y que ahora se exponen a graves riesgos en la seguridad de sus actividades.

Y es que la capacidad de avance desplegada por las organizaciones criminales a través de nuevas tecnologías y de sus elevados alcances financieros, les ha permitido transgredir barreras establecidas dentro de grupos sociales, económicos y políticos, que convergen en cada sociedad para desarrollar sus tareas básicas.

Mientras el aparato estatal funciona lenta y pesadamente, con gran burocracia, el crimen organizado actualiza su estructura tecnológica informática, con lo cual toma la delantera para desequilibrar la operatividad de cualquier esquema socioeconómico que encuentre a su alcance, actuando especialmente sobre estratos sociales de altos niveles de pobreza.

Puede verse entonces, como gran diversidad de delitos que van cobrando fuerza alrededor del mundo, generan fuentes de dinero ilegal que será desplazado a través de toda vía posible para ser lavado y poder insertarlo en la fluidez de la economía cotidiana. En ese proceso se van involucrando un número cada vez mayor de entes participantes, muchos responsables de importantes estrategias financieras, políticas o gubernamentales, que arrastran consigo desde valores morales y educacionales, hasta los más sencillos parámetros que sean vulnerables a la corrupción.

Ante tal arremetida contra el orden jurídico, social y moral, toda acción que se lleve a cabo es relevante, si ataca los graves delitos que tanto daño hacen en nuestro entorno, como son el lavado de dinero, la trata de personas, el terrorismo, el contrabando, fraude, falsificación, evasión fiscal, narcotráfico, proliferación de armas de destrucción masiva, secuestro, extorsión y corrupción, entre otros.

Las legislaciones de cada país en el mundo deben mantenerse en constante revisión y movimiento para poder garantizar nuevas estrategias de lucha frente al crimen organizado y desarrollar programas de cooperación conjunta que permitan monitorear el comportamiento de su amplio desplazamiento, así como enfrentar sus estrategias.

Pero eso no es suficiente. Instituciones públicas y privadas, ONGs, organizaciones gubernamentales, civiles, militares, gremiales, sociales, sanitarias, educativas y todos los sectores que conforman las fuerzas vivas de cada nación, deben aprender a estar involucrados en el combate contra la delincuencia organizada, cuya ambiciosa e indolente extensión derrumba fuertes estructuras económicas reconocidas.

Se hace imperativo mantener alertas permanentes que permitan detectar rápidamente, la aparición de los tentáculos depredadores de los diferentes delitos que están constantemente en cualquier ámbito y así lograr activar lo antes posible, acciones de prevención y control, para disminuir el detrimento causado por sus efectos sobre la humanidad.

Durante gran parte de mi trayectoria profesional he profundizado, fehacientemente, en el estudio y seguimiento de las múltiples variantes que han ido sumándose a las redes del complejo entramado de lo que llamamos delincuencia organizada, enfocado siempre en el firme propósito de ganarle en tiempo y espacio a sus protagonistas, mediante una lucha constante y eficaz, llevada a cabo mancomunadamente entre todas las naciones del planeta.

He sostenido como premisa que las leyes por sí solas no bastan para enfrentar un problema tan complejo y que arrastra demasiadas vertientes delictivas, sino que además se requiere de voluntad política verdadera, apoyada en funcionarios públicos de primer, segundo y tercer grado, comprometidos con la transparencia y la denuncia ante posibles actos delictivos, así como con la participación del sector empresarial, los poderes del Estado y todos y cada uno de los sectores que actúan en la sociedad.

A lo largo de muchos años he insistido en el desarrollo de programas de capacitación y adiestramiento ajustados a las legislaciones de cada país donde puedan impartirse técnicas apropiadas y las herramientas necesarias para la detección y el control del lavado de dinero, el riesgo financiero, el financiamiento al terrorismo y demás temas inherentes al crimen organizado. Promoviendo, además, el intercambio de experiencias internacionales que brinden apoyo y mayores conocimientos a quienes interactúan en el devenir financiero.

Siguiendo la dirección de esa firme meta, por espacio de 12 años ininterrumpidos, asumí el reto de llevar a cabo las Conferencias Internacionales

Antilavado de Dinero Contra El Riesgo y El Fraude y contra el Financiamiento al Terrorismo, en República Dominicana y Venezuela, a través de las cuales se ha podido evaluar innumerables consideraciones de gran relevancia para la implementación de mejores políticas de prevención y control a nivel regional e internacional.

En dichas conferencias participaron representantes de numerosas naciones, como Estados Unidos, Canadá, Colombia, Perú, Argentina, España, Panamá, Ecuador, Chile, México, Corea del Sur, Gran Bretaña, Costa Rica, República Dominicana, Brasil, Guatemala, Puerto Rico y Venezuela, entre otras, quienes se sumaron a la tarea de abrir nuevas puertas invalorables para tratar abierta y profundamente el tema de los delitos que conforman el crimen organizado.

Más de 300 oradores altamente calificados con una vasta experiencia reconocida a nivel mundial, compartieron sus experiencias con una multitud que acudió ávida de información para despejar dudas y mejorar su atención hacia los serios problemas delictivos que tratamos. Resultaron muy exitosas y trascendentales, generando siempre una respuesta contundentemente positiva, y desde allí logramos mucha atención universal hacia el propósito de la lucha contra el crimen organizado.

Sin embargo, nunca es suficiente, y el arduo camino recorrido para llegar a ellas, fue poco para lo que falta. Nunca he detenido mi paso en la búsqueda de soluciones y no he descansado en intensificar la difusión de toda la información posible en torno a los graves delitos que rodean al crimen organizado, con la finalidad de mantener encendidas las alertas necesarias para detectarlo y combatirlo eficazmente.

A través de la extendida trayectoria en el ejercicio de mi profesión y la experiencia que sigo acumulando de esa inagotable fuente de información al servicio de la humanidad que es el derecho, sigo especializándome en el tema de la delincuencia organizada y todo el entorno que la conforma, ha sido por demás enriquecedor, en virtud de poder proyectar y transmitir nuevos aportes sobre esta problemática, cuyos alcances aún requieren de muchísima difusión para optimizar mejores resultados.

Un gran devenir de charlas, seminarios, conferencias, foros, talleres, cursos, clases magistrales, jornadas, ponencias y libros, entre otras actividades pertinentes, han enmarcado parte del trabajo adelantado desde hace más de 30 años, para ofrecer mayores aportes a la capacitación universal en esta materia.

Los días 8 y 9 de marzo de 2018, en la ciudad estadounidense de Miami, Florida, dicté la Clase Magistral más prolongada sobre Prevención de la Delincuencia Organizada, con el apoyo de Rebolledo Consulting Groupy en alianza con la Escuela de Justicia del Miami Dade College y el International Solidarity for Human Rights, logrando con ella, el prestigioso reconocimiento del Récord Guinness del Mundo.

Se trató de una jornada sin precedentes para el área de prevención de la delincuencia organizada, con una duración de 24 horas y 40 minutos ininterrumpidos, abordando distintos temas que convergen en el seguimiento de este tema que representa tan grave problema internacional, ofreciendo variados enfoques a través de un enriquecido compendio de información recabada especialmente para esta pionera jornada.

Lograr obtener el certificado del Récord Mundial Guinness en el tratamiento de la prevención de la delincuencia organizada reviste doble importancia, en un momento en el que mi país natal, Venezuela, afronta la peor de las crisis en su historia contemporánea, debido al intenso deterioro que sufre el aparato gubernamental, precisamente a causa de verse infiltrado por mafias provenientes de diversos lugares del mundo, el lavado de dinero, corrupción, narcotráfico y por otra serie de factores criminales que han tomado el control del poder en esa nación.

He querido, en consecuencia, plasmar por escrito el registro de esta intensa y gratificante clase magistral desarrollada para aclarar en lo posible, todos los aspectos inherentes al tema de la prevención y control de la delincuencia organizada, destacando la intencionalidad del llamado a perseverar en la lucha contra el delito, especialmente este gigantesco monstruo que extiende sus garras hacia América Latina.

La satisfacción del deber cumplido tras la dinámica y exitosa Clase Magistral de 24 horas y 40 minutos, se complementa con la responsabilidad de sentar una marca para este tipo de evento, especialmente al percibir la receptividad expresada por el caluroso público que se identifica de alguna manera con nuestro trabajo.

Exhortamos a toda la comunidad internacional a continuar y multiplicar, la cooperación permanente en esta tarea, porque no se puede desistir, sino por el contrario, continuar golpeando sobre el punto más doloroso de la delincuencia organizada, como lo es el dinero. No podemos darle tregua, ni descansar.

Puedo sentirme orgulloso del camino adelantado y ello reafirma mi serio compromiso hacia la difusión de nuestras experiencias y la materialización de nuevas metas. En ese contexto, presento este libro, como un aporte más dentro la lucha en la prevención y control de la delincuencia organizada en el mundo.

ALEJANDRO REBOLLEDO

El Dr. Alejandro Rebolledo recibe el Récord Mundial Guinness 2018.

Capítulo I
Convención de Las Naciones Unidas Contra la Delincuencia Organizada y sus Protocolos

La Convención de Las Naciones Unidas Contra la Delincuencia Organizada fue aprobada por la resolución 55/25 de la Asamblea General, de fecha 15 de noviembre del año 2000.

Posteriormente pidió la firma de los Estados miembros en una Conferencia convocada en Palermo, Italia, los días 12 y 15 de diciembre de 2000, para, finalmente, entrar en vigor el 29 de septiembre de 2003.

Es el principal instrumento internacional que posee la finalidad de promover la cooperación para prevenir y combatir más eficazmente, la delincuencia organizada transnacional.

La Convención de las Naciones Unidas Contra la Delincuencia Organizada se complementa con tres Protocolos que se centran específicamente en áreas y manifestaciones de la delincuencia organizada:

1. El Protocolo para prevenir, reprimir y sancionar la trata de personas, especialmente mujeres y niños;

2. El Protocolo contra el tráfico ilícito de migrantes por tierra, mar y aire; y

3. El Protocolo contra la fabricación y el tráfico ilícitos de armas de fuego, sus piezas y componentes y municiones.

¿Cuánto dinero mueve la delincuencia organizada transnacional?

La delincuencia organizada transnacional es un gran negocio. Según la UNODC en su informe "Estimaciones de los Flujos Financieros Derivados del Tráfico Ilícito de Drogas y Otros Delitos Organizados Transnacionales", octubre de 2011, la cantidad total de ganancias de la delincuencia organizada, pueden haber sido de aproximadamente $ 2.1 trillones de dólares, o 3,6 por ciento del PIB, excepto aquellas derivadas de la evasión de impuestos.

El total de dinero lavado globalmente es de aproximadamente US$ 1,6 trillones, o un 2,7 por ciento del PIB mundial.

Principales definiciones

Artículo 2. Definiciones

a) "Grupo delictivo organizado". Se entenderá un grupo estructurado de tres o más personas que exista durante cierto tiempo y que actúe concertadamente con el propósito de cometer uno o más delitos graves o delitos tipificados con arreglo a la presente Convención con miras a obtener, directa o indirectamente, un beneficio económico u otro beneficio de orden material.

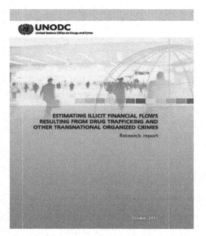

Informe "Estimaciones de los Flujos Financieros Derivados del Tráfico Ilícito de Drogas y Otros Delitos Organizados Transnacionales" de 2011.

b) "Delito grave". Se entenderá la conducta que constituya un delito punible con una privación de libertad máxima de al menos cuatro años o con una pena más grave.

c) "Grupo estructurado". Se entenderá un grupo no formado fortuitamente para la comisión inmediata de un delito y en el que no necesariamente se haya asignado a sus miembros funciones formalmente definidas ni haya continuidad en la condición de miembro o exista una estructura desarrollada.

d) "Bienes". Se entenderá los activos de cualquier tipo, corporales o incorporales, muebles o inmuebles, tangibles o intangibles, y los documentos o instrumentos legales que acrediten la propiedad u otros derechos sobre dichos activos.

e) "Producto del delito". Se entenderá los bienes de cualquier índole derivados u obtenidos directa o indirectamente de la comisión de un delito.

f) "Embargo preventivo" o "incautación". Se entenderá la prohibición temporal de transferir, convertir, enajenar o mover bienes, o la custodia o el control temporales de bienes por mandato expedido por un tribunal u otra autoridad competente.

g) "Decomiso". Se entenderá la privación con carácter definitivo de bienes por decisión de un tribunal o de otra autoridad competente.

h) "Delito determinante". Se entenderá todo delito del que se derive un producto que pueda pasar a constituir materia de un delito definido en el artículo 6 de la presente Convención.

i) "Entrega vigilada". Se entenderá la técnica consistente en dejar que remesas ilícitas o sospechosas salgan del territorio de uno o más Estados, lo atraviesen o entren en él, con el conocimiento y bajo la supervisión de sus autoridades competentes, con el fin de investigar delitos e identificar a las personas involucradas en la comisión de éstos.

j) "Organización regional de integración económica". Se entenderá una organización constituida por Estados soberanos de una región determinada, a la que sus Estados miembros han transferido competencia en las cuestiones regidas por la presente Convención y que ha sido debidamente facultada, de conformidad con sus procedimientos internos, para firmar, ratificar, aceptar o aprobar la Convención o adherirse a ella; las referencias a los "Estados Parte" con arreglo a la presente Convención se aplicarán a esas organizaciones dentro de los límites de su competencia.

Artículo 3. Ámbito de Aplicación

1) La presente Convención se aplicará a la prevención, la investigación y el enjuiciamiento de:

a) Los delitos tipificados en la presente convención.

Artículo 4. Protección de la soberanía

1. Los Estados Parte cumplirán sus obligaciones con arreglo a la presente Convención en consonancia con los principios de igualdad soberana e integridad territorial de los Estados, así como de no intervención en los asuntos internos de otros Estados.

2. Nada de lo dispuesto en la presente Convención facultará a un Estado Parte para ejercer, en el territorio de otro Estado, jurisdicción o funciones que el derecho interno de ese Estado reserve exclusivamente a sus autoridades.

Delitos Penalizados

Artículo 5. Penalización de la participación en un grupo delictivo organizado

Artículo 6. Penalización del blanqueo del producto del delito

Artículo 8. Penalización de la corrupción

Artículo 23. Penalización de obstrucción de la justicia

Protocolo sobre trata de personas, especialmente mujeres y niños

Artículo 3. Penalización de la trata de personas

Convención de las Naciones Unidas Contra la
Delincuencia Organizada Transnacional y sus Protocolos.

Protocolo contra el tráfico ilícito de migrantes por tierra, mar y aire

Artículo 6. Penalización del tráfico de migrantes

Protocolo contra la fabricación y el tráfico ilícitos de armas de fuego, sus piezas y componentes y municiones

Artículo 5. Penalización del tráfico ilícito de armas de fuego

Artículo 5. Penalización de la participación en un grupo delictivo organizado

1. Cada Estado Parte adoptará las medidas legislativas y de otra índole que sean necesarias para tipificar como delito, cuando se cometan intencionalmente:

a) Una de las conductas siguientes, o ambas, como delitos distintos de los que entrañen el intento o la consumación de la actividad delictiva:

i) El acuerdo con una o más personas de cometer un delito grave con un propósito que guarde relación directa o indirecta con la obtención de un beneficio económico u otro beneficio de orden material y, cuando así lo prescriba el derecho interno, que entrañe un acto perpetrado por uno de los participantes para llevar adelante ese acuerdo o que entrañe la participación de un grupo delictivo organizado;

ii) La conducta de toda persona que, a sabiendas de la finalidad y actividad delictiva general de un grupo delictivo organizado o de su intención de cometer los delitos en cuestión, participe activamente en:

    a. Actividades ilícitas del grupo delictivo organizado;

    b. Otras actividades del grupo delictivo organizado, a sabiendas de que su participación contribuirá al logro de la finalidad delictiva antes descrita;

b) La organización, dirección, ayuda, incitación, facilitación o asesoramiento en aras de la comisión de un delito grave que entrañe la participación de un grupo delictivo organizado.

Artículo 6. Penalización del blanqueo del producto del delito

1. Cada Estado Parte adoptará, de conformidad con los principios fundamentales de su derecho interno, las medidas legislativas y de otra índole que sean necesarias para tipificar como delito, cuando se cometan intencionalmente:

a) i) La conversión o la transferencia de bienes, a sabiendas de que esos bienes son producto del delito, con el propósito de ocultar o disimular el origen ilícito de los bienes o ayudar a cualquier persona involucrada en la comisión del delito determinante a eludir las consecuencias jurídicas de sus actos;

    ii) La ocultación o disimulación de la verdadera naturaleza, origen, ubicación, disposición, movimiento o propiedad de bienes o del legítimo derecho a éstos, a sabiendas de que dichos bienes son producto del delito;

b) Con sujeción a los conceptos básicos de su ordenamiento jurídico:

    i) La adquisición, posesión o utilización de bienes, a sabiendas, en el momento de su recepción, de que son producto del delito;

    ii) La participación en la comisión de cualesquiera de los delitos tipificados con arreglo al presente artículo, así como la asociación y la confabulación para cometerlos, el intento de cometerlos, y la ayuda, la incitación, la facilitación y el asesoramiento en aras de su comisión.

2. Para los fines de la aplicación o puesta en práctica del párrafo 1 del presente artículo:

a) Cada Estado Parte velará por aplicar el párrafo 1 del presente artículo a la gama más amplia posible de delitos determinantes;

b) Cada Estado Parte incluirá como delitos determinantes todos los delitos graves definidos en el artículo 2 de la presente Convención y los delitos tipificados con arreglo a los artículos 5, 8 y 23 de la presente

Convención. Los Estados Parte cuya legislación establezca una lista de delitos determinantes incluirán entre éstos, como mínimo, una amplia gama de delitos relacionados con grupos delictivos organizados;

c) A los efectos del apartado b), los delitos determinantes incluirán los delitos cometidos tanto dentro como fuera de la jurisdicción del Estado Parte interesado. No obstante, los delitos cometidos fuera de la jurisdicción de un Estado Parte constituirán delito determinante siempre y cuando el acto correspondiente sea delito con arreglo al derecho interno del Estado en que se haya cometido y constituya asimismo delito con arreglo al derecho interno del Estado Parte que aplique o ponga en práctica el presente artículo si el delito se hubiese cometido allí;

d) Cada Estado Parte proporcionará al Secretario General de las Naciones Unidas una copia de sus leyes destinadas a dar aplicación al presente artículo y de cualquier enmienda ulterior que se haga a tales leyes o una descripción de ésta;

e) Si así lo requieren los principios fundamentales del derecho interno de un Estado Parte, podrá disponerse que los delitos tipificados en el párrafo 1 del presente artículo no se aplicarán a las personas que hayan cometido el delito determinante;

f) El conocimiento, la intención o la finalidad que se requieren como elemento de un delito tipificado en el párrafo 1 del presente artículo podrán inferirse de circunstancias fácticas objetivas.

Artículo 7. Medidas para combatir el blanqueo de dinero

1) Cada Estado Parte:

a) Establecerá un amplio régimen interno de reglamentación y supervisión de los bancos y las instituciones financieras no bancarias y, cuando proceda, de otros órganos situados dentro de su jurisdicción que sean particularmente susceptibles de utilizarse para el blanqueo de dinero a fin de prevenir y detectar todas las formas de blanqueo de dinero, y en ese régimen se hará hincapié en los requisitos relativos a la identificación del cliente, el establecimiento de registros y la denuncia de las transacciones sospechosas;

b) Garantizará, sin perjuicio de la aplicación de los artículos 18 y 27 de la presente Convención, que las autoridades de administración, reglamentación y cumplimiento de la ley y demás autoridades encargadas de combatir el blanqueo de dinero (incluidas, cuando sea pertinente con arreglo al derecho interno, las autoridades judiciales) sean capaces de cooperar e intercambiar información a nivel nacional e internacional de conformidad con las condiciones prescritas en el derecho interno y, a tal fin, considerará la posibilidad de establecer una dependencia de inteligencia financiera que sirva de centro nacional de recopilación, análisis y difusión de información sobre posibles actividades de blanqueo de dinero.

2. Los Estados Parte considerarán la posibilidad de aplicar medidas viables para detectar y vigilar el movimiento transfronterizo de efectivo y de títulos negociables pertinentes, con sujeción a salvaguardias que garanticen la debida utilización de la información y sin restringir en modo alguno la circulación de capitales lícitos. Esas medidas podrán incluir la exigencia de que los particulares y las entidades comerciales notifiquen las transferencias transfronterizas de cantidades elevadas de efectivo y de títulos negociables pertinentes

3. Al establecer un régimen interno de reglamentación y supervisión con arreglo al presente artículo y sin perjuicio de lo dispuesto en cualquier otro artículo de la presente Convención, se insta a los Estados Parte a que utilicen como guía las iniciativas pertinentes de las organizaciones regionales, interregionales y multilaterales de lucha contra el blanqueo de dinero.

4. Los Estados Parte se esforzará por establecer y promover la cooperación a escala mundial, regional, subregional y bilateral entre las autoridades judiciales, de cumplimiento de la ley y de reglamentación financiera a fin de combatir el blanqueo de dinero.

Artículo 8. Penalización de la corrupción

1. Cada Estado Parte adoptará las medidas legislativas y de otra índole que sean necesarias para tipificar como delito, cuando se cometan intencionalmente:

a) La promesa, el ofrecimiento o la concesión a un funcionario público, directa o indirectamente, de un beneficio indebido que redunde en su propio provecho o en el de otra persona o entidad, con el fin de que dicho funcionario actúe o se abstenga de actuar en el cumplimiento de sus funciones oficiales.

b) La solicitud o aceptación por un funcionario público, directa o indirectamente, de un beneficio indebido que redunde en su propio provecho o en el de otra persona o entidad, con el fin de que dicho funcionario actúe o se abstenga de actuar en el cumplimiento de sus funciones oficiales.

2. Cada Estado Parte considerará la posibilidad de adoptar las medidas legislativas y de otra índole que sean necesarias para tipificar como

delito los actos a que se refiere el párrafo 1 del presente artículo cuando esté involucrado en ellos un funcionario público extranjero o un funcionario internacional. Del mismo modo, cada Estado Parte considerará la posibilidad de tipificar como delito otras formas de corrupción.

3. Cada Estado Parte adoptará también las medidas que sean necesarias para tipificar como delito la participación como cómplice en un delito tipificado con arreglo al presente artículo.

4. A los efectos del párrafo 1 del presente artículo y del artículo 9 de la presente Convención, por "funcionario público" se entenderá todo funcionario público o persona que preste un servicio público conforme a la definición prevista en el derecho interno y a su aplicación con arreglo al derecho penal del Estado Parte en el que dicha persona desempeñe esa función.

Artículo 9. Medidas contra la corrupción

Cada Estado Parte adoptará medidas eficaces de carácter legislativo, administrativo o de otra índole para promover la integridad y para prevenir, detectar y castigar la corrupción de funcionarios públicos.

1. Además de las medidas previstas en el artículo 8 de la presente Convención, cada Estado Parte, en la medida en que proceda y sea compatible con su ordenamiento jurídico, adoptará medidas eficaces de carácter legislativo, administrativo o de otra índole para promover la integridad y para prevenir, detectar y castigar la corrupción de funcionarios públicos.

2. Cada Estado Parte adoptará medidas encaminadas a garantizar la intervención eficaz de sus autoridades con miras a prevenir, detectar y castigar la corrupción de funcionarios públicos, incluso dotando a dichas autoridades de suficiente independencia para disuadir del ejercicio de cualquier influencia indebida en su actuación.

Artículo 23. Penalización de la obstrucción de la justicia

Cada Estado Parte adoptará las medidas legislativas y de otra índole que sean necesarias para tipificar como delito, cuando se cometan intencionalmente:

a) El uso de fuerza física, amenazas o intimidación, o la promesa, el ofrecimiento o la concesión de un beneficio indebido para inducir a falso testimonio u obstaculizar la prestación de testimonio o la aportación de pruebas en un proceso en relación con la comisión de uno de los delitos comprendidos en la presente Convención;

b) El uso de fuerza física, amenazas o intimidación para obstaculizar el cumplimiento de las funciones oficiales de un funcionario de la justicia o de los servicios encargados de hacer cumplir la ley en relación con la comisión de los delitos comprendidos en la presente Convención. Nada de lo previsto en el presente apartado menoscabará el derecho de los Estados Parte a disponer de legislación que proteja a otras categorías de funcionarios públicos.

Protocolo para prevenir, reprimir y sancionar la trata de personas, especialmente mujeres y niños, que complementa la Convención de las Naciones Unidas contra la Delincuencia Organizada Transnacional

Artículo 3. Definiciones

a) Por "trata de personas". Se entenderá la captación, el transporte, el traslado, la acogida o la recepción de personas, recurriendo a la amenaza o al uso de la fuerza u otras formas de coacción, al rapto, al fraude, al engaño, al abuso de poder o de una situación de vulnerabilidad o a la concesión o recepción de pagos o beneficios para obtener el consentimiento de una persona que tenga autoridad sobre otra, con fines de explotación.

Esa explotación incluirá, como mínimo, la explotación de la prostitución ajena u otras formas de explotación sexual, los trabajos o servicios forzados, la esclavitud o las prácticas análogas a la esclavitud, la servidumbre o la extracción de órganos.

b) El consentimiento dado por la víctima de la trata de personas a toda forma de explotación intencional descrita en el apartado a) del presente artículo no se tendrá en cuenta cuando se haya recurrido a cualquiera de los medios enunciados en dicho apartado;

c) La captación, el transporte, el traslado, la acogida o la recepción de un niño con fines de explotación se considerará "trata de personas" incluso cuando no se recurra a ninguno de los medios enunciados en el apartado a) del presente artículo;

d) Por "niño". Se entenderá toda persona menor de 18 años.

Artículo 5. Penalización de la trata de personas

1. Cada Estado Parte adoptará las medidas legislativas y de otra índole que sean necesarias para tipificar como delito en su derecho interno las conductas enunciadas en el artículo 3 del presente Protocolo, cuando se cometan intencionalmente.

2. Cada Estado Parte adoptará asimismo las medidas legislativas y de otra índole que sean necesarias para tipificar como delito:

a) Con sujeción a los conceptos básicos de su ordenamiento jurídico, la tentativa de comisión de un delito tipificado con arreglo al párrafo 1 del presente artículo;

b) La participación como cómplice en la comisión de un delito tipificado con arreglo al párrafo 1 del presente artículo; y

c) La organización o dirección de otras personas para la comisión de un delito tipificado con arreglo al párrafo 1 del presente artículo.

Artículo 9. Prevención de la trata de personas

III. Medidas de prevención, cooperación y otras medidas

1. Los Estados Parte establecerán políticas, programas y otras medidas de carácter amplio con miras a:

a) Prevenir y combatir la trata de personas; y

b) Proteger a las víctimas de trata de personas, especialmente las mujeres y los niños, contra un nuevo riesgo de victimización.

2. Los Estados Parte procurarán aplicar medidas tales como actividades de investigación y campañas de información y difusión, así como iniciativas sociales y económicas, con miras a prevenir y combatir la trata de personas.

3. Las políticas, los programas y demás medidas que se adopten de conformidad con el presente artículo incluirán, cuando proceda, la cooperación con organizaciones no gubernamentales, otras organizaciones pertinentes y otros sectores de la sociedad civil.

4. Los Estados Parte adoptarán medidas o reforzarán las ya existentes, recurriendo en particular a la cooperación bilateral o multilateral, a fin de mitigar factores como la pobreza, el subdesarrollo y la falta de oportunidades equitativas que hacen a las personas, especialmente las mujeres y los niños, vulnerables a la trata.

5. Los Estados Parte adoptarán medidas legislativas o de otra índole, tales como medidas educativas, sociales y culturales, o reforzarán las ya existentes, recurriendo en particular a la cooperación bilateral y multilateral, a fin de desalentar la demanda que propicia cualquier forma de explotación conducente a la trata de personas, especialmente mujeres y niños.

DELINCUENCIA ORGANIZADA TRANSNACIONAL
"El Gran Negocio"

Protocolo contra el tráfico ilícito de migrantes por tierra, mar y aire, que complementa la Convención de las Naciones Unidas contra la Delincuencia Organizada Transnacional

Artículo 3. Definiciones

a) Por "tráfico ilícito de migrantes". Se entenderá la facilitación de la entrada ilegal de una persona en un Estado Parte, del cual, dicha persona no sea nacional o residente permanente con el fin de obtener, directa o indirectamente, un beneficio financiero u otro beneficio de orden material.

b) Por "entrada ilegal". Se entenderá el paso de fronteras sin haber cumplido los requisitos necesarios para entrar legalmente en el Estado receptor.

c) Por "documento de identidad o de viaje falso" se entenderá cualquier documento de viaje o de identidad:

i) Elaborado o expedido de forma espuria o alterado materialmente por cualquiera que no sea la persona o entidad legalmente autorizada para producir o expedir el documento de viaje o de identidad en nombre de un Estado; o

ii) Expedido u obtenido indebidamente mediante declaración falsa, corrupción o coacción o de cualquier otra forma ilegal; o

iii) Utilizado por una persona que no sea su titular legítimo.

d) Por "buque" se entenderá cualquier tipo de embarcación, con inclusión de las embarcaciones sin desplazamiento y los hidroaviones, que se utilice o pueda utilizarse como medio de transporte sobre el agua, excluidos los buques de guerra, los buques auxiliares de la armada u otros buques que sean propiedad de un Estado o explotados por éste y que en ese momento se empleen únicamente en servicios oficiales no comerciales.

Artículo 6. Penalización

1. Cada Estado Parte adoptará las medidas legislativas y de otra índole que sean necesarias para tipificar como delito:

a) El tráfico ilícito de migrantes;

b) Cuando se cometan con el fin de posibilitar el tráfico ilícito de migrantes:

i) La creación de un documento de viaje o de identidad falso;

ii) La facilitación, el suministro o la posesión de tal documento.

c) La habilitación de una persona que no sea nacional o residente permanente para permanecer en el Estado interesado sin haber cumplido los requisitos para permanecer legalmente en ese Estado, recurriendo a los medios mencionados en el apartado b) o cualquier otro medio legal.

2. Cada Estado Parte adoptará asimismo las medidas legislativas y de otra índole que sean necesarias para tipificar como delito:

a) Con sujeción a los conceptos básicos de su ordenamiento jurídico, la tentativa de comisión de un delito tipificado con arreglo al párrafo 1 del presente artículo;

b) La participación como cómplice en la comisión de un delito tipificado con arreglo al apartado a) inciso i) del apartado b) o al apartado c) del párrafo 1 del presente artículo y, con sujeción a los conceptos básicos de su ordenamiento jurídico, la participación como cómplice en la comisión de un delito tipificado con arreglo al inciso ii) del apartado b) del párrafo 1 del presente artículo;

c) La organización o dirección de otras personas para la comisión de un delito tipificado con arreglo al párrafo 1 del presente artículo.

3. Cada Estado Parte adoptará las medidas legislativas y de otra índole que sean necesarias para considerar como circunstancia agravante de los delitos tipificados con arreglo al apartado a) del inciso i) del apartado b) y el apartado c) del párrafo 1 del presente artículo y, con sujeción a los conceptos básicos de su ordenamiento jurídico, de los delitos tipificados con arreglo a los apartados b) y c) del párrafo 2 del presente artículo, toda circunstancia que:

a) Ponga en peligro o pueda poner en peligro la vida o la seguridad de los migrantes afectados; o

b) Dé lugar a un trato inhumano o degradante de esos migrantes, en particular con el propósito de explotación.

4. Nada de lo dispuesto en el presente Protocolo impedirá que un Estado Parte adopte medidas contra toda persona cuya conducta constituya delito con arreglo a su derecho interno.

Tráfico ilícito de migrantes por mar

Artículo 7. Cooperación

Los Estados Parte cooperarán en la mayor medida posible para prevenir y reprimir el tráfico ilícito de migrantes por mar, de conformidad con el derecho internacional del mar.

Artículo 8. Medidas contra el tráfico ilícito de migrantes por mar.

1. Todo Estado Parte que tenga motivos razonables para sospechar que un buque que enarbole su pabellón o pretenda estar matriculado

en su registro, que carezca de nacionalidad o que, aunque enarbole un pabellón extranjero o se niegue a izar su pabellón, tenga en realidad la nacionalidad del Estado Parte interesado, está involucrado en el tráfico ilícito de migrantes por mar podrá solicitar la asistencia de otros Estados Parte a fin de poner término a la utilización del buque para ese fin. Los Estados Parte a los que se solicite dicha asistencia la prestarán, en la medida posible con los medios de que dispongan.

2. Todo Estado Parte que tenga motivos razonables para sospechar que un buque que esté haciendo uso de la libertad de navegación con arreglo al derecho internacional y que enarbole el pabellón o lleve matrícula de otro Estado Parte está involucrado en el tráfico ilícito de migrantes por mar podrá notificarlo al Estado del pabellón, pedirle que confirme la matrícula y, si la confirma, solicitarle autorización para adoptar medidas apropiadas con respecto a ese buque. El Estado del pabellón podrá autorizar al Estado requirente, entre otras cosas, a:

a) Visitar el buque;

b) Registrar el buque; y

c) Si se hallan pruebas de que el buque está involucrado en el tráfico ilícito de migrantes por mar, adoptar medidas apropiadas con respecto al buque, así como a las personas y a la carga que se encuentren a bordo, conforme le haya autorizado el Estado del pabellón.

3. Todo Estado Parte que haya adoptado cualesquiera de las medidas previstas en el párrafo 2 del presente artículo informará con prontitud al Estado del pabellón pertinente de los resultados de dichas medidas.

4. Los Estados Parte responderán con celeridad a toda solicitud de otro Estado Parte con miras a determinar si un buque que está matriculado en su registro o enarbola su pabellón está autorizado a hacerlo, así como a toda solicitud de autorización que se presente con arreglo a lo previsto en el párrafo 2 del presente artículo.

5. El Estado del pabellón podrá, en consonancia con el artículo 7 del presente Protocolo, someter su autorización a las condiciones en que convenga con el Estado requirente, incluidas las relativas a la responsabilidad y al alcance de las medidas efectivas que se adopten. Los Estados Parte no adoptarán otras medidas sin la autorización expresa del Estado del pabellón, salvo las que sean necesarias para eliminar un peligro inminente para la vida de las personas o las que se deriven de los acuerdos bilaterales o multilaterales pertinentes.

6. Cada Estado Parte designará a una o, de ser necesario, a varias autoridades para recibir y atender las solicitudes de asistencia, de confirmación de la matrícula o del derecho de un buque a enarbolar

su pabellón y de autorización para adoptar las medidas pertinentes. Esa designación será dada a conocer, por conducto del Secretario General, a todos los demás Estados Parte dentro del mes siguiente a la designación.

7. Todo Estado Parte que tenga motivos razonables para sospechar que un buque está involucrado en el tráfico ilícito de migrantes por mar y no posee nacionalidad o se hace pasar por un buque sin nacionalidad podrá visitar y registrar el buque. Si se hallan pruebas que confirmen la sospecha, ese Estado Parte adoptará medidas apropiadas de conformidad con el derecho interno e internacional, según proceda.

Artículo 11. Medidas fronterizas

1. Sin perjuicio de los compromisos internacionales relativos a la libre circulación de personas, los Estados Parte reforzarán, en la medida de lo posible, los controles fronterizos que sean necesarios para prevenir y detectar el tráfico ilícito de migrantes.

2. Cada Estado Parte adoptará medidas legislativas u otras medidas apropiadas para prevenir, en la medida de lo posible, la utilización de medios de transporte explotados por transportistas comerciales para la comisión del delito tipificado con arreglo al apartado a) del párrafo 1 del artículo 6 del presente Protocolo.

3. Cuando proceda y sin perjuicio de las convenciones internacionales aplicables se preverá, entre esas medidas, la obligación de los transportistas comerciales, incluidas las empresas de transporte, así como los propietarios o explotadores de cualquier medio de transporte, de cerciorarse de que todos los pasajeros tengan en su poder los documentos de viaje requeridos para entrar en el Estado receptor.

4. Cada Estado Parte adoptará las medidas necesarias, de conformidad con su derecho interno, para prever sanciones en caso de incumplimiento de la obligación enunciada en el párrafo 3 del presente artículo.

5. Cada Estado Parte considerará la posibilidad de adoptar medidas que permitan, de conformidad con su derecho interno, denegar la entrada o revocar visados a personas implicadas en la comisión de delitos tipificados con arreglo al presente Protocolo.

6. Sin perjuicio de lo dispuesto en el artículo 27 de la Convención, los Estados Parte considerarán la posibilidad de reforzar la cooperación entre los organismos de control fronterizo, en particular, entre otras medidas, estableciendo y manteniendo conductos de comunicación directos.

Protocolo contra la fabricación y el tráfico ilícitos de armas de fuego, sus piezas y componentes y municiones, que complementa la Convención de las Naciones Unidas contra la Delincuencia Organizada Transnacional

Artículo 5. Penalización tráfico ilícitos de armas de fuego

1. Cada Estado Parte adoptará las medidas legislativas o de otra índole que sean necesarias para tipificar como delito las siguientes conductas, cuando se cometan intencionalmente:

a) La fabricación ilícita de armas de fuego, sus piezas y componentes y municiones;

b) El tráfico ilícito de armas de fuego, sus piezas y componentes y municiones;

c) La falsificación o la obliteración, supresión o alteración ilícitas de la(s) marca(s) de un arma de fuego requerida(s) de conformidad con el artículo 8 del presente Protocolo.

2. Cada Estado Parte adoptará asimismo las medidas legislativas y de otra índole que sean necesarias para tipificar como delito las siguientes conductas:

a) Con sujeción a los conceptos básicos de su ordenamiento jurídico, la tentativa de comisión de un delito tipificado con arreglo al párrafo 1 del presente artículo o la participación en él como cómplice; y

b) La organización, dirección, ayuda, incitación, facilitación o asesoramiento para la comisión de un delito tipificado con arreglo al párrafo 1 del presente artículo.

Prevención del tráfico de ilícitos de armas de fuego

Artículo 7. Establecimiento de Registros de información no menor a 10 años de armas de fuego y sus componentes.

Artículo 8. Marcación de las armas de fuego incluyendo nombre del fabricante, el país o lugar de fabricación y el número de serie.

Artículo 9. Desactivación de las armas de fuego.

Artículo 10. Requisitos generales para sistemas de licencias o autorizaciones de exportación, importación y tránsito.

Artículo 11. Medidas de seguridad y prevención en el curso de fabricación, importación, exportación y tránsito a través del territorio.

Artículo 12: Intercambio de Información entre los estados miembros sobre: fabricantes, agentes comerciales, importadores y exportadores, grupos delictivos, medios de ocultación, formas de detección, etc.

Artículo 13. Cooperación bilateral, regional e internacional entre los estados parte a fin de erradicar, combatir y prevenir el tráfico y la fabricación de armas de fuego.

Artículo 14. Capacitación y asistencia técnica.

Artículo 15. Reglamentación de Corredores y corretaje a través de registros y licencias.

Convención de las Naciones Unidas contra la Delincuencia Organizada Transnacional

Artículo 10. Responsabilidad de las personas jurídicas

1. Cada Estado Parte adoptará las medidas que sean necesarias, de conformidad con sus principios jurídicos, a fin de establecer la responsabilidad de personas jurídicas por participación en delitos graves en que esté involucrado grupo delictivo organizado, así como por los delitos tipificados con arreglo a los artículos 5, 6, 8 y 23 de la presente Convención.

2. Con sujeción a los principios jurídicos del Estado Parte, la responsabilidad de las personas jurídicas podrá ser de índole penal, civil o administrativa.

3. Dicha responsabilidad existirá sin perjuicio de la responsabilidad penal que incumba a las personas naturales que hayan perpetrado los delitos.

4. Cada Estado Parte velará en particular por que se impongan sanciones penales o no penales eficaces, proporcionadas y disuasivas, incluidas sanciones monetarias, a las personas jurídicas consideradas responsables con arreglo al presente artículo.

Artículo 12. Decomiso e incautación

1. Los Estados Parte adoptarán las medidas que sean necesarias para autorizar el decomiso:

   a) Del producto de los delitos comprendidos en la presente Convención o de bienes cuyo valor corresponda al de dicho producto;

   b) De los bienes, equipo u otros instrumentos utilizados o destinados a ser utilizados en la comisión de los delitos comprendidos en la presente Convención.

Artículo 15. Jurisdicción

1. Cada Estado Parte adoptará las medidas que sean necesarias para establecer su jurisdicción respecto de los delitos tipificados con arreglo a los artículos 5, 6, 8 y 23 de la presente Convención cuando:

a) El delito se cometa en su territorio; o

b) El delito se cometa a bordo de un buque que enarbole su pabellón o de una aeronave registrada conforme a sus leyes en el momento de la comisión del delito.

2. Con sujeción a lo dispuesto en el artículo 4 de la presente Convención, un Estado Parte también podrá establecer su jurisdicción para conocer de tales delitos cuando:

a) El delito se cometa contra uno de sus nacionales;

b) El delito sea cometido por uno de sus nacionales o por una persona apátrida que tenga residencia habitual en su territorio; o

c) El delito:

i) Sea uno de los delitos tipificados con arreglo al párrafo 1 del artículo 5 de la presente Convención y se cometa fuera de su territorio con miras a la comisión de un delito grave dentro de su territorio;

ii) Sea uno de los delitos tipificados con arreglo al inciso ii) del apartado b) del párrafo 1 del artículo 6 de la presente Convención y se cometa fuera de su territorio con miras a la comisión, dentro de su territorio, de un delito tipificado con arreglo a los incisos i) o

ii) Del apartado a) o al inciso i) del apartado b)del párrafo 1 del artículo 6 de la presente Convención.

3. A los efectos del párrafo 10 del artículo 16 de la presente Convención, cada Estado Parte adoptará las medidas que sean necesarias para establecer su jurisdicción respecto de los delitos comprendidos en la presente Convención cuando el presunto delincuente se encuentre en su territorio y el Estado Parte no lo extradite por el solo hecho de ser uno de sus nacionales.

4. Cada Estado Parte podrá también adoptar las medidas que sean necesarias para establecer su jurisdicción respecto de los delitos comprendidos en la presente Convención cuando el presunto delincuente se encuentre en su territorio y el Estado Parte no lo extradite.

5. Si un Estado Parte que ejerce su jurisdicción con arreglo a los párrafos 1 o 2 del presente artículo ha recibido notificación, o tomado conocimiento por otro conducto, de que otro u otros Estados Parte están realizando una investigación, un proceso o una actuación judicial respecto de los

mismos hechos, las autoridades competentes de esos Estados Parte se consultarán, según proceda, a fin de coordinar sus medidas.

6. Sin perjuicio de las normas del derecho internacional general, la presente Convención no excluirá el ejercicio de las competencias penales establecidas por los Estados Parte de conformidad con su derecho interno.

Artículo 18. Asistencia judicial recíproca

a) Recibir testimonios o tomar declaración a personas;

b) Presentar documentos judiciales;

c) Efectuar inspecciones e incautaciones y embargos preventivos;

d) Examinar objetos y lugares;

e) Facilitar información, elementos de prueba y evaluaciones de peritos;

f) Entregar originales o copias certificadas de los documentos y expedientes pertinentes, incluida la documentación pública, bancaria y financiera, así como la documentación social o comercial de sociedades mercantiles;

g) Identificar o localizar el producto del delito, los bienes, los instrumentos u otros elementos con fines probatorios;

h) Facilitar la comparecencia voluntaria de personas en el Estado Parte requirente.

1. Cada Estado Parte adoptará las medidas que sean necesarias para establecer su jurisdicción respecto de los delitos tipificados con arreglo a los artículos 5, 6, 8 y 23 de la presente Convención cuando:

a) El delito se cometa en su territorio; o

b) El delito se cometa a bordo de un buque que enarbole su pabellón o de una aeronave registrada conforme a sus leyes en el momento de la comisión del delito.

2. Con sujeción a lo dispuesto en el artículo 4 de la presente Convención, un Estado Parte también podrá establecer su jurisdicción para conocer de tales delitos cuando:

a) El delito se cometa contra uno de sus nacionales;

b) El delito sea cometido por uno de sus nacionales o por una persona apátrida que tenga residencia habitual en su territorio; o

c) El delito:

i) Sea uno de los delitos tipificados con arreglo al párrafo 1 del artículo 5 de la presente Convención y se cometa fuera de su territorio con miras a la comisión de un delito grave dentro de su territorio;

ii) Sea uno de los delitos tipificados con arreglo al inciso ii) del apartado b) del párrafo 1 del artículo 6 de la presente Convención y se cometa fuera de su territorio con miras a la comisión, dentro de su territorio, de un delito tipificado con arreglo a los incisos i) o

ii) del apartado a) o al inciso i) del apartado b) del párrafo 1 del artículo 6 de la presente Convención.

3. A los efectos del párrafo 10 del artículo 16 de la presente Convención, cada Estado Parte adoptará las medidas que sean necesarias para establecer su jurisdicción respecto de los delitos comprendidos en la presente Convención cuando el presunto delincuente se encuentre en su territorio y el Estado Parte no lo extradite por el solo hecho de ser uno de sus nacionales.

4. Cada Estado Parte podrá también adoptar las medidas que sean necesarias para establecer su jurisdicción respecto de los delitos comprendidos en la presente Convención cuando el presunto delincuente se encuentre en su territorio y el Estado Parte no lo extradite.

5. Si un Estado Parte que ejerce su jurisdicción con arreglo a los párrafos 1 o 2 del presente artículo ha recibido notificación, o tomado conocimiento por otro conducto, de que otro u otros Estados Parte están realizando una investigación, un proceso o una actuación judicial respecto de los mismos hechos, las autoridades competentes de esos Estados Parte se consultarán, según proceda, a fin de coordinar sus medidas.

6. Sin perjuicio de las normas del derecho internacional general, la presente Convención no excluirá el ejercicio de las competencias penales establecidas por los Estados Parte de conformidad con su derecho interno.

Artículo 19. Investigaciones conjuntas

Los Estados Parte considerarán la posibilidad de celebrar acuerdos o arreglos bilaterales o multilaterales en virtud de los cuales, en relación con cuestiones que son objeto de investigaciones, procesos o actuaciones judiciales en uno o más Estados, las autoridades competentes puedan establecer órganos mixtos de investigación.

A falta de acuerdos o arreglos de esa índole, las investigaciones conjuntas podrán llevarse a cabo mediante acuerdos concertados caso por caso.

Los Estados Parte participantes velarán por que la soberanía del Estado Parte en cuyo territorio haya de efectuarse la investigación sea plenamente respetada.

Artículo 28. Recopilación, intercambio y análisis de información sobre la naturaleza de la delincuencia organizada

1. Los Estados Parte considerarán la posibilidad de analizar, en consulta con los círculos científicos y académicos, las tendencias de la delincuencia organizada en su territorio, las circunstancias en que actúa la delincuencia organizada, así como los grupos profesionales y las tecnologías involucrados.

2. Los Estados Parte considerarán la posibilidad de desarrollar y compartir experiencia analítica acerca de las actividades de la delincuencia organizada, tanto a nivel bilateral como por conducto de organizaciones internacionales y regionales. A tal fin, se establecerán y aplicarán, según proceda, definiciones, normas y metodologías comunes.

3. Los Estados Parte considerarán la posibilidad de vigilar sus políticas y las medidas en vigor encaminadas a combatir la delincuencia organizada y evaluarán su eficacia y eficiencia.

Artículo 29. Capacitación y asistencia técnica

Cada Estado Parte, en la medida necesaria, formulará, desarrollará o perfeccionará programas de capacitación específicamente concebidos para el personal de sus servicios encargados de hacer cumplir la ley, incluidos fiscales, jueces de instrucción y personal de aduanas, así como para el personal de otra índole encargado de la prevención, la detección y el control de los delitos comprendidos en la presente Convención.

Esos programas podrán incluir adscripciones e intercambios de personal guardarán relación con:

a) Los métodos empleados en la prevención, la detección y el control de los delitos comprendidos en la presente Convención;

b) Las rutas y técnicas utilizadas por personas presuntamente implicadas en delitos comprendidos en la presente Convención, incluso en los Estados de tránsito, y las medidas de lucha pertinentes;

c) La vigilancia del movimiento de bienes de contrabando;

d) La detección y vigilancia de los movimientos del producto del delito o de los bienes, el equipo u otros instrumentos utilizados para cometer tales delitos y los métodos empleados para la transferencia, ocultación o disimulación de dicho producto, bienes, equipo u otros instrumentos, así como los métodos utilizados para combatir el blanqueo de dinero y otros delitos financieros;

e) El acopio de pruebas;

f) Las técnicas de control en zonas y puertos francos;

Esos programas podrán incluir adscripciones e intercambios de personal guardarán relación con:

a) El equipo y las técnicas modernos utilizados para hacer cumplir la ley, incluidas la vigilancia electrónica, la entrega vigilada y las operaciones encubiertas;

b) Los métodos utilizados para combatir la delincuencia organizada transnacional mediante computadoras, redes de telecomunicaciones u otras formas de la tecnología moderna;

c) Los métodos utilizados para proteger a las víctimas y los testigos.

Capítulo II
Convención de las Naciones Unidas contra la Corrupción

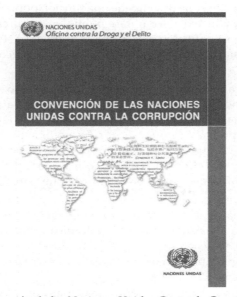

Convención de las Naciones Unidas Contra la Corrupción.

La Convención de las Naciones Unidas contra la Corrupción es el principal instrumento universal contra la corrupción jurídicamente vinculante.

Fue Adoptado por la Asamblea General de las Naciones Unidas: 31 de octubre de 2003, mediante resolución 58/4 Entrada en vigor: 14 de diciembre de 2005, de conformidad con el artículo 68

La finalidad de la presente Convención es:

a) Promover y fortalecer las medidas para prevenir y combatir más eficaz y eficientemente la corrupción;

b) Promover, facilitar y apoyar la cooperación internacional y la asistencia técnica en la prevención y la lucha contra la corrupción, incluida la recuperación de activos;

c) Promover la integridad, la obligación.

Artículo 2. Definiciones

a) Por "funcionario público" se entenderá:

b) i) Toda persona que ocupe un cargo legislativo, ejecutivo, administrativo o judicial de un Estado Parte, ya sea designado o elegido, permanente o temporal, remunerado u honorario, sea cual sea la antigüedad de esa persona en el cargo;

ii) Toda otra persona que desempeñe una función pública, incluso para un organismo público o una empresa pública, o que preste un servicio público, según se defina en el derecho interno del Estado Parte y se aplique en la esfera pertinente del ordenamiento jurídico de ese Estado Parte;

c) iii) Toda otra persona definida como "funcionario público" en el derecho interno de un Estado Parte. No obstante, a los efectos de algunas medidas específicas incluidas en el capítulo II de la presente Convención, podrá entenderse por "funcionario público" toda persona que desempeñe una función pública o preste un servicio público según se defina en el derecho interno del Estado Parte y se aplique en la esfera pertinente del ordenamiento jurídico de ese Estado Parte.

b) Por "funcionario público extranjero" se entenderá toda persona que ocupe un cargo legislativo, ejecutivo, administrativo o judicial de un país extranjero, ya sea designado o elegido; y toda persona que ejerza una función pública para un país extranjero, incluso para un organismo público o una empresa pública.

c) Por "funcionario de una organización internacional pública" se entenderá un empleado público internacional o toda persona que tal organización haya autorizado a actuar en su nombre.

d) Por "bienes" se entenderá los activos de cualquier tipo, corporales o incorporales, muebles o inmuebles, tangibles o intangibles y los documentos o instrumentos legales que acrediten la propiedad u otros derechos sobre dichos activos.

f) Por "embargo preventivo" o "incautación" se entenderá la prohibición temporal de transferir, convertir, enajenar o trasladar bienes, o de asumir la custodia o el control temporales de bienes sobre la base de una orden de un tribunal u otra autoridad competente.

g) Por "decomiso" se entenderá la privación con carácter definitivo de bienes por orden de un tribunal u otra autoridad competente.

h) Por "delito determinante" se entenderá todo delito del que se derive un producto que pueda pasar a constituir materia de un delito definido en el artículo 23 de la presente Convención.

i) Por "entrega vigilada" se entenderá la técnica consistente en permitir que remesas ilícitas o sospechosas salgan del territorio de uno o más Estados, lo atraviesen o entren en él, con el conocimiento y bajo la supervisión de sus autoridades competentes, con el fin de investigar un delito e identificar a las personas involucradas en su comisión.

ii) Delitos Penalizados.

Artículo 15. Soborno de funcionarios públicos nacionales.

Cada Estado Parte adoptará las medidas legislativas y de otra índole que sean necesarias para tipificar como delito, cuando se cometan intencionalmente:

a) La promesa, el ofrecimiento o la concesión a un funcionario público, en forma directa o indirecta, de un beneficio indebido que redunde en su propio provecho o en el de otra persona o entidad con el fin de que dicho funcionario actúe o se abstenga de actuar en el cumplimiento de sus funciones oficiales;

b) La solicitud o aceptación por un funcionario público, en forma directa o indirecta, de un beneficio indebido que redunde en su propio provecho o en el de otra persona o entidad con el fin de que dicho funcionario actúe o se abstenga de actuar en el cumplimiento de sus funciones oficiales.

Artículo 16. Soborno de funcionarios públicos extranjeros y de funcionarios de organizaciones internacionales públicas.

1. Cada Estado Parte adoptará las medidas legislativas y de otra índole que sean necesarias para tipificar como delito, cuando se cometan intencionalmente, la promesa, el ofrecimiento o la concesión, en forma directa o indirecta, a un funcionario público extranjero o a un funcionario de una organización internacional pública, de un beneficio indebido que redunde en su propio provecho o en el de otra persona o entidad con el fin de que dicho funcionario actúe o se abstenga de actuar en el ejercicio de sus funciones oficiales para obtener o mantener alguna transacción comercial u otro beneficio indebido en relación con la realización de actividades comerciales internacionales.

2. Cada Estado Parte considerará la posibilidad de adoptar las medidas legislativas y de otra índole que sean necesarias para tipificar como delito, cuando se cometan intencionalmente, la solicitud o aceptación por un funcionario público extranjero o un funcionario de una organización internacional pública, en forma directa o indirecta, de un beneficio indebido que redunde en su propio provecho o en el de otra persona o entidad, con el fin de que dicho funcionario actúe o se abstenga de actuar en el ejercicio de sus funciones oficiales.

Artículo 17. Malversación o peculado, apropiación indebida u otras formas de desviación de bienes por un funcionario público.

Cada Estado Parte adoptará las medidas legislativas y de otra índole que sean necesarias para tipificar como delito, cuando se cometan intencionalmente, la malversación o el peculado, la apropiación indebida u otras formas de desviación por un funcionario público, en beneficio propio o de terceros u otras entidades, de bienes, fondos o títulos públicos o privados o cualquier otra cosa de valor que se hayan confiado al funcionario en virtud de su cargo.

Artículo 18. Tráfico de influencias.

Cada Estado Parte considerará la posibilidad de adoptar las medidas legislativas y de otra índole que sean necesarias para tipificar como delito, cuando se cometan intencionalmente:

a) La promesa, el ofrecimiento o la concesión a un funcionario público o a cualquier otra persona, en forma directa o indirecta, de un beneficio indebido con el fin de que el funcionario público o la persona abuse de su influencia real o supuesta para obtener de una administración o autoridad del Estado Parte un beneficio indebido que redunde en provecho del instigador original del acto o de cualquier otra persona;

b) La solicitud o aceptación por un funcionario público o cualquier otra persona, en forma directa o indirecta, de un beneficio indebido que redunde en su provecho o el de otra persona con el fin de que el funcionario público o la persona abuse de su influencia real o supuesta para obtener de una administración o autoridad del Estado Parte un beneficio indebido.

Artículo 19. Abuso de funciones.

Cada Estado Parte considerará la posibilidad de adoptar las medidas legislativas y de otra índole que sean necesarias para tipificar como delito, cuando se cometa intencionalmente, el abuso de funciones o del cargo, es decir, la realización u omisión de un acto, en violación de la ley, por parte de un funcionario público en el ejercicio de sus funciones, con el fin de obtener un beneficio indebido para sí mismo o para otra persona o entidad.

Artículo 20. Enriquecimiento ilícito.

Con sujeción a su constitución y a los principios fundamentales de su ordenamiento jurídico, cada Estado Parte considerará la posibilidad de adoptar las medidas legislativas y de otra índole que sean necesarias para tipificar como delito, cuando se cometa intencionalmente, el enriquecimiento ilícito, es decir, el incremento significativo del patrimonio de un funcionario público respecto de sus ingresos legítimos que no pueda ser razonablemente justificado por él.

Artículo 21. Soborno en el sector privado.

Cada Estado Parte considerará la posibilidad de adoptar las medidas legislativas y de otra índole que sean necesarias para tipificar como delito, cuando se cometan intencionalmente en el curso de actividades económicas, financieras o comerciales:

a) La promesa, el ofrecimiento o la concesión, en forma directa o indirecta, a una persona que dirija una entidad del sector privado o cumpla cualquier función en ella, de un beneficio indebido que redunde en su propio provecho o en el de otra persona, con el fin de que, faltando al deber inherente a sus funciones, actúe o se abstenga de actuar.

b) La solicitud o aceptación, en forma directa o indirecta, por una persona que dirija una entidad del sector privado o cumpla cualquier función en ella, de un beneficio indebido que redunde en su propio provecho o en el de otra persona, con el fin de que, faltando al deber inherente a sus funciones, actúe o se abstenga de actuar.

Artículo 22. Malversación o peculado de bienes en el sector privado.

Cada Estado Parte considerará la posibilidad de adoptar las medidas legislativas y de otra índole que sean necesarias para tipificar como delito, cuando se cometan intencionalmente en el curso de actividades económicas, financieras o comerciales, la malversación o el peculado, por una persona que dirija una entidad del sector privado o cumpla cualquier función en ella, de cualesquiera bienes, fondos o títulos privados o de cualquier otra cosa de valor que se hayan confiado a esa persona por razón de su cargo.

Artículo 23. Blanqueo del producto del delito.

1. Cada Estado Parte adoptará, de conformidad con los principios fundamentales de su derecho interno, las medidas legislativas y de otra índole que sean necesarias para tipificar como delito, cuando se cometan intencionalmente:

a) i) La conversión o la transferencia de bienes, a sabiendas de que esos bienes son producto del delito, con el propósito de ocultar o disimular el origen ilícito de los bienes o ayudar a cualquier persona involucrada en la comisión del delito determinante a eludir las consecuencias jurídicas de sus actos;

ii) La ocultación o disimulación de la verdadera naturaleza, el origen, la ubicación, la disposición, el movimiento o la propiedad de bienes o del legítimo derecho a éstos, a sabiendas de que dichos bienes son producto del delito;

d) Con sujeción a los conceptos básicos de su ordenamiento jurídico:

i) La adquisición, posesión o utilización de bienes, a sabiendas, en el momento de su recepción, de que son producto del delito;

ii) La participación en la comisión de cualesquiera de los delitos tipificados con arreglo al presente artículo, así como la asociación y la confabulación para cometerlos, la tentativa de cometerlos y la ayuda, la incitación, la facilitación y el asesoramiento en aras de su comisión.

2. Para los fines de la aplicación o puesta en práctica del párrafo 1 del presente artículo:

a) Cada Estado Parte velará por aplicar el párrafo 1 del presente artículo a la gama más amplia posible de delitos determinantes;

b) Cada Estado Parte incluirá como delitos determinantes, como mínimo, una amplia gama de delitos tipificados con arreglo a la presente Convención;

c) A los efectos del apartado b) supra, entre los delitos determinantes se incluirán los delitos cometidos tanto dentro como fuera de la jurisdicción del Estado Parte interesado. No obstante, los delitos cometidos fuera de la jurisdicción de un Estado Parte constituirán delito determinante siempre y cuando el acto correspondiente sea delito con arreglo al derecho interno del Estado en que se haya cometido y constituya asimismo delito con arreglo al derecho interno del Estado Parte que aplique o ponga en práctica el presente artículo si el delito se hubiese cometido allí;

d) Cada Estado Parte proporcionará al Secretario General de las Naciones Unidas una copia de sus leyes destinadas a dar aplicación al presente artículo y de cualquier enmienda ulterior que se haga a tales leyes o una descripción de ésta;

e) Si así lo requieren los principios fundamentales del derecho interno de un Estado Parte, podrá disponerse que los delitos enunciados en el párrafo 1 del presente artículo no se aplican a las personas que hayan cometido el delito determinante.

Artículo 24. Encubrimiento.

Sin perjuicio de lo dispuesto en el artículo 23 de la presente Convención, cada Estado Parte considerará la posibilidad de adoptar las medidas legislativas y de otra índole que sean necesarias para tipificar como delito, cuando se cometan intencionalmente tras la comisión de cualesquiera de los delitos tipificados con arreglo a la presente Convención pero sin haber participado en ellos, el encubrimiento o la retención continua de bienes a sabiendas de que dichos bienes son producto de cualesquiera de los delitos tipificados con arreglo a la presente Convención.

Artículo 25. Obstrucción de la justicia.

Cada Estado Parte adoptará las medidas legislativas y de otra índole que sean necesarias para tipificar como delito, cuando se cometan intencionalmente:

a) El uso de fuerza física, amenazas o intimidación, o la promesa, el ofrecimiento o la concesión de un beneficio indebido para inducir a una persona a prestar falso testimonio o a obstaculizar la prestación de testimonio o la aportación de pruebas en procesos en relación con la comisión de los delitos tipificados con arreglo a la presente Convención;

b) El uso de fuerza física, amenazas o intimidación para obstaculizar el cumplimiento de las funciones oficiales de un funcionario de la justicia o de los servicios encargados de hacer cumplir la ley en relación con la comisión de los delitos tipificados con arreglo a la presente Convención. Nada de lo previsto en el presente artículo disminuirá el derecho de los Estados Parte a disponer de legislación que proteja a otras categorías de funcionarios públicos.

Medidas preventivas

Artículo 5. Políticas y prácticas de prevención de la corrupción.

1. Cada Estado Parte, de conformidad con los principios fundamentales de su ordenamiento jurídico, formulará y aplicará o mantendrá en vigor políticas coordinadas y eficaces contra la corrupción que promuevan la participación de la sociedad y reflejen los principios del imperio de la ley, la debida gestión de los asuntos públicos y los bienes públicos, la integridad, la transparencia y la obligación de rendir cuentas.

2. Cada Estado Parte procurará establecer y fomentar prácticas eficaces encaminadas a prevenir la corrupción.

3. Cada Estado Parte procurará evaluar periódicamente los instrumentos jurídicos y las medidas administrativas pertinentes a fin de determinar si son adecuados para combatir la corrupción.

4. Los Estados Parte, según proceda y de conformidad con los principios fundamentales de su ordenamiento jurídico, colaborarán entre sí y con las organizaciones internacionales y regionales pertinentes en la promoción y formulación de las medidas mencionadas en el presente artículo. Esa colaboración podrá comprender la participación en programas y proyectos internacionales destinados a prevenir la corrupción.

Artículo 6. Órgano u órganos de prevención de la corrupción.

1. Cada Estado Parte, de conformidad con los principios fundamentales de su ordenamiento jurídico, garantizará la existencia de un órgano u órganos, según proceda, encargados de prevenir la corrupción con medidas tales como:

a) La aplicación de las políticas a que se hace alusión en el artículo 5 dela presente Convención y, cuando proceda, la supervisión y coordinación de la puesta en práctica de esas políticas;

b) El aumento y la difusión de los conocimientos en materia de prevención de la corrupción.

2. Cada Estado Parte otorgará al órgano o a los órganos mencionados en el párrafo 1 del presente artículo la independencia necesaria, de conformidad con los principios fundamentales de su ordenamiento jurídico, para que puedan desempeñar sus funciones de manera eficaz y sin ninguna influencia indebida.

Deben proporcionarse los recursos materiales y el personal especializado que sean necesarios, así como la capacitación que dicho personal pueda requerir para el desempeño de sus funciones.

3. Cada Estado Parte comunicará al Secretario General de las Naciones Unidas el nombre y la dirección de la autoridad o las autoridades que puedan ayudar a otros Estados Parte a formular y aplicar medidas concretas de prevención de la corrupción.

Artículo 7. Sector público.

1. Cada Estado Parte, cuando sea apropiado y de conformidad con los principios fundamentales de su ordenamiento jurídico, procurará adoptar sistemas de convocatoria, contratación, retención, promoción y jubilación de empleados públicos y, cuando proceda, de otros funcionarios públicos no elegidos, o mantener y fortalecer dichos sistemas. Éstos:

a) Estarán basados en principios de eficiencia y transparencia y en criterios objetivos como el mérito, la equidad y la aptitud;

b) Incluirán procedimientos adecuados de selección y formación de los titulares de cargos públicos que se consideren especialmente vulnerables a la corrupción, así como, cuando proceda, la rotación de esas personas a otros cargos;

c) Fomentarán una remuneración adecuada y escalas de sueldo equitativas, teniendo en cuenta el nivel de desarrollo económico del Estado Parte;

d) Promoverán programas de formación y capacitación que les permitan cumplir los requisitos de desempeño correcto, honorable y debido de sus funciones y les proporcionen capacitación especializada y apropiada para que sean más conscientes de los riesgos de corrupción inherentes al desempeño de sus funciones. Tales programas podrán hacer referencia a códigos o normas de conducta en las esferas pertinentes.

2. Cada Estado Parte considerará también la posibilidad de adoptar medidas legislativas y administrativas apropiadas, en consonancia con los objetivos de la presente Convención y de conformidad con los principios fundamentales de su derecho interno, a fin de establecer criterios para la candidatura y elección a cargos públicos.

3. Cada Estado Parte considerará asimismo la posibilidad de adoptar medidas legislativas y administrativas apropiadas, en consonancia con los objetivos de la presente Convención y de conformidad con los principios fundamentales de su derecho interno, para aumentar la transparencia respecto de la financiación de candidaturas a cargos públicos electivos y, cuando proceda, respecto de la financiación de los partidos políticos.

4. Cada Estado Parte, de conformidad con los principios fundamentales de su derecho interno, procurará adoptar sistemas destinados a promover la transparencia y a prevenir conflictos de intereses, o a mantener y fortalecer dichos sistemas.

Artículo 12. Sector privado.

1. Cada Estado Parte, de conformidad con los principios fundamentales de su derecho interno, adoptará medidas para prevenir la corrupción y mejorar las normas contables y de auditoría en el sector privado, así como, cuando proceda, prever sanciones civiles, administrativas o penales eficaces, proporcionadas y disuasivas en caso de incumplimiento de esas medidas.

2. Las medidas que se adopten para alcanzar esos fines podrán consistir, entre otras cosas, en:

a) Promover la cooperación entre los organismos encargados de hacer cumplir la ley y las entidades privadas pertinentes;

b) Promover la formulación de normas y procedimientos encaminados a salvaguardar la integridad de las entidades privadas pertinentes, incluidos códigos de conducta para el correcto, honorable y debido ejercicio de las actividades comerciales y de todas las profesiones pertinentes y para la prevención de conflictos de intereses, así como para la promoción del uso de buenas prácticas comerciales entre las empresas y en las relaciones contractuales de las empresas con el Estado;

c) Promover la transparencia entre entidades privadas, incluidas, cuando proceda, medidas relativas a la identidad de las personas jurídicas y naturales involucradas en el establecimiento y la gestión de empresas;

d) Prevenir la utilización indebida de los procedimientos que regulan a las entidades privadas, incluidos los procedimientos relativos a la concesión de subsidios y licencias por las autoridades públicas para actividades comerciales;

e) Prevenir los conflictos de intereses imponiendo restricciones apropiadas, durante un período razonable, a las actividades profesionales de ex funcionarios públicos o a la contratación de funcionarios públicos en el sector privado tras su renuncia o jubilación cuando esas actividades o esa contratación estén directamente relacionadas con las funciones desempeñadas o supervisadas por esos funcionarios públicos durante su permanencia en el cargo;

f) Velar por que las empresas privadas, teniendo en cuenta su estructura y tamaño, dispongan de suficientes controles contables internos para ayudar a prevenir y detectar los actos de corrupción, y porque las cuentas y los estados financieros requeridos de esas empresas privadas estén sujetos a procedimientos apropiados de auditoría y certificación.

3. A fin de prevenir la corrupción, cada Estado Parte adoptará las medidas que sean necesarias, de conformidad con sus leyes y reglamentos internos relativos al mantenimiento de libros y registros, la divulgación de estados financieros y las normas de contabilidad y auditoría, para prohibir los siguientes actos realizados con el fin de cometer cualesquiera de los delitos tipificados con arreglo a la presente Convención:

a) El establecimiento de cuentas no registradas en libros;

b) La realización de operaciones no registradas en libros o mal consignadas;

c) El registro de gastos inexistentes;

d) El asiento de gastos en los libros de contabilidad con indicación incorrecta de su objeto;

e) La utilización de documentos falsos; y

f) La destrucción deliberada de documentos de contabilidad antes del plazo previsto en la ley.

4. Cada Estado Parte denegará la deducción tributaria respecto de gastos que constituyan soborno, que es uno de los elementos constitutivos de los delitos tipificados con arreglo a los artículos 15 y 16 de la presente Convención y, cuando proceda, respecto de otros gastos que hayan tenido por objeto promover un comportamiento corrupto.

Artículo 13. Participación de la sociedad.

1. Cada Estado Parte adoptará medidas adecuadas, dentro de los medios de que disponga y de conformidad con los principios fundamentales de su derecho interno, para fomentar la participación activa de personas y grupos que no pertenezcan al sector público, como la sociedad civil, las organizaciones no gubernamentales y las organizaciones con base en la comunidad, en la prevención y la lucha contra la corrupción, y para sensibilizar a la opinión pública con respecto a la existencia, las causas y la gravedad de la corrupción, así como a la amenaza que ésta representa. Esa participación debería reforzarse con medidas como las siguientes:

a) Aumentar la transparencia y promover la contribución de la ciudadanía a los procesos de adopción de decisiones;

b) Garantizar el acceso eficaz del público a la información;

c) Realizar actividades de información pública para fomentar la intransigencia con la corrupción, así como programas de educación pública, incluidos programas escolares y universitarios;

d) Respetar, promover y proteger la libertad de buscar, recibir, publicar y difundir información relativa a la corrupción. Esa libertad podrá estar sujeta a ciertas restricciones, que deberán estar expresamente fijadas por la ley y ser necesarias para:

i) Garantizar el respeto de los derechos o la reputación de terceros;

ii) Salvaguardar la seguridad nacional, el orden público, o la salud o la moral públicas.

2. Cada Estado Parte adoptará medidas apropiadas para garantizar que el público tenga conocimiento de los órganos pertinentes de lucha contra la corrupción mencionados en la presente Convención y facilitará el acceso a dichos órganos, cuando proceda, para la denuncia, incluso anónima, de cualesquiera incidentes que puedan considerarse constitutivos de un delito tipificado con arreglo a la presente Convención.

Artículo 14. Medidas para prevenir el blanqueo de dinero.

1. Cada Estado Parte:

a) Establecerá un amplio régimen interno de reglamentación y supervisión de los bancos y las instituciones financieras no bancarias, incluidas las personas naturales o jurídicas que presten servicios oficiales u oficiosos de transferencia de dinero o valores y, cuando proceda, de otros órganos situados dentro de su jurisdicción que sean particularmente susceptibles de utilización para el blanqueo de dinero, a fin de prevenir y detectar todas las formas de blanqueo de dinero, y en dicho régimen se hará hincapié en los requisitos relativos a la identificación del cliente y, cuando proceda, del beneficiario final, al establecimiento de registros y a la denuncia de las transacciones sospechosas;

b) Garantizará, sin perjuicio de la aplicación del artículo 46 de la presente Convención, que las autoridades de administración, reglamentación y cumplimiento de la ley y demás autoridades encargadas de combatir el blanqueo de dinero (incluidas, cuando sea pertinente con arreglo al derecho interno, las autoridades judiciales) sean capaces de cooperar e intercambiar información en los ámbitos nacional e internacional, de conformidad con las condiciones prescritas en el derecho interno y, a tal fin, considerará la posibilidad de establecer una dependencia de inteligencia financiera que sirva de centro nacional de recopilación, análisis y difusión de información sobre posibles actividades de blanqueo de dinero.

2. Los Estados Parte considerarán la posibilidad de aplicar medidas viables para detectar y vigilar el movimiento transfronterizo de efectivo y de títulos negociables pertinentes, con sujeción a salvaguardias que garanticen la debida utilización de la información y sin restringir en modo alguno la circulación de capitales lícitos. Esas medidas podrán incluir la exigencia de que los particulares y las entidades comerciales notifiquen las transferencias transfronterizas de cantidades elevadas de efectivo y de títulos negociables pertinentes.

3. Los Estados Parte considerarán la posibilidad de aplicar medidas apropiadas y viables para exigir a las instituciones financieras, incluidas las que remiten dinero, que:

a) Incluyan en los formularios de transferencia electrónica de fondos y mensajes conexos información exacta y válida sobre el remitente;

b) Mantengan esa información durante todo el ciclo de pagos; y

c) Examinen de manera más minuciosa las transferencias de fondos que no contengan información completa sobre el remitente.

4. Al establecer un régimen interno de reglamentación y supervisión con arreglo al presente artículo, y sin perjuicio de lo dispuesto en cualquier otro

artículo de la presente Convención, se insta a los Estados Parte a que utilicen como guía las iniciativas pertinentes de las organizaciones regionales, interregionales y multilaterales de lucha contra el blanqueo de dinero.

5. Los Estados Parte sumarán esfuerzos por establecer y promover la cooperación a escala mundial, regional, subregional y bilateral entre las autoridades judiciales, de cumplimiento de la ley y de reglamentación financiera a fin de combatir el blanqueo de dinero.

Artículo 26. Responsabilidad de las personas jurídicas.

1. Cada Estado Parte adoptará las medidas que sean necesarias, a fin de establecer la responsabilidad de personas jurídicas por su participación en delitos tipificados con arreglo a la presente Convención.

2. La responsabilidad de las personas jurídicas podrá ser de índole penal, civil o administrativa.

3. Dicha responsabilidad existirá sin perjuicio de la responsabilidad penal que incumba a las personas naturales que hayan cometido los delitos.

4. Cada Estado Parte velará en particular por que se impongan sanciones penales o no penales eficaces, proporcionadas y disuasivas, incluidas sanciones monetarias, a las personas jurídicas consideradas responsables con arreglo al presente artículo.

Artículo 31. Embargo preventivo, incautación y decomiso

Cada Estado Parte adoptará, las medidas que sean necesarias para autorizar el decomiso:

a) Del producto de delitos tipificados con arreglo a la presente Convención o de bienes cuyo valor corresponda al de dicho producto;

b) De los bienes, equipo u otros instrumentos utilizados o destinados a utilizarse en la comisión de los delitos tipificados con arreglo a la presente Convención.

2. Cada Estado Parte adoptará las medidas que sean necesarias para permitir la identificación, la localización, el embargo preventivo o la incautación de cualquier bien a que se haga referencia en el párrafo 1 del presente artículo con miras a su eventual decomiso.

Artículo 33. Protección de los denunciantes

Cada Estado Parte considerará la posibilidad de incorporar en su ordenamiento jurídico interno medidas apropiadas para proporcionar protección contra todo trato injustificado a las personas que denuncien ante las autoridades competentes, de buena fe y con motivos razonables, cualesquiera hechos relacionados con delitos tipificados con arreglo a la presente Convención.

Artículo 39. Cooperación entre los organismos nacionales y el sector privado

Cada Estado Parte adoptará las medidas que sean necesarias para alentar la cooperación entre los organismos nacionales de investigación y el ministerio público, por un lado, y las entidades del sector privado, en particular las instituciones financieras, por otro, en cuestiones relativas a la comisión de los delitos tipificados con arreglo a la presente Convención.

2. Cada Estado Parte considerará la posibilidad de alentar a sus nacionales y demás personas que tengan residencia habitual en su territorio a denunciar ante los organismos nacionales de investigación y el ministerio público la comisión de todo delito tipificado con arreglo a la presente Convención.

Artículo 40. Secreto bancario

Cada Estado Parte velará por que, en el caso de investigaciones penales nacionales de delitos tipificados con arreglo a la presente Convención, existan en su ordenamiento jurídico interno mecanismos apropiados para salvar todo obstáculo que pueda surgir como consecuencia de la aplicación de la legislación relativa al secreto bancario.

Artículo 42. Jurisdicción

Cada Estado Parte adoptará las medidas que sean necesarias para establecer su jurisdicción respecto de los delitos tipificados con arreglo a la presente Convención cuando:

a) El delito se cometa en su territorio; o

b) El delito se cometa a bordo de un buque que enarbole su pabellón o de una aeronave registrada conforme a sus leyes en el momento de la comisión.

1. Con sujeción a lo dispuesto en el artículo 4 de la presente Convención, un Estado Parte también podrá establecer su jurisdicción para conocer de tales delitos cuando:

2. Un Estado Parte también podrá establecer su jurisdicción para conocer de tales delitos cuando:

a) El delito se cometa contra uno de sus nacionales;

b) El delito sea cometido por uno de sus nacionales o por una persona apátrida que tenga residencia habitual en su territorio; o

c) El delito sea uno de los delitos tipificados y se cometa fuera de su territorio...

d) El delito se cometa contra el Estado Parte.

Artículo 46. Asistencia judicial recíproca

3. La asistencia judicial recíproca que se preste de conformidad con el presente artículo podrá solicitarse para cualquiera de los fines siguientes:

a) Recibir testimonios o tomar declaración a personas;

b) Presentar documentos judiciales;

c) Efectuar inspecciones e incautaciones y embargos preventivos;

d) Examinar objetos y lugares;

e) Proporcionar información, elementos de prueba y evaluaciones de peritos;

f) Entregar originales o copias certificadas de los documentos y expedientes pertinentes, incluida la documentación pública, bancaria y financiera, así como la documentación social o comercial de sociedades mercantiles;

g) Identificar o localizar el producto del delito, los bienes, los instrumentos u otros elementos con fines probatorios;

h) Facilitar la comparecencia voluntaria de personas en el Estado Parte requirente;

i) Prestar cualquier otro tipo de asistencia autorizada por el derecho interno del Estado Parte requerido;

j) Identificar, embargar con carácter preventivo y localizar el producto del delito, de conformidad con las disposiciones del capítulo V de la presente Convención;

k) Recuperar activos de conformidad con las disposiciones del capítulo V de la presente Convención.

Capítulo III
Mafias y grupos de delincuencia organizada

¿Qué son las mafias?

La Mafia es una organización de poder, que actúa con alianzas y colaboraciones de funcionarios del estado, especialmente en lo político, además del soporte de ciertas capas de la población.

Este tipo de organizaciones criminales deben tejer, desde sus inicios, redes con funcionarios públicos, con los cuales obtendrán cuotas de poder que les facilitarán la realización de sus negocios ilícitos. Por esta razón es que los funcionarios idóneos son los ligados a la política, sin embargo, ello no obsta a que se encuentren en dichas redes los militares, policías, funcionarios del fisco, etc., en fin, todo aquél que sea útil a los fines de la organización.

Comúnmente las mafias son confundidas con la delincuencia organizada como si se tratasen de términos sinónimos, lo cual es incorrecto.

Diferencias

Mientras que la delincuencia organizada son grupos dedicados a delitos específicos como: lavado de dinero, falsificación, tráfico de droga y armas, etc., la organización mafiosa es la que encierra en macro todas estas conductas criminales, porque para realizar su función requiere de todas que, por separado, realizan las organizaciones de delincuencia organizada.

La mafia surge como consecuencia de una política ineficaz, la cual se ha venido desarrollando con el correr de los tiempos y ha penetrado en otros ámbitos propios de la delincuencia organizada, he ahí la confusión.

En cambio, la delincuencia organizada, tiene una naturaleza más delictiva, siendo más fácil su identificación, incluso de los integrantes que la componen.

Es por ello que resulta más factible –en comparación con las organizaciones mafiosas– su combate y erradicación, sin menoscabo que surja una nueva organización de delincuencia organizada, pero no la misma, como ocurre con la mafia que se mantiene operando en el tiempo.

"Podría existir una política sin mafia, pero no una mafia sin política",

FRANCESCO FORGIONE

La Mafia comenzó a actuar en Sicilia en la época feudal para proteger los bienes de los nobles absentistas.

Durante el siglo XIX la mafia se transformó en una red de clanes criminales que dominaban la vida rural siciliana.

Evolución de las mafias

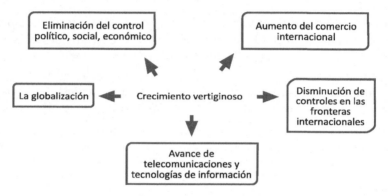

Las mafias han crecido rápidamente.

Sus miembros estaban obligados a guiarse según un rígido código de conducta, llamado Omerta.

La Mafia Italiana en cifras

Han existido varios intentos de estimar los ingresos totales de la delincuencia organizada en Italia.

Por ejemplo, el Departamento de Estado de EE.UU. (2015) estimó que representaba el 12,4% del PIB del país, aproximadamente $ 250 mil millones.

Según el informe anual 2012 de la organización SOS[1] Impresa, la facturación anual total de dinero de las organizaciones delictivas que operan en Italia se valoraría en € 138 mil millones.

---

[1] SOS Impresa es una asociación fundada en 1991 en Palermo por iniciativa de un grupo de comerciantes para defender su iniciativa empresarial libre y resistir al crimen organizado.

La Comisión Antimafia del Parlamento italiano calculó que la facturación total de la delincuencia organizada endógeno en Italia es de 150 € mil millones en 2012.

El centro de Investigación Transcrime[2] en su informe de 2015 estima que representa 0,7por ciento del PIB de Italia, alrededor de 10.500 millones de euros al año[3].

La Camorra

La mafia conocida como La Camorra apareció por primera vez a mediados de 1800 en Nápoles, Italia, como una pandilla de la prisión. La palabra *"Camorra"* significa pandilla.

Una vez liberados, los miembros formaron clanes en las ciudades y continuaron creciendo en poder.

La Camorra tiene más de 100 clanes y aproximadamente 7.000 miembros, lo que la convierte en el mayor grupo de crimen organizado italiano.

Hizo una fortuna en la reconstrucción después de que un terremoto devastó la región de Campania, en 1980.

Ahora se especializa en el contrabando de cigarrillos, lavado de dinero, extorsión, tráfico de personas, robo, chantaje, secuestro, corrupción política y falsificación.

Según el reporte del 2015 del centro de investigación Transcrime, la Camorra es la mafia que más dinero recauda: 3.750 millones de euros al año.

Se cree que casi 200 afiliados a Camorra residen en los EE.UU., según información del FBI.

---

[2] Transcrime es el centro de investigación conjunto de la Universidad Católica del Sagrado Corazón de Milán, la Universidad Alma Mater Studiorum de Bolonia y la Universidad de Perugia.

[3] http://www.transcrime.it/en/pubblicazioni/criminal-markets-and-mafia-proceeds/

https://www.infobae.com/america/mundo/2017/04/08/cosa-nostra-camorra-y-ndrangheta-3-0-como-es-la-mafia-italiana-en-el-siglo-xxi/

https://www.lainformacion.com/mundo/las-cifras-de-la-mafia-mas-de-20-000-millones-de-euros-al-ano/6337091

Ndrangheta (mafia Calabresa)

La Ndrangheta o mafia Calabresa se formó en la década de 1860, cuando un grupo de sicilianos fueron desterrados de la isla por el gobierno italiano.

Se establecieron en Calabria y formaron pequeños grupos delictivos.

Hay alrededor de 160 células Ndrangheta, con aproximadamente, 6.000 miembros.

Las células se relacionan libremente con grupos familiares basados en relaciones de sangre y matrimonios.

Se especializan en narcotráfico, secuestro, asesinato por corrupción política, atentados con bombas, falsificación, juegos de azar, fraudes, robos, extorsión laboral, usura y tráfico de personas.

De acuerdo al reporte del 2015 del centro de investigación Transcrime, estas células manejan unos 3.490 millones de euros al año, siendo ésta la segunda en las estimaciones de ingresos.

Sin embargo, muchos analistas sostienen que es la mafia italiana más potente del momento, desempeñando un rol muy importante en el narcotráfico internacional (con vínculos con organizaciones colombianas y mexicanas).

Otro reporte, el del Instituto de Investigación Demoskopika, afirmó en el 2015, que sus ingresos fueron de 53.000 millones de euros anuales.

El Instituto de Estudios Políticos, Sociales y Económicos, EURISPES, a su vez estima que los ingresos de Ndrangheta superaban los 44.000 millones en 2008.

En los EE.UU. hay un estimado de 100 ó 200 miembros y asociados, principalmente en Nueva York y Florida, según cifras del FBI.

La Cosa Nostra

La mafia llamada La Cosa Nostra evolucionó de la mafia siciliana y es una de las principales amenazas criminales para la sociedad estadounidense.

Se compone de diferentes "familias" o grupos que generalmente están organizados geográficamente y participan en actividades de extorsión muy significativas.

Están involucrados en un amplio espectro de actividades ilegales: asesinato, extorsión, tráfico de drogas, corrupción de funcionarios públicos, juegos de azar, infiltración de negocios legítimos, extorsión laboral, usura, prostitución, pornografía, esquemas de fraude fiscal y esquemas de manipulación de acciones.

Actualmente La Cosa Nostra es más débil de lo que era en los 70, 80 y 90. En gran medida se debe a la reacción estatal ante las bombas que pusieron en 1992 en Sicilia, causando la muerte de dos jueces (Paolo Borsellino y Giovanni Falcone).

Esta organización, que en algún momento fue la mafia criminal italiana más importante, hoy aparece como tercera en

Jueces asesinados: Giovanni Falcone y Paolo Borsellino.

recaudación, con 1.870 millones de euros, referidas en el reporte del 2015 del centro de investigación Transcrime.

Los reportes emanados del FBI señalan que es más activa en el área metropolitana de Nueva York, en algunas partes de Nueva Jersey, Filadelfia, Detroit, Chicago y Nueva Inglaterra.

La Cosa Nostra incluye las cinco principales familias con sede en Nueva York, que son: Bonanno, Colombo, Gambino, Genovese y Luchese; así como la familia DeCavalcante con sede en Newark[4].

Aunque La Cosa Nostra tiene sus raíces en el crimen organizado italiano, ha funcionado como una organización separada durante muchos años. Hoy coopera en diversas actividades con diferentes grupos delictivos con sede en Italia.

Sacra Corona Unita

Los organismos de cumplimiento de la ley tomaron conocimiento de la Sacra Corona Unita, a finales de los años ochenta.

Al igual que otros grupos, comenzó como una pandilla de prisión. Cuando sus miembros fueron liberados, se establecieron en la región de Puglia en Italia y continuaron creciendo y formando vínculos con otros grupos de la mafia.

La Sacra Corona Unita consta de unos 50 clanes, con aproximadamente 2,000 miembros que se especializan en el contrabando de cigarrillos,

---

[4] La Cosa Nostrahttps://www.fbi.gov/investigate/organized-crime

drogas, armas y personas. También está involucrado en lavado de dinero, extorsión y corrupción política.

La organización recolecta pagos de otros grupos criminales por derechos de aterrizaje en la costa sureste de Italia, una puerta natural para el contrabando hacia y desde países poscomunistas como Croacia, Albania y la ex Yugoslavia.

Según el reporte del 2015 del Centro de Investigación Transcrime sus ganancias rondan los 1.120 millones de euros.

Señala el FBI que muy pocos miembros de Sacra Corona Unita han sido identificados en los EE.UU. Aunque algunos individuos en Illinois, Florida y Nueva York tienen vínculos con la organización.

Mafias Asiáticas

Las empresas delictivas asiáticas han prosperado gracias en gran medida a la globalización de las economías mundiales, a la tecnología de las comunicaciones y a los viajes internacionales.

Las políticas de inmigración generosas han proporcionado a muchos miembros la capacidad de entrar y vivir sin ser detectados, en todos los continentes poblados del mundo de hoy.

Las mafias asiáticas se extienden.

Según el FBI hay dos categorías de empresas delictivas asiáticas:

Las empresas delictivas tradicionales incluyen las tríadas chinas con sede en Hong Kong, Taiwán y Macao, así como las japonesas Yakuza o Boryokudan.

Las no tradicionales abarcan grupos como Tong Chinas de influencia criminal, afiliados a tríadas y otras pandillas callejeras asiáticas que se encuentran en varios países con importantes comunidades.

Estas empresas delictivas asiáticas llevan a cabo actividades de crimen organizado normalmente asociadas con: extorsión, asesinato, secuestro, juego ilegal, prostitución y usura.

También contrabandean migrantes; tráfico de heroína y metanfetamina; cometen fraudes financieros; robos de autos y chips de computadoras; contrabandean productos falsificados de computadoras y ropa; y participan en el lavado de dinero.

La Yamaguchi-gumi es la organización más grande y prominente de la Yakuza, contando con más de 20.000 integrantes e ingresos por encima de los 6.6 billones de dólares al año. Varios de sus líderes se encuentran sancionados por el Departamento del Tesoro de los Estados Unidos.

En los EE.UU. se han identificado empresas criminales asiáticas en más de 50 áreas metropolitanas.

Son más prevalentes en Honolulu, Las Vegas, Los Ángeles, Nueva Orleans, Nueva York, Newark, Filadelfia, San Francisco, Seattle y Washington D.C.

Identificación de las mafias asiáticas.

Mafias Rusas

Desde la disolución de la Unión Soviética en 1991, la apertura económica de la región permitió a estos grupos expandirse internacionalmente hasta el punto de convertirse en organizaciones criminales de gran influencia a nivel mundial.

Estas mafias son una red intrincada en toda la sociedad rusa, cuyas operaciones incluyen el comercio ilegal de petróleo, extorsión, fraude, prostitución, tráfico de personas, narcotráfico, tráfico de armas y de materiales nucleares y en el lavado de dinero.

La SolntsevskayaBratva es la mafia más importante de Rusia.

Está descentralizada y compuesta por más de 9.000 miembros.

Aproximadamente 10 "brigadas" operan más o menos independientemente una de la otra.

Mafia Rusa.

Según un reporte de la revista Fortune se estima que el grupo facturó en el 2014 más de 8.500 millones de dólares.

A su vez están muy involucrados en el tráfico de heroína que se origina en Afganistán: De acuerdo a un reporte de la ONU se estima que Rusia consume alrededor del 12% de la heroína mundial, mientras que contiene sólo el 0,5% de la población mundial.

Mafias Americanas

Durante la era prohibicionista de 1920 cuando se prohibió la venta, fabricación y transporte de bebidas alcohólicas, las mafias ítalo-americanas (junto con otras pandillas étnicas) ingresaron al floreciente negocio de licor de contrabando y se transformaron en sofisticadas empresas delictivas hábiles para el contrabando, el lavado de dinero y el soborno de la policía y otros funcionarios públicos.

Integrantes de la mafia siciliana.

Durante ese tiempo, la mafia siciliana en Italia fue atacada por el régimen fascista de Benito Mussolini (1883-1945).

Algunos mafiosos sicilianos escaparon a los Estados Unidos, donde se involucraron en el contrabando y se convirtieron en parte de la floreciente mafia estadounidense.

La mafia en los Estados Unidos y la de Sicilia eran entidades separadas, aunque los estadounidenses adoptaron algunas tradiciones italianas, incluida la ley del silencio u Omerta, código de honor siciliano que prohíbe informar.

A finales de la década de 1920 estalló una sangrienta lucha de poder conocida como la guerra de Castellammarese, entre las dos mayores mafias criminales ítalo-estadounidenses establecidas en la ciudad de Nueva York.

Salvatore Maranzano el "capo di tutti capi".

En 1931, después de que la facción encabezada por el jefe de crímenes de origen siciliano Salvatore Maranzano (1886-1931) se proclamó ganadora, se coronó como el "capo di tutti capi", o jefe de todos los jefes, en Nueva York.

Descontento con el poder de Maranzano, un mafioso en ascenso llamado Lucky Luciano (1897-1962), lo asesinó ese mismo año.

Salvatore Manzano.

Lucky Luciano, el gran gerente de la mafia

Luciano planeó la formación de una organización central llamada "Comisión" para servir como una especie de junta directiva nacional para

la mafia estadounidense, que para ese entonces consistía en al menos 20 familias de delincuentes en todo el país.

Nueva York, que se había convertido en la capital de la delincuencia organizada de Estados Unidos, se había dividido en cinco familias principales de la mafia; en todos los lugares donde operaba la mafia, solo había una familia criminal por ciudad.

Lucky Luciano.

El papel de la Comisión era establecer políticas y mediar en desacuerdos entre las familias.

Cada una de las cinco familias de Nueva York recibió un voto en la Comisión cuando se estableció, mientras que los jefes de las familias en Chicago y Buffalo también obtuvieron un voto cada uno.

Derribando la mafia

En 1970, el Congreso aprobó la Ley de Organizaciones Corruptas e Influenciadas por Actividades Ilegales (Racketeer Influenced & Corrupt Organizations Act), que resultó ser una herramienta poderosa en la guerra del gobierno contra la mafia, ya que permitió a los fiscales perseguir a las familias delictivas y sus fuentes de ingresos, tanto legales como ilegales.

Durante los años 1980 y 1990, la ley RICO se utilizó para condenar a numerosos mafiosos de alto nivel.

Algunos mafiosos, enfrentados a largas condenas de prisión, rompieron el sagrado código de Omerta y testificaron contra sus compañeros mafiosos a cambio de un lugar en el programa federal de protección de testigos.

Al mismo tiempo, la membresía de la mafia disminuyó a medida que los barrios insulares ítalo-estadounidenses, una vez terreno de reclutamiento tradicional para mafiosos, sufrieron cambios demográficos y se asimilaron más en la sociedad en general.

Las pandillas callejeras

Las pandillas callejeras son una variante de los clásicos grupos territoriales de delincuencia organizada.

Su característica más diferenciadora es que están compuestas casi en su totalidad por jóvenes y normalmente no están clasificados como "grupos de delincuencia organizada" porque su objetivo no es el beneficio económico sino el control territorial.

El delito del que se obtiene una ganancia material no es sino un medio para dominar el territorio.

Las dos facciones principales, Mara Salvatrucha (MS-13) y Mara 18 (M-18), tienen sus orígenes en el este de Los Ángeles, y su presencia en Centroamérica es el resultado de la ola de deportaciones de criminales desde los EUA a El Salvador, Guatemala y Honduras, a partir de 1996.

Número de miembros de la Mara en 2012

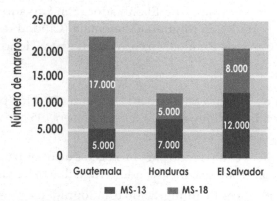

Distribución del N° de miembros de la Mara en 2012

Fuente: Entrevista con organismos de aplicación de la ley.

Mara Salvatrucha (MS-13)

Fue creada por inmigrantes salvadoreños que abandonaron el país durante la guerra civil y se establecieron en Los Ángeles en la década de los 80.

Esta pandilla primero surgió como una forma de proteger a la comunidad salvadoreña de los grupos de otras comunidades étnicas, a la que se unieron rápidamente otros inmigrantes centroamericanos.

Integrantes de Mara Salvatrucha.

N° de miembros:

• El Salvador: 12.000
• Honduras: 7.000
• Guatemala: 5.000

Actividades:

Entre sus acciones destacan principalmente la extorsión (compañías de autobuses, negocios locales, individuos), el tráfico de drogas a nivel callejero (cannabis y algo de cocaína), robos y atracos, asesinatos a sueldo y violencia en general.

Áreas de influencia:

Presentes en áreas urbanas de El Salvador (San Salvador, Santa Ana, Sonsonate, La Libertad, San Miguel), Guatemala (Ciudad de Guatemala, Chimaltenango, San José Pinula, Mixco, Villanueva) y Honduras.

Mara 18 (M-18)

A diferencia de la Mara Salvatrucha, la Mara 18 (o la "pandilla de la calle 18") fue creada por inmigrantes mexicanos en 1959 en el distrito de Pico Unión en Los Ángeles, California.

Este grupo delictivo fue creado para protegerse de otras pandillas étnicas, e incorporaron a otros latinos, incluyendo refugiados centroamericanos.

Debido a las políticas de inmigración estadounidenses de la década de los 90, los residentes nacidos en el extranjero con cargos penales fueron deportados a sus países de origen, lo que contribuyó a la difusión de la cultura pandillera en Centroamérica, particularmente en el Triángulo Norte.

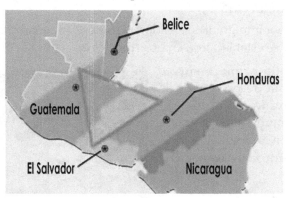

Territorio de las mafias centroamericanas.

Nº de miembros:

- Guatemala: 14.000-17.000
- Honduras: 5.000
- El Salvador: 8.000-10.000

Actividades:

Prevalecen en sus actividades la extorsión (compañías de autobuses, negocios locales, individuos), el tráfico de drogas a nivel callejero (cannabis y algo de cocaína), robo, asesinatos a sueldo y violencia generalizada.

Áreas de influencia:

Presentes en áreas urbanas de El Salvador (San Salvador, Santa Ana, Sonsonate, La Libertad, San Miguel), Guatemala (Ciudad de Guatemala, San Marcos, Xela, Antigua etc.), Honduras (Tegucigalpa, San Pedro Sula), México y los EUA. Algunos miembros han sido recientemente arrestados en Panamá y Costa Rica.

Los Cárteles de Narcotráfico Mexicanos

Las organizaciones criminales transnacionales mexicanas siguen siendo la mayor amenaza criminal de drogas para los Estados Unidos; ningún otro grupo está actualmente posicionado para desafiarlos.

Estas organizaciones criminales transnacionales mantienen una influencia territorial sobre grandes regiones de México utilizadas para el cultivo, la producción, la importación y el transporte de drogas ilícitas.

Al controlar los lucrativos corredores de contrabando a lo largo de la frontera suroeste de los Estados Unidos, las organizaciones mafias mexicanas pueden introducir cantidades de toneladas múltiples de drogas ilícitas en los Estados Unidos anualmente.

El portafolio de drogas mantenido por los carteles mexicanos consiste principalmente en:

- Heroína
- Metanfetamina
- Cocaína
- Marihuana
- Fentanilo (en menor medida)

Una vez que estas drogas se pasan como contrabando a través de la frontera con México, se envían a los mercados de consumo en los Estados Unidos utilizando rutas de transporte y celdas de distribución que los carteles mexicanos supervisan directa e indirectamente.

Las organizaciones criminales transnacionales mexicanas buscan expandir constantemente su presencia en los Estados Unidos, particularmente en los mercados de heroína.

Reportes de la DEA establecen a los siguientes grupos de delincuencia organizada mexicana como los que tienen el mayor impacto en el narcotráfico en los Estados Unidos:

El Cártel de Sinaloa

El Cártel de la Nueva Generación de Jalisco

El Cártel de Juárez

El Cártel del Golfo

Los Zetas

Cártel de Beltrán Leyva

Los Cárteles de Narcotráfico Colombianos

Las organizaciones criminales transnacionales colombianas continúan impactando en el mercado de drogas ilícitas de Estados Unidos, aunque ya no de manera directa como en los años ochenta y noventa.

La desaparición de las empresas criminales colombianas más grandes y estructuradas de décadas pasadas, como los carteles de Medellín, Cali y Norte del Valle, ha dado paso al surgimiento de organizaciones criminales transnacionales mexicanas que se han convertido en los principales proveedores al por mayor de drogas ilícitas en los mercados estadounidenses.

Si bien esos grupos mexicanos pueden dominar la distribución mayorista de cocaína en los Estados Unidos, las organizaciones colombianas mantienen el control de su producción y suministro.

La mayoría de la cocaína que es contrabandeada a los Estados Unidos por las organizaciones criminales transnacionales mexicanas es de origen colombiano.

Además, las organizaciones más pequeñas mantienen conductos directos de cocaína y heroína en los Estados Unidos a través de correos y carga aérea en vuelos comerciales.

Tales entidades delictivas colombianas también mantienen una presencia física en el país norteamericano para ayudar en el blanqueo de ganancias ilícitas.

Según la DEA las organizaciones criminales transnacionales colombianas más significativas con un impacto directo en los mercados de drogas de los EE.UU. son: El Clan Úsuga (Clan del Golfo), Los Rastrojos y Las FARC.

Capítulo IV
El Contrabando

Nuevas formas delictuales para legitimar capitales según el GAFI
¿Qué es el Contrabando?

El contrabando es toda actividad de exportación o importación, realizada por cualquier persona, en lugares no aptos para ello, con lo cual se busca evadir los controles aduaneros y su intervención para el pago de tasas de aduanas e impuestos.

La economía de las naciones necesita que sus importaciones y exportaciones estén controladas, para mantener un flujo adecuado en el normal desenvolvimiento comercial del país.

De esa forma, se considera que comete contrabando aquel que ejerce acciones u omisiones, mediante una conducta ardidosa o engañosa, con el objeto de lograr que determinada mercadería eluda el control del servicio aduanero.

Diferencia entre contrabando y tráfico

El contrabando se distingue del tráfico, por el hecho cierto de que, la mercancía u objetos contrabandeados son de lícito comercio.

Es decir, no se encuentra prohibida su comercialización, pues lo que se persigue es evadir el pago de impuestos y tasas de aduanas.

Mientras que los objetos traficados, son de naturaleza ilícita, y no está regulada su comercialización, como es el caso de las drogas, que incluso estando reguladas, merecen permisología especial y controles más rigurosos; o la compra y venta de armas, alcohol, tabaco, etc.

Tipos de contrabando

Contrabando simple o abierto:

Es el acto de importar o exportar mercancías, a través de rutas o lugares no habilitados, con el objeto de evadir el control e intervención aduanera y tributaria, y así evadir el pago de impuestos o tasas arancelarias.

Contrabando técnico:

Consiste en el ingreso o exportación de mercancías, por las vías y lugares autorizados por la autoridad aduanera, pero con documentos fraudulentos que falsamente declaran su procedencia, cantidad, peso y demás características, con la finalidad de alterar la obligación frente a la autoridad aduanera, y así evadir el monto real de impuestos, o sobrefacturar los costos, obteniendo un beneficio o utilidad mayor a la debida.

Contrabando de extracción:

Consiste en desviar los bienes declarados de primera necesidad o de control especial, del destino original autorizado por el ente contralor, o cuando un bien regulado por el estado, haya sido extraído o se intente extraer del territorio nacional, cuando su comercialización fue destinada a la zona geográfica específica del país de origen.

Contrabando fluvial.

Contrabando fluvial:

Principales impulsores del contrabando y el comercio ilícito según Euromonitor International

Preferencias del consumidor:

• Productos de menor precio.
• Acceso a marcas premium (aspiracionales).
• La aceptación social del comercio ilícito.
• Conocimiento limitado sobre productos ilícitos y cómo identificarlos.

Condiciones de negocio:

• Brecha de precios entre productos lícitos e ilícitos.
• Altos niveles de impuestos indirectos.
• Disponibilidad de ingredientes y materiales de embalaje.

Marco normativo:

- Aplicación ineficaz.
- Estado de derecho débil.
- Corrupción.
- Sanción inadecuada.

"Beneficios" del contrabando según Euromonitor International
Proveedores de insumos
Creciente demanda de:

- Ingredientes o materiales principales.
- Envases y etiquetas.
- Otros servicios.

Fabricantes ilícitos:

- Obtener mayores márgenes debido a actividades ilícitas.

Consumidores:

- Acceso a productos de menor precio.
- Acceso gratuito a productos controlados.
- Acceso a las marcas aspiracionales del Gobierno.
- La economía ilícita crea empleos, reduciendo los niveles de pobreza.

Efectos negativos del contrabando según Euromonitor International
Consumidores:

- Riesgo de salud.

Gobierno:

- Pérdida fiscal.
- Costo de problemas de salud.
- Aumento de la actividad criminal.
- Mayor inestabilidad.

Industrias:

- Imagen de marca dañada.
- Competencia desleal.

El contrabando en cifras

Algunas cifras importantes de La Oficina de Aduanas y Protección Fronteriza de los Estados Unidos (CBP, por sus siglas en inglés) 2016.

En un día típico, la CBP:

Procesa:

1.069.266 pasajeros y peatones.

326.723 pasajeros y tripulación aérea internacional entrante.

53.786 pasajeros y la tripulación al llegar barco / barco.

688.757 viajeros terrestres entrantes.

282.350 vehículos privados entrantes.

79.214 contenedores de camiones, trenes y mar.

$6.3 billones en productos importados.

Incauta:

7.910 libras de drogas.

$ 289.609 en moneda no declarada o ilícita.

$ 3.8 millones en productos con Violaciones de derechos de Propiedad Intelectual

Se descubren:

404 plagas en los puertos de entrada de EE.UU.

4.638 materiales para cuarentena como: planta, carne, subproducto animal y suelo.

Protección de fronteras de EE.UU.

La Alianza Latinoamericana Anti Contrabando (ALAC) estima que cada año en América Latina ingresan entre US$70.000 millones y US$85.000 millones en mercancía de contrabando, lo que representa entre el 0,9% y 2% del PBI de los países afectados en el 2017.

U.S. Customs and Border Protection

Los rubros textiles, medicamentos, cigarrillos, licores, hidrocarburos, metalmecánica, son los más afectados.

Países que conforman la ALAC

- Argentina
- Bolivia
- Brasil
- Chile
- Colombia
- Costa Rica
- Ecuador
- Guatemala
- Honduras
- Perú
- Panamá
- Venezuela

Alianza Latinoamericana Anticontrabando[5].

Contrabando de bebidas alcohólicas

1 de cada 4 botellas de licor que se consume en la región latinoamericana es ilegal.

Las ventas ascienden a US$2.368 millones.

El crecimiento anual de bebidas adulteradas en Latinoamérica es superior al 6%.

Pérdida fiscal US$631 millones.

En promedio, se estima que el 24% de las bebidas alcohólicas consumidas en América Latina son ilícitas.

Distribución del consumo de alcohol en América Latina

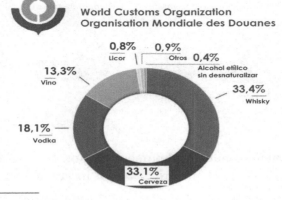

---

[5] https://www.efe.com/efe/america/economia/el-contrabando-anual-en-latinoamerica-se-estima-entre-70-000-y-80-dolares/20000011-3419339

Decomisos de alcohol, reporte WCO

Las autoridades aduaneras en 23 países participantes informaron 3.019 casos y 3.539 incautaciones

Decomiso

Las incautaciones de productos alcohólicos aumentaron sólo ligeramente de un año a otro.

Los países participantes informaron 3.539 incautaciones en 2016, en comparación con 3.226 incautaciones en 2015, una subida de solo el 9,7%

Contrabando de cigarrillos

Cifras reportadas por Interpol señalan que el comercio total de cigarrillos ilícitos representa el 11,6% de todo el consumo de cigarrillos en el mundo. (657 mil millones de cigarrillos).

El daño económico experimentado por los gobiernos es grande, con pérdidas de ingresos estimadas en entre 40 y 50 mil millones de dólares al año por medio de cigarrillos de contrabando.

Incautación y decomisos de cigarrillos 2015-2016 WCO

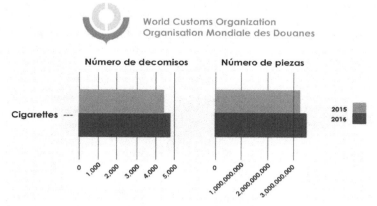

La Figura anterior muestra el número de incautaciones de cigarrillos en 2015 y 2016, así como el número de piezas incautadas en ambos años.

Funcionarios de aduanas de todo el mundo informaron que confiscaron 3.485.058.076 piezas de cigarrillos en 4.768 casos individuales.

Robo y contrabando de obras artísticas y de patrimonio cultural

No es posible dar una cifra confiable sobre este tipo de delito, en parte porque el valor de un artículo de propiedad cultural/artística no es siempre el mismo en el país en el que fue robado y en el país de destino.

Además, los robos de dichos bienes a veces no se informan a la policía porque el dinero utilizado para comprarlos no se ha declarado por razones fiscales o porque se trata de ganancias procedentes de actividades delictivas.

También es imposible evaluar la extensión financiera de las pérdidas causadas por excavaciones arqueológicas clandestinas.

Tales excavaciones a menudo sólo salen a la luz cuando los artículos saqueados son contrabandeados y aparecen en el mercado internacional.

Sin embargo, el FBI en base a cifras de la comunidad artística y de bienes culturales estima que los robos pueden ser por encima de los USD 500 Millones al año.

En febrero de 2015, el Consejo de Seguridad de las Naciones Unidas aprobó la Resolución 2199, en la que se pedía a los países que adoptaran medidas apropiadas para evitar el comercio de bienes culturales iraquíes y sirios robados.

El 24 de marzo de 2017, el Consejo de Seguridad de las Naciones Unidas (CSNU) aprobó por unanimidad la Resolución 2347/20172 sobre la protección del patrimonio cultural en caso de conflictos armados.

Habiendo sido testigo del nivel sin precedentes de saqueo y destrucción de bienes culturales, y particularmente a la luz de los impactantes acontecimientos en Siria, Iraq, Malí y otros países, la comunidad mundial expresó su compromiso, a través de esta Resolución del Consejo de Seguridad, de trabajar juntos para prevenir estos actos atroces.

- También reconoció la función global de INTERPOL para abordar este comercio ilícito. donde destacan algunos elementos como:
- Centralizar la información de datos de obras de arte.
- Transmitir la información recibida a los países miembros y socios oficiales lo más rápido posible.
- Desarrollar las herramientas para permitir a los países miembros contrarrestar el tráfico de propiedad cultural de manera efectiva.

También reconoció la función global de INTERPOL para abordar este comercio ilícito entre ellas:

- Organizar conferencias internacionales y cursos de capacitación, ya sea en la Secretaría General en Lyon, Francia o en los países miembros.

- Mantener una estrecha relación de trabajo con las organizaciones internacionales involucradas en la lucha contra el tráfico de bienes culturales.

INTERPOL ha firmado memorandos de entendimiento con la UNESCO, la Organización Mundial de Aduanas (OMA) y el Consejo Internacional de Museos (ICOM).

A su vez el FBI cuenta con un equipo especializado en delitos contra el arte desde el año 2004, compuesto por 16 agentes especiales, apoyados por abogados litigantes del Departamento de Justicia para recuperar estas valiosas piezas y llevar a estos criminales ante la justicia.

La Oficina también maneja el Archivo Nacional de Arte Robado, un índice computarizado de arte robado reportado y propiedades culturales para el uso de agencias de aplicación de la ley en todo el mundo.

Desde su creación, el Equipo de Delitos Artísticos ha recuperado más de 14,850 artículos valorados en más de $ 165 millones.

En el reporte publicado en 2017 de la Asociación Mundial de Aduanas (WCO por sus siglas en inglés,) hubo 146 decomisos reportados ante este organismo en 2015-2016.

Decomisos de arte 2015-2016

Gráfico que muestra decomisos de arte en 2015-2016

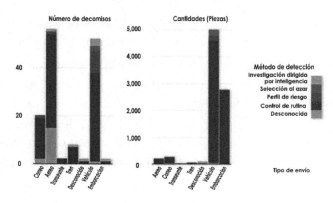

QUANTITY OF OBJECTS AND NUMBER OF SEIZURES BY CONVEYANCE TYPE AND DETECTION METHOD, 2016

Contrabando de hidrocarburos y minerales

Según un reporte de interpol algunos métodos utilizados por los grupos delictivos organizados incluyen:

El robo de petróleo y gasolina de camiones cisterna y oleoductos vulnerables y posterior transporte por tierra y mar a través de convoyes y buques.

Los ataques de piratería marítima contra los transportistas de productos petrolíferos principalmente en algunos países de África occidental.

El contrabando de productos subsidiados que se obtienen ilícitamente de países como Venezuela, Ecuador o Bolivia que son posteriormente vendidos en otros países a precio completo.

El oro y los diamantes de Venezuela se contrabandean a Curazao y Aruba a gran escala.

El contrabando se realiza con aviones y es facilitado por el ejército venezolano.

Eso dice el periodista de investigación holandés BramEbus, después de investigar sobre la extracción ilegal de oro en Venezuela, reseña TROUW.

Arco Minero

La investigación de Ebus, financiada por el Pulitzer Center on Crisis Reporting, se centró en las consecuencias de la minería ilegal en el Arco Minero.

La jungla es ampliamente destruida por la minería ilegal, bajo la atenta mirada de las autoridades.

"Que el oro ilegal extraído allí sea contrabandeado en gran escala hacia el Caribe era un secreto público allí", dice Ebus. *"Soldados, mineros, políticos, todos lo sabían"*.

Desde Curazao el oro sube en el mercado mundial, que es mucho más lucrativo que declararlo en Venezuela.

"El Arco Minero se presentó como un proyecto contra la minería ilegal y una solución a la crisis", dice Ebus.

"La extracción de oro, diamantes y coltán tuvo que reducir la dependencia de Venezuela del petróleo y sacar a Venezuela de la crisis".

Ebus, quien realizó años de investigación en minas colombianas, quería ver las consecuencias para la población y el medio ambiente.

El área es hogar de 198 comunidades indígenas y reservas naturales protegidas y el 70 por ciento del agua potable venezolana proviene de aquí.

Ebus encontró un estanque de destrucción lleno de explotación, extorsión, malaria y dramática destrucción de la jungla.

Capítulo V
Falsificación

La falsificación es un negocio muy lucrativo, ya que los delincuentes sacan partido, por un lado, de la gran demanda continua que existe de productos baratos y, por el otro, de sus bajos costos de producción y distribución.

Las organizaciones criminales a menudo están involucradas más allá de la mera producción y envío de bienes falsificados, ya que muchas de ellas también trafican drogas, armas y personas, aprovechando las cadenas de distribución.

Los falsificadores utilizan planes intrincados para ocultar sus actividades. Crean empresas ficticias y sociedades "de fachada".

Se aprovechan de los puntos débiles del control de fronteras y de marcos reglamentarios precarios.

También utilizan documentos falsos para obtener ingredientes farmacéuticos y equipo de fabricación con los que imitar productos auténticos.

Implicaciones

Los delincuentes responsables de esas operaciones plantean graves problemas para todos los sectores de la sociedad, ya que pueden poner en peligro vidas: piezas de automóviles que fallan, juguetes que dañan a los niños, fórmulas para bebés que no proporcionan alimento e instrumentos médicos que emiten lecturas falsas.

Aumentan considerablemente los riesgos para la salud pública al producir medicamentos fraudulentos; los productos falsificados socavan el empleo, ya que la venta de productos copiados y elaborados ilegalmente, desplaza a la de la mercancía original y reduce la facturación de las empresas legítimas.

La venta de medicamentos fraudulentos desde Asia al Asia sudoriental y África asciende a unos 1.600 millones de dólares por año según reporte de UNODC, cantidad considerable de dinero que se vierte en la economía ilícita.

La Organización Mundial de la Salud calcula que probablemente hasta el 1% de los medicamentos que se venden en los países desarrollados son fraudulentos.

Cada año se engaña a miles de consumidores en todo el mundo para convencerlos de que compren costosos alimentos que suelen ser altamente dañinos.

Una de las estratagemas preferidas de los delincuentes es etiquetar los productos erróneamente con toda intención y falsear la información para hacerlos pasar por artículos de lujo u originarios de determinados países y de esa manera poder subir los precios.

Cifras según reporte de la OECD en cuanto a bienes falsificados, publicado en 2016

Las importaciones de productos pirateados y falsificados valen casi medio trillón de dólares al año, o alrededor del 2.5% de las importaciones mundiales.

El valor total de los productos falsificados importados en todo el mundo fue de USD 461 mil millones en 2013 (USD 17,9 billones importaciones totales en el comercio mundial).

Hasta el 5% de los bienes importados en la Unión Europea son falsificaciones, así como las marcas estadounidenses, italianas y francesas son las más afectadas.

En muchos casos, el producto del comercio de billetes falsos se destina al crimen organizado. La mayoría de los productos falsos se originan en países de ingresos medianos o emergentes, y China es el principal productor.

Las encomiendas postales son el principal método de envío de productos falsos, que representan el 62% de las incautaciones en 2011-13.

Países más afectados por el comercio de artículos falsificados

Países cuyos derechos de propiedad intelectual fueron violentados, % total de decomisos:

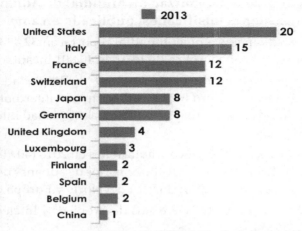

Source: Trade in Counterfeit and Pirated Goods: Mapping the Economic Impact

Países con mayor cantidad de decomisos de productos falsificados[6]

Países de donde provienen la mayoría de los artículos falsos

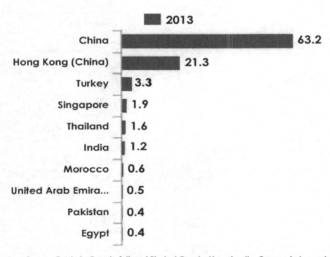

Source: Trade in Counterfeit and Pirated Goods: Mapping the Economic Impact

Países proveedores de mayor cantidad de falsificaciones[7]

---

[6] http://dx.doi.org/10.1787/888933345922

[7] http://dx.doi.org/10.1787/888933345908

Cifras del reporte de la Organización Mundial de Aduanas (WCO en inglés) sobre bienes falsificados, publicado en 2017

Autoridades aduaneras a nivel mundial reportaron 32,433 casos por falsificación en 2016, lo que implica un total de 40,801 incautaciones.

296.117.819 piezas de productos de Derechos de Propiedad Intelectual (IPR) y 186.301.116 piezas de productos médicos fueron interceptadas como falsificadores y traficantes intentaron explotar la propiedad intelectual de otros para auto-ganar.

Hubo un aumento de 22,8% de incautaciones en 2016 (40.801) en comparación el 2015 (31.247) por parte de funcionarios de aduanas de 59 países, especialmente en Oriente Medio, América del Norte y Europa occidental.

Incautaciones de productos Derechos de Propiedad Intelectual (IPR) por categoría 2016 WCO:

Incautación por violación al derecho de propiedad intelectual no médico 2016.

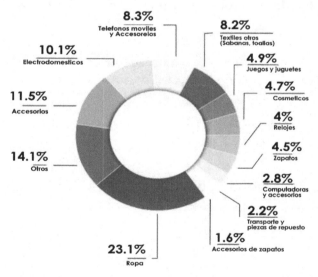

Incautaciones por violación de derechos de propiedad intelectual no médicos (DPI) 2016.

Un "caso" es una sola interceptación de productos ilícitos, mientras que un "decomiso" es la interceptación de productos específicos, un caso puede consistir en incautaciones múltiples de productos diferentes.

Las 59 autoridades aduaneras participantes informaron de 30.467 casos de DPI y 38.386 incautaciones. En total, 296.117.819 piezas y 1.935.410 kilogramos fueron confiscados.

Comparación de la Incautación productos de violación de Derechos de Propiedad Intelectual 2015-2016:

- En 2016 el número aumentó en todos menos en dos tipos de productos, lo que sugiere un posible aumento general en el comercio mundial de productos falsificados.

- Se registraron 31.247 incautaciones de IPR en 2015, lo que es un 22,8% menos que el número registradas en 2016. Las de ropa mostraron el mayor aumento, al pasar de 6.325 en 2015, a 8.878 incautaciones en 2016.

Productos falsificados –por tipo– 2015-2016

Incautaciones de productos de IPR falsificados, por tipo, en 2015 y 2016.

Mapa de Calor de Violación de Derechos de Propiedad Intelectual por cantidad de casos 2016

Visión global de casos de violación de derechos de propiedad intelectual.

Arabia Saudita reportó 14.284 casos, más que cualquier otro país por un amplio margen. El segundo país informante más frecuente en 2016 fue Estados Unidos, que señaló 7.781 casos.

Alemania, Italia y España también informaron más de 500 casos cada uno. Canadá y China lo hicieron sobre 106 y 100 casos, respectivamente.

Entre los países que reportaron entre 10 y 50 casos en 2016, Angola sumó la mayor cantidad (49 casos). Bahrein presentó datos sobre 48 casos y Hungría sobre 44.

En las Américas, los funcionarios de aduanas de Argentina y México manejaron 38 y 37 casos, respectivamente.

Incautaciones de productos médicos ilícitos 2016

Los productos médicos ilícitos incluyen productos médicos falsificados y productos médicos auténticos, cuya comercialización está prohibida en determinados países.

Las 61 autoridades aduaneras participantes presentaron datos sobre 1.966 casos de productos médicos, que incluyeron 2.415 incautaciones de bienes.

En el 97,7% de las notificaciones los artículos interceptados fueron medicamentos (incluidos los medicamentos para uso veterinario), mientras que el 2,3% restante consistió en la recuperación de dispositivos médicos ilícitos.

Entre los medicamentos incautados, los más comunes fueron los agentes urogenitales (39,3%) agentes metabólicos (16,8%) y agentes anti infecciosos (12,8%).

Los agentes del sistema nervioso, los del sistema respiratorio y los suplementos para la salud como las vitaminas, se recuperaron en 6.9%, 3% y 2.9% de las convulsiones, respectivamente.

En general, se realizaron menos incautaciones en 2016 que en el año anterior; y en 2015 se registraron 3.480, un 30,6% más que en 2016, que registró 2.415 casos.

Curiosamente, esta disminución se debe en gran parte a un menor número de incautaciones de los productos confiscados más frecuentemente en 2015: agentes urogenitales y agentes metabólicos.

Mapa de incautación de productos médicos ilícitos 2016

Visión global sobre incautación de productos médicos ilícitos.

Tres países informaron más de 200 casos de productos médicos ilícitos a la OMA en 2016: Arabia Saudita (303 casos), Alemania (274 casos) y Japón (253 casos). Un cuarto país, Yemen, registró casi 200 casos en ese año (192 casos).

Otros cinco países reportaron entre 50 y 500 casos cada uno, incluidos los Estados Unidos que presentó datos sobre 114 casos, y Sudáfrica, con 66.

Las autoridades aduaneras participantes que registraron entre 10 y 50 casos incluyen a Georgia, Qatar y Rumania, con 39 reportes cada uno.

En África, Togo siguió a Sudáfrica en la frecuencia de los informes, manejando 37 casos. En América del Sur, Venezuela y Paraguay registraron 15 y seis casos respectivamente.

Operación Opson VI

La Operación Opson VI fue una operación organizada por Interpol y Europol que involucró a la policía, aduanas, autoridades reguladoras nacionales de alimentos y los socios del sector privado de 65 países de todo el mundo.

El objetivo principal de la operación es identificar e interrumpir las redes de delincuencia organizada detrás del tráfico de productos falsificados y mejorar la cooperación entre las autoridades de aplicación involucradas.

Se llevó a cabo entre el 1 de diciembre de 2016 y el 31 de marzo de 2017 y se incautaron más de 235 millones de euros en alimentos falsificados

La operación OPSON 1 se inició en 2011 con 10 países participantes, exclusivamente Estados miembros europeos.

OPSON VI contó con la participación de 65 países de todos los continentes y 20 empresas o asociaciones privadas.

Esto representa el mayor número de países involucrados, especialmente para los países que no pertenecen a la UE, desde el comienzo de OPSON en 2011.

En total, durante la fase operativa de cuatro meses de OPSON VI, se incautaron 13.407,60 toneladas, 26.336.305,3 litros y 11.118.832 unidades de alimentos y bebidas falsificados o de calidad inferior.

El valor total de estos bienes ilícitos asciende a 235.681.849,87 EUR.

Desde su inicio, la Operación OPSON ha establecido objetivos claros que consisten en proteger la salud pública; luchar contra los grupos de la delincuencia organizada que participan en el comercio de alimentos falsificados y de calidad inferior; mejorar la cooperación internacional; mejorar la cooperación con socios privados de la industria de alimentos y bebidas y las agencias reguladoras de alimentos.

Países participantes, EUROPOL e INTERPOL

Los siguientes países participaron en OPSON VI: 65 en total, entre ellos 22 Estados miembros de la UE.

Albania, Argentina, Australia, Austria, Bielorrusia, Bélgica, Bolivia, Bosnia y Herzegovina, Bulgaria, Burundi, Chile, China, Colombia, Comoras, Croacia, Chipre, República Checa, Dinamarca, Djibouti, República Dominicana, Ecuador, Eritrea, Etiopía, Finlandia, Francia, Alemania, Grecia, Hungría, Islandia, India, Indonesia, Iraq, Irlanda, Italia, Jordania, Kenia, Letonia, Lituania, Moldavia, Montenegro, Marruecos, Países Bajos, Nigeria, Noruega, Perú, Polonia, Rumania, Federación de Rusia , Filipinas, Portugal, Ruanda, Seychelles, Corea del Sur, España, Sudán, Suiza, Tanzania, Tailandia, Togo, Uganda, Reino Unido, Estados Unidos de América, Uruguay, Vietnam y Zambia.

Dichas naciones informaron más de 50.128 inspecciones y verificaciones, y 3.711 personas arrestadas o investigados, y abrieron 6.282 casos administrativos y penales.

Las investigaciones comenzaron en el marco de OPSON VI y condujo al desmantelamiento de siete grupos de la delincuencia organizada, reseñados como tales por los países e involucrados en la producción de alimentos ilegales, otros productos de contrabando y otras actividades delictivas.

En términos de gama de productos, los niveles de incautación dentro de OPSON VI difieren significativamente en comparación con OPSON V.

La mayor cantidad encontrada fue de alcohol, mientras que la primera categoría de en OPSON V eran condimentos (por ejemplo, aceite vegetal, especias y salsas).

Las acciones de cumplimiento durante OPSON VI condujeron al cierre de al menos 183 fábricas ilegales de alcohol y a la incautación de materiales de producción, que van desde máquinas de embotellado especiales hasta sellos fiscales falsificados, gorras, etiquetas o anillos de seguridad de botellas.

La segunda categoría de bienes decomisados fue la carne, con casi 5.146 toneladas retiradas de los mercados.

Proporción de incautaciones por tipo de producto, tonelada métrica. Operación Opson VI

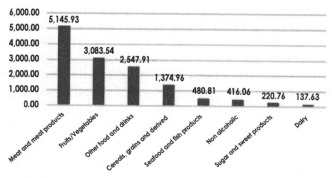

Productos incautados por tipo en Operación Opson VI.

Proporción de incautaciones por tipo de producto, litro. Operación Opson VI

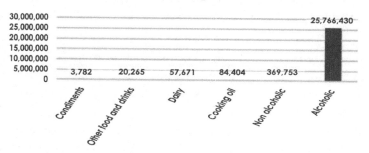

Proporciones en litros de incautaciones en Operación Opson VI.

Proporción de incautaciones por tipo de producto, unidad. Operación Opson VIP

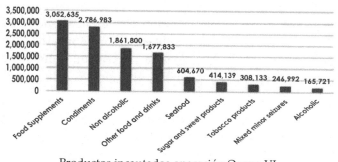

Productos incautados operación Opson VI.

Carne y productos cárnicos

Con respecto a la carne, se informaron 5.415,93 toneladas de todas las regiones y las infracciones más comunes se relacionan con la inocuidad de los alimentos, desde almacenamiento inadecuado, incumplimiento de las normas de almacenamiento para productos destinados al consumo humano, hasta embalaje inadecuado y falta de requisitos documentación, como por ejemplo certificados de salud.

También se informaron otros modus operandi penales. Durante una investigación en Perú, se descubrió que la carne se inyectaba con agua no potable para aumentar su peso, se volvía a envasar, se marcaba de nuevo y se destina a la venta en el mercado.

En la República Checa, las autoridades encontraron carne de aves de corral infestada de salmonella.

En la mayoría de los otros casos, los países informaron una combinación de infracciones, engañando a los consumidores, entre delitos fiscales y seguridad alimentaria por completo.

Una de las incautaciones en Francia reveló carne de cerdo en lugar de carne de pato. Un total de 292 kg de carne de monte en varios casos se incautó por falta de certificado sanitario (carne procedente de Camerún, República Centroafricana o Senegal).

En la región del Medio Oriente, Iraq decomisó 58 toneladas de carne ilícita, producida localmente, pero también importada de Ucrania, la India e Irán.

Las infracciones no fueron especificadas. En general, la mayoría de los países informaron problemas relacionados con productos cárnicos etiquetados de manera fraudulenta, como manipulación para extender la fecha de vencimiento y reinsertar los productos ilícitos en un circuito legal.

Frutas y verduras

En esta categoría, Vietnam reportó la mayor cantidad de productos confiscados, más de 2.400 toneladas de frutas y verduras, retirados del mercado por razones de seguridad alimentaria.

En general, la razón más común para las incautaciones en esta categoría fue la seguridad de los alimentos. Por ejemplo, en EE.UU., las pruebas con 816 kg de frutas y verduras (de origen desconocido) arrojaron resultados positivos para la salmonela.

Además, Italia informó del decomiso de 105,2 toneladas de bulbos y tubérculos no especificados por razones de seguridad alimentaria. Moldova incautó más de 1,9 toneladas de nueces, debido a infracciones relacionadas con consumidores engañosos y la seguridad alimentaria.

Francia fue un país de destino para envíos de frutas y verduras sin certificados de salud procedentes de Camerún, RD Congo, Líbano, Mali, Vietnam y otros países.

Los controles en Alemania se destinaron a varios envíos de avellanas de Italia, Georgia y Turquía, sospechosos de contener cacahuetes, anacardos o almendras u otras sustancias alergénicas no declaradas. Los resultados del análisis mostraron que un lote de 1,3 toneladas de avellanas picadas rostizadas contenía un 8% de maní.

En Francia, la Aduana confiscó 55 kg de corossol 16 sin certificados fitosanitarios. La mercancía se originó en Camerún.

La fruta es cada vez más popular para los mercados europeos y se vende cada vez más en línea. Las hojas del árbol se anuncian y se venden como un tratamiento contra el cáncer y los problemas digestivos.

En el mercado aparecieron diferentes productos alimenticios a base de corossol, como bebidas, hojas secas u hojas trituradas hasta convertirse en un polvo fino.

Este producto debe considerarse como un nuevo riesgo en términos de fraude alimentario. Se sugiere que los países que participan en OPSON realicen una evaluación nacional de amenazas sobre este producto.

Mariscos

La mayoría de las incautaciones incluidas en esta categoría se hicieron en Italia y Francia.

Sin embargo, los productos del mar también fueron retenidos en cantidades menores en los Estados Unidos, Iraq, Bélgica, Bulgaria, Grecia, la República Checa, España y Moldavia.

La categoría de infracción más común con respecto a los productos del mar engañaba a los consumidores, especialmente con la sustitución de especies.

La seguridad alimentaria fue el segundo fraude más común, desde productos caducados y condiciones de almacenamiento o transporte inexactas, hasta detectar la presencia de listeria monocytogenes y otras sustancias nocivas (EE.UU.) o huevos de pescado contaminados con fenoxietanol, una sustancia potencialmente tóxica cuando es ingerida por humanos (Francia - 300 kg de huevos de trucha).

Ejemplo de caso EE.UU.: Suplementos dietéticos que contienen altos niveles de plomo.

En el área de Chicago, después de una serie de eventos adversos de salud, se confirmó que en un suplemento dietético los implementos usados para su materia prima eran originarios de China y contenían altos niveles de plomo, algunos de los cuales eran casi tóxicos.

Alimentos suplementarios alterados.

Los sujetos asociados con este caso finalmente murieron, pero sus muertes no pudieron confirmarse como relacionadas únicamente con la ingestión de estos suplementos, ya que eran personas mayores y su salud ya estaba deteriorada.

Los propietarios de las tiendas que elaboraron los suplementos localmente sin la aprobación de la FDA, retiraron voluntariamente el suplemento y reembolsaron a los clientes por cualquier producto no autorizado que hubieran comprado.

La investigación reveló que uno de los distribuidores aparentemente sustituyó uno de los ingredientes vegetales importados de China, para una versión industrial utilizada en diluyentes de pintura, que creó los altos niveles de plomo.

Camarones mal etiquetados

Las autoridades estadounidenses informaron que una gran cantidad de camarones importados estaba mal etiquetada y posiblemente adulterada. Según la información recibida, los camarones incautados se declararon como originarios de Malasia, cuando el verdadero origen era chino.

Declarar un origen falso permite evitar los derechos de aduana.

Además, los camarones contenían cantidades excesivas de nitrofurano, una sustancia utilizada en antibióticos.

Recomendaciones

Brechas geográficas

OPSON VI tuvo el mayor número de países participantes hasta el momento (65), distribuidos entre regiones como tales: 8 países de Asia-Pacífico, 9 países de América, 15 de África, 31 de Europa y 2 países de Medio Oriente.

En este contexto, todavía existe una brecha respecto de la información sobre delitos alimentarios, especialmente en relación con Medio Oriente, por lo que la región es una prioridad para OPSON.

El enfoque interinstitucional

Promover acciones conjuntas a nivel nacional y un enfoque interinstitucional, como lo demostraron algunos países durante OPSON VI, conduciría a mejores resultados inmediatos a corto plazo y a un enfoque estratégico más integrado de los alimentos -crimen a largo plazo.

INTERPOL y Europol seguirán intensificando los esfuerzos para identificar a los agentes pertinentes, públicos y privados, implicados en la lucha contra el fraude alimentario.

Esfuerzos en la recopilación de inteligencia sobre crímenes relacionados con alimentos en línea

Como se indicó en ediciones anteriores de OPSON y confirmado por OPSON VI, Internet se utiliza cada vez más para actividades delictivas, especialmente para vender todo tipo de productos falsificados.

La comida que se vende en línea está ganando cada vez más popularidad.

De acuerdo con la información de fuente abierta, el comercio en línea de productos alimenticios representa alrededor de 40 mil millones de dólares en todo el mundo, lo que representa aproximadamente el 15% del comercio total de alimentos y actualmente está en aumento.

En este contexto, una mejor estrategia de recopilación de inteligencia dirigida a los alimentos vendidos en línea puede ampliar el alcance de las acciones futuras.

Falsificación de moneda

La circulación de moneda falsificada representa una grave amenaza para las economías nacionales, las instituciones financieras y los consumidores de todo el mundo. Esto alimenta la economía sumergida y financia las actividades de las redes criminales organizadas y los terroristas.

Una sólida red de alianzas entre la comunidad de aplicación de la ley y el sector privado es esencial para implementar soluciones efectivas.

Problemas y desafíos

Existe un impacto financiero obvio, ya que la moneda falsificada reduce el valor de la moneda genuina, tiene un impacto en el consumidor a través de la inflación y conduce a pérdidas monetarias para las empresas.

≡ EL PAÍS — ESPAÑA

FALSIFICACIÓN MONEDA ›

Una fábrica de hacer dinero

El mayor falsificador de billetes de España se sienta este martes en el banquillo. La fiscalía pide para él 15 años de cárcel

Tiene 60 años y una antigua empresa de conservas en la huerta de Murcia que convirtió en una fábrica de hacer billetes. Literalmente.

Juan Pedro González Sánchez está considerado por la Policía Nacional el mayor falsificador de billetes de España y uno de los más importantes de Europa, y ha sido detenido hasta en tres ocasiones con varios millones de euros falsos listos para salir a la calle. Este martes, a las 10.30 en la Audiencia Provincial de Murcia, se sienta en el banquillo. La fiscalía pide para él 15 años de cárcel.

La policía dio con él por primera vez en mayo de 2007 y encontró en su domicilio y en su fábrica conservera, en la pedanía murciana de Beniaján, unos ocho millones de euros en proceso de fabricación. Los agentes encontraron billetes de 50 euros tan bien elaborados y realistas que hasta el Banco Central Europeo había alertado de lo peligrosas que eran esas copias por su alta calidad.

MÁS INFORMACIÓN

El BCE retiró 684.000 billetes falsos de euro en 2016, un 24% menos

El número de billetes falsos cae un 25% en el primer semestre

In English: The Spanish cannery owner who became a master counterfeiter

Fuentes[8]

---

[8] https://www.justice.gov/usao-sdms/pr/two-argentine-men-sentenced-passing-counterfeit-currency

https://www.justice.gov/usao-sc/pr/two-florence-residents-plead-guilty-federal-court-manufacturing-and-passing-counterfeit

Capítulo VI
Riesgo

El término "Riesgo" tiene múltiples acepciones que se van a presentar de acuerdo a la situación en la cual se encuentre, es decir, desde el punto de vista social, bancario, de seguros, desastres, etc.

En sentido amplio, se puede definir el riesgo, como la probabilidad de ocurrencia de un hecho o circunstancia, futura e incierta, y que pueda ocasionar un daño al patrimonio de una persona, natural o jurídica, e incluso a un número indeterminado de individuos, y cuyos resultados o consecuencias son desconocidos e incuantificables.

En este sentido, en las instituciones del sector bancario los riesgos se definen como la probabilidad de ocurrencia de un hecho o circunstancia, futura e incierta, que pueda ocasionar pérdidas o afectación al patrimonio de la institución financiera.

Para el sector de seguros y reaseguros se podría definir riesgo como el suceso futuro e incierto que no depende exclusivamente de la voluntad del tomador, del asegurado o del beneficiario, y cuya materialización da origen a la obligación de la empresa de seguros.

Características
Probabilidad:

Resulta una característica fundamental del riesgo, toda vez que, no existe la certeza que esa circunstancia, que se busca proteger o evitar, se produzca indefectiblemente, es decir, puede que ocurra ese hecho, pero con la adopción de medidas preventivas puede evitar la materialización del riesgo.

Futuro:

El suceso riesgoso no debe haberse materializado para el momento de su identificación, pues de lo contrario dejaría de ser un riesgo para convertirse en una certeza.

Incierto:

Si bien el riesgo debe estar identificado para ser objeto de medidas preventivas, ello no quiere decir que se tenga certeza del resto de las circunstancias que lo rodean, precisamente porque el mismo no se ha materializado, en consecuencia, es imposible conocer, por ejemplo, la fecha de ocurrencia, el lugar, el modo en la cual se materializó, etc.

Lícito:

El riesgo debe basarse o enmarcarse dentro del marco jurídico vigente para su protección, en consecuencia, no podrá asegurarse aquel patrimonio situado al margen de la ley, por ejemplo, el deterioro o pérdida de la cosa hurtada, robada u obtenida mediante contrabando, ni tampoco aquellos objetos que sirven para la comisión de delitos.

Determinable:

El riesgo debe ser identificado o determinable, tomando en consideración el patrimonio que se pretende proteger, de ahí partirá la identificación de los probables riesgos que pueda sufrir, así como la cuantía de los mismos.

En este caso, no se pretende establecer aspectos específicos de los riesgos, como lugar, fecha y modo en los cuales se pudiera materializar, sino que, por el contrario, son aspectos generales en los que la cosa podría verse afectada por estos riesgos, por ejemplo, deterioro, pérdida, robo, hurto, descomposición, etc.

Involuntario:

Este aspecto característico también es esencial en los riesgos, toda vez que, la involuntariedad debe estar presente en todo momento, pues de lo contrario, el acto voluntario o intencional para que el riesgo se materialice, hace desaparecer la condición de riesgo para dar paso a una condición deseable, y por tanto no constituye un riesgo. Las circunstancias o sucesos queridos ocurren por los actos deliberadamente realizados por los individuos y por tanto, sin riesgos.

Incertidumbre objetiva:

No debe existir un presentimiento o condición subjetiva de que ocurrirá un evento, sino que esta presunción debe basarse en elementos palpables y objetivos que eleven las probabilidades de que pudieran ocurrir, por ejemplo, la inseguridad con respecto a la protección debida de los objetos de valor, las precarias condiciones de salud de un individuo; las altas tasas de interés crediticias, etc.

Tipos de riesgos

- *Operacional:* Recoge la pérdida potencial derivada de definiciones significativas en la integridad o confianza del sistema. Puede surgir de: Un mal uso del cliente, un diseño inadecuado del sistema, un mal sistema implantado.

- *Reputacional:* Es el riesgo de que se forme una opinión pública negativa sobre el servicio prestado. El riesgo reputacional puede derivar en acciones que fomenten la creación de una mala imagen o un posicionamiento negativo en la mente de los clientes, de tal forma que se produzca una migración hacia otras entidades debido a una pérdida de credibilidad.

- *Legal:* surge de violaciones e incumplimientos con las leyes, reglas y prácticas, o cuando los derechos y obligaciones legales de las partes respecto a una transacción no están bien establecidos.

- *Transnacional:* La expansión del mercado puede extenderse más allá de las fronteras nacionales, aumentando la exposición al riesgo.

- *Riesgo de crédito:* Es la probabilidad de ocasionar pérdidas al patrimonio de una persona natural o jurídica, especialmente al sector bancario, por el incumplimiento de la obligación crediticia.

- *Riesgo competitivo:* Es la probabilidad de ocasionar pérdidas por el mismo manejo del mercado, determinadas por la calidad de los productos, la oferta, la demanda, el precio, la competencia desleal, etc.

- *Riesgo de liquidez:* Es la probabilidad de ocasionar pérdidas al patrimonio de una persona natural o jurídica, por la toma de decisiones para cumplir con rapidez alguna obligación o compromisos presentes o futuros, los cuales van a perturbar el flujo de caja.

- *Riesgo estratégico:* "…incorpora el riesgo por una inadecuada estrategia de negocios o desde cambios adversos en los supuestos, parámetros, metas o en otros aspectos que apoyan una estrategia.

- Éste es, por lo tanto, una función de: las metas estratégicas, desarrollo de la estrategia de negocios para alcanzar esas metas, de los recursos desplegados en la persecución de esas metas y de la calidad de la implementación de esos recursos..."

- *Riesgo moral:* Este tipo de riesgo tiene que ver con la voluntad del sujeto, para la ocurrencia probable de ese hecho o circunstancia, bien tomando parte en la materialización del siniestro o permitiendo que éste ocurra a través de un acto omisivo o no acatando a plenitud las normas de prevención de riesgos.

- *Riesgo material:* Está referido al objeto sobre la cual recae el siniestro, tomando en cuenta el número de objetos, pues puede afectar de manera general o específica, incluso en forma constante o esporádica.

- *Riesgo de suscripción:* Se refiere a los riesgos que se asumen al momento de suscribir el contrato de seguro para la cobertura de un siniestro, es decir, las condiciones y tasas del mercado, la volatilidad esperada en la suscripción, etc.

- *Riesgo de reclamos por siniestro:* Tiene que ver con la probabilidad en la cual se encuentra inmersa la empresa de seguros, al momento que le sean reclamados los pagos por los siniestros asegurados, tomando en cuenta la inflación de los costos por siniestro, para lo cual se deberá realizar una política para la constitución de las reservas y el sistema de manejo de esos riesgos.

- *Riesgo de reaseguro:* Es la probabilidad que una empresa aseguradora deba ceder parte de los riesgos que asume, con el fin de reducir el monto de su pérdida posible.

- *Riesgo de inversión:* Resulta la probabilidad o riesgo que debe asumir la compañía aseguradora frente a las posibilidades de éxito que se persiguen, atendiendo el "apetito del riesgo" frente a las políticas y estrategias para consolidar los objetivos planteados.

- *Riesgo externo:* Son los factores que no son reflejados en los contratos, y sin embargo, pueden incidir en la relación contractual, como el entorno económico, la inflación, cambios en el mercado, cambios sociales, tecnológicos, etc.

- *Riesgo de contagio:* Es la posibilidad de pérdida que una entidad puede sufrir, directa o indirectamente, por una acción o experiencia de un relacionado o asociado (personas naturales o jurídicas que ejerce influencia sobre la entidad).

La administración o gestión de riesgos

La administración o gestión de riesgos, constituye una herramienta necesaria para diseñar las estrategias a seguir frente a la incertidumbre que genera el riesgo, a fin de enfrentarlo con decisiones acertadas, para así obtener las respuestas necesarias a estos eventos inesperados, con lo cual, se pretender obtener éxito en los objetos planteados por la empresa, minimizando los riesgos y maximizando las posibilidades de superación.

Sus principales elementos son: Establecer el contexto, identificar, analizar, evaluar, tratar, monitorear, revisar, comunicar y consultar los riesgos.

Establecer el contexto

Se refiere a que el proceso de administración de riesgo por lavado de activos debe ocurrir dentro de la estructura estratégica, organizacional y de administración de riesgos de la entidad, donde es necesario establecer los parámetros básicos dentro de los cuales deben administrarse los riesgos de lavado de activos y la financiación del terrorismo.

Identificar los riesgos

Tiene por objetivo reconocer los riesgos a ser administrados, para lo cual se tiene que utilizar un proceso sistemático bien estructurado, ya que los riesgos potenciales que no se identifican en esta etapa son excluidos de un análisis posterior.

La identificación debería incluir todos los riesgos, estén o no bajo control de la entidad. Se deben identificar los más relevantes que enfrenta una entidad bancaria en la persecución del objetivo, de no ser utilizada directamente o a través de sus operaciones como instrumento para el lavado de activos y/o canalización de recursos hacia la realización de actividades terroristas.

La identificación del riesgo es un proceso repetitivo, y generalmente integrado a la estrategia y planificación, donde su desarrollo debe comprender la realización de un mapeo del riesgo, que incluya la especificación de los dominios o puntos claves del organismo, la identificación de los objetivos generales y particulares, y las amenazas que se puedan afrontar.

Análisis de riesgos

Tiene por objetivo separar los riesgos menores de los mayores, y proveer datos para asistir en su evaluación y tratamiento.

El análisis de riesgos involucra prestar consideración a las fuentes de riesgos, sus consecuencias y sus probabilidades de ocurrencias.

Evaluación del riesgo

El riesgo se evalúa mediante la medición de los dos parámetros que lo determinan, la magnitud de la pérdida o daño posible, y la probabilidad que dicha pérdida o daño llegue a ocurrir.

Éste es probablemente el paso más importante en un proceso de gestión de riesgos, y también el más difícil y con mayor posibilidad de cometer errores.

A la hora de efectuar una evaluación de riesgos nos podemos encontrar con alguna de las siguientes alternativas: Riesgos para los que existe una legislación específica; riesgos para los que no existiendo una legislación específica, sí existen normas internacionales; riesgos que precisan métodos de evaluación especiales; y riesgos de carácter general.

Tratamiento de los riesgos

Involucra identificar el rango de opciones, evaluarlas, preparar planes e implementarlos.

Monitoreo y revisión

Mide la efectividad del plan de tratamiento de los riesgos, las estrategias y el sistema de administración que se establece para controlar la implementación.

Los riesgos y la efectividad de las medidas de control necesitan ser monitoreadas para asegurar que las circunstancias cambiantes no alteren las prioridades de los riesgos.

Comunicación y Consulta

Es una consideración importante en cada paso del proceso de administración de riesgos, donde se involucra un diálogo entre los interesados internos y externos, con el esfuerzo focalizado en la consulta más que un lujo de información en un sólo sentido del tomador de decisión hacia los interesados.

Mitigación de Riesgos

Consiste en una reducción de las probabilidades de ocurrencia, extensión o exposición a un riesgo, utilizando la metodología planteada a través de una matriz. También se le conoce como reducción de riesgos.

Esta reducción en forma sistemática, debe ser el producto de un análisis estratégico de la matriz de riesgo, establecida principalmente por las áreas de mayor riesgo de las instituciones financieras, tales como: la banca electrónica, fideicomiso, transferencias de fondos, banca privada, efectivo electrónico, PEP´s, sector de valores, etc.

Capítulo VII
Fraude

¿Qué es el fraude?

El fraude se entiende como una acción contraria a la verdad y a la rectitud, que perjudica a la persona contra quien se comete.

Es un acto tendente a eludir una disposición legal en perjuicio del Estado o de terceros.

Un delito que comete el encargado de vigilar la ejecución de contratos públicos, o de algunos privados, confabulado con la representación de los intereses opuestos.

Es algo tangible. En el caso de fraude, las instituciones financieras tienen un claro interés en dedicar recursos significativos para combatir este crimen que tiene lugar dentro de las empresas.

Tipos de Fraude

El fraude contra una empresa puede ser cometido internamente por los empleados, gerentes, funcionarios o propietarios de la empresa, o externamente por clientes, proveedores y otras partes.

Otros esquemas defraudan a individuos, en lugar de organizaciones.

Fraude interno

El fraude interno, también llamado fraude ocupacional, puede definirse como: "El uso de la propia profesión para el enriquecimiento personal a través del uso indebido o la aplicación incorrecta de los recursos o activos de la organización".

Dicho simplemente, este tipo de fraude ocurre cuando un empleado gerente o ejecutivo comete infracción contra su empleador.

Aunque los perpetradores están adoptando cada vez más la tecnología y los nuevos enfoques en el compromiso y la ocultación de esquemas de fraude ocupacional, las metodologías utilizadas en dichos fraudes generalmente caen en categorías claras y comprobadas.

Fraude externo

El fraude externo contra una compañía cubre una amplia gama de esquemas.

Los vendedores deshonestos pueden participar en esquemas de manipulación de licitaciones, facturar a la compañía por bienes o servicios no provistos, o exigir sobornos a los empleados.

Del mismo modo, los clientes deshonestos pueden enviar cheques sin fondos o información de cuenta falsificada para el pago, o pueden intentar devolver productos robados o eliminados para obtener un reembolso.

Además, las organizaciones también enfrentan amenazas de violaciones de seguridad y robos de propiedad intelectual perpetrados por terceros desconocidos.

Otros ejemplos de fraudes cometidos por terceros externos incluyen piratería, robo de información patentada, fraude fiscal, fraude por bancarrota, fraude de seguros, fraude a la atención médica y fraude crediticio.

Fraude contra individuos

Numerosos estafadores también han ideado planes para defraudar a las personas.

El robo de identidad, los esquemas Ponzi, los esquemas de phishing y los fraudes de cuotas adelantadas son sólo algunas de las formas en que los delincuentes han descubierto para robar dinero de víctimas inocentes.

El árbol del fraude

Sistema de clasificación del fraude ocupacional y abuso
Corrupción

Ramas de la corrupción ACFE.

El fraude de estados financieros

Ramas del fraude financiero ACFE.

¿Cuánto cuesta el fraude a su industria?

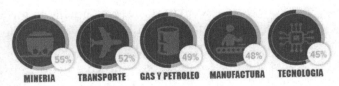

El fraude genera altos costos a la industria ACFE.

¿Cuánto cuesta el riesgo?

CUANTO ESTA EN RIESGO

Costo promedio de pérdida por caso por industria

Comercio al mayor
$450,000

Agricultura, pesca, forestal
$300,000

Construcción
$259,000

Tecnología
$235,000

Bienes raíces
$200,000

Manufactura
$194,000

Telecomunicaciones
$194,000

Banca y servicios financieros
$192,000

Transporte y logística
$143,000

Gobierno y administración pública
$133,000

Salud
$120,000

Seguros
$107,000

Retail
$85,000

Religioso, servicios sociales, fundaciones
$82,000

Educación
$62,000

El riesgo genera grandes costos a la industria ACFE.

Reporte a las naciones sobre fraude ocupacional y abusos, asociación de examinadores certificados de fraude (ACFE).

Los examinadores de fraude certificados que participaron en nuestra encuesta estimaron que la organización típica pierde el 5% de los ingresos en un año dado como resultado de fraude.

La pérdida total causada por los casos en nuestro estudio superó los $ 6.3 mil millones, con una pérdida promedio por caso de $ 2.7 millones.

La apropiación indebida de activos fue, por mucho, la forma más común de fraude ocupacional, que se produjo en más del 83% de los casos, pero causó la pérdida promedio más pequeña de $ 125.000.

El fraude en los estados financieros se ubicó en el otro extremo del espectro, ocurriendo en menos del 10% de los casos, pero causando una pérdida promedio de $ 975.000.

Los casos de corrupción cayeron en el medio, con 35.4% de los casos y una pérdida promedio de $ 200.000.

Entre las diversas formas de apropiación indebida de activos, los esquemas de facturación y los esquemas de falsificación de cheques plantearon el mayor riesgo en función de su frecuencia relativa y pérdida media.

Cuánto más duró un fraude, mayor fue el daño financiero que causó.

Si bien la duración media de los fraudes en nuestro estudio fue de 18 meses, las pérdidas aumentaron a medida que aumentaba la duración.

En el extremo, aquellos esquemas que duraron más de cinco años causaron una pérdida promedio de $ 850.000.

En el 94.5% de los casos, el perpetrador hizo algunos esfuerzos para ocultar el fraude. Los métodos de ocultamiento más comunes fueron la creación y alteración de documentos físicos.

El método de detección más común fue el de las denuncias (informales) (39.1% de los casos), pero las organizaciones que tenían líneas de denuncia eran mucho más propensas a detectar fraudes mediante denuncias que las organizaciones sin líneas directas (47.3% en comparación con 28.2%, respectivamente).

Cuando el fraude fue descubierto a través de métodos de detección activa, como vigilancia y monitoreo o reconciliación de cuentas, la pérdida promedio y la duración media de los esquemas fueron menores que cuando los esquemas fueron detectados a través de métodos pasivos, como notificación policial o descubrimiento accidental.

En los casos detectados por denuncias (soplón, informantes, delatores) en organizaciones con mecanismos formales de denuncia de fraude, las líneas directas de teléfono fueron el método más comúnmente usado (39.5%).

Sin embargo, las sugerencias enviadas por correo electrónico (34.1%) y en línea o en línea (23.5%) se combinaron para hacer que los informes sean más comunes a través de Internet que por teléfono.

Es más probable que sean denunciados fraudes a supervisores directos (20.6% de los casos) o ejecutivos de la compañía (18%).

Aproximadamente dos tercios de los casos que nos informaron se dirigieron a empresas privadas o de propiedad pública.

Estas organizaciones con fines de lucro sufrieron las mayores pérdidas medianas entre los tipos de organizaciones analizadas, a $ 180.000 y $ 178.000, respectivamente.

Otros tipos de fraude

Fraude en Instituciones Financieras
Fraude con Cheques y Tarjetas de Crédito
Fraude en Seguros
Fraude en la Asistencia Médica
Fraude en las Quiebras
Fraude Impositivo
Fraude con Títulos y Valores
Fraude al Consumidor
Fraude: Lavado de Dinero
Fraude Informático y en Internet

El mundo del fraude

- 20% del fraude (expuesto y del dominio público)
- 40% del fraude (conocido por pocos y no divulgado)
- 40% del fraude(no detectado)

¿Dónde puede producirse?

Se puede producir en cualquier empresa; sea o no del sector financiero, pública o privada.

Teoría de El Diamante del Fraude

Abraza los tres factores enunciados por Cressey en su teoría del Triángulo del Fraude, y añade un cuarto elemento al que denomina "Capacidad".

Elementos que utiliza el fraude.

El porqué del fraude:

- Falta de controles adecuados.
- Poco y mal capacitado personal.

- Existencia de activos de fácil conversión: Bonos, pagarés, etc.
- Baja / alta rotación de puestos.
- Documentación confusa.
- Salarios bajos.
- Legislación deficiente.

¿Cómo detectar un fraude?

- Observar, probar o revisar los riesgos específicos de control, identificar los más importantes y vigilar constantemente su adecuada administración.
- Revisar constantemente las conciliaciones de saldos con bancos, clientes, etc.
- Aplicar controles diseñados para alertar al personal apropiado cuando se presentan circunstancias asociadas con actividades fraudulentas.
- Llevar a cabo pruebas de cumplimiento de la eficacia de los controles.
- El mal manejo del riesgo de fraude se debe a los mitos y hechos que lo rodean.

¿Cómo evitar el fraude?

- Ambiente laboral positivo
- Motivación al personal.
- Analizar posibles riesgos que motiven un fraude.
- Capacitación del recurso humano.
- Separación de tareas.
- Código de cumplimiento.
- Rotación de funciones.
- Manuales de normas y procedimientos.
- Controles cruzados.
- Código de ética.

Procedimiento a seguir cuando hay un indicio de Fraude

- Mantener canales de comunicación.
- Definir e implantar contratos de responsabilidad del empleado.
- Mantener al tanto a los auditores externos de todos los riesgos presentes en la organización.
- Establecer las definiciones de controles de acceso y seguridad informática.

- Se busca que los investigadores de fraude sean entrenados para reconocer las señales de alerta anti-lavado y que los profesionales ALD conozcan las alertas relacionadas a fraude.
- El no prevenir y atacar el fraude de manera oportuna, nos trae consecuencias graves e irreversibles como en estos casos:

Caso: Barclays Bank

Barclays Bank fue multado el 28 de junio de 2012, por los reguladores británico y estadounidense con 290 millones de libras (360 millones de euros) por manipular el LIBOR y su equivalente europeo, el EURIBOR para su beneficio económico.

Su ex consejero delegado conocido en los círculos financieros por su afición a las operaciones de riesgo, fue acusado de mentir, al manipular, durante ese período, los tipos de interés que exigían al banco los mercados, con el afán de incrementar sus propias ganancias.[9]

Caso: HSBC

Sancionado con multa De 379 millones de pesos impuesta por La Comisión Nacional Bancaria y de Valores de México.

Motivos: Informar tardíamente de 1.729 "operaciones inusuales", la omisión de informar sobre 39 más del mismo tipo, presuntamente relacionadas con el lavado de dinero, y por 21 faltas administrativas ocurridas entre 2007 y 2008.

Este tipo de caso constituyó un fraude para México y el mundo, ya que coadyuvaba con el lavado de dinero 2012.[10]

Caso: BNP PARIBAS

La Fiscalía General de New York, determinó que esta institución financiera creó una red de bancos que sólo existían sobre el papel para financiar operaciones vinculadas a la explotación y exportación de petróleo y gas natural de Sudán, un país sometido a sanciones económicas de EE.UU. por su apoyo al terrorismo islámico y sus violaciones sistemáticas de los Derechos Humanos,

---

[9] http://www.elmundo.es/elmundo/2012/06/27/economia/1340819077.html

[10] https://expansion.mx/bienvenida?toURL=/negocios/2012/07/25/hsbc-paga-385-mdp-de-multa&originalReferer=https://www.google.com/&internal_source=PRESITE

y de la ONU por el genocidio en la región de Darfur.

La sanción impuesta por las autoridades de Estados Unidos fue una multa de 6.560 millones de euros (8.970 millones de dólares), igualmente la declaración de culpabilidad de un delito penal contra la Ley de Poderes Económicos Internacionales de Emergencia; y, por último, a partir de enero de 2015, determinadas unidades de BNP Pa-

El banco Paribas también vinculado a fraudes.

ribas, no estarían autorizadas a realizar transacciones en dólares entre su oficina de Nueva York y las de Ginebra, Londres, Singapur, París, Roma y Milán.

Caso: STANDARD CHARTERED

En agosto de 2012, el Standard Chartered, fue multado por las autoridades estadounidenses en New York, por la cantidad de US$340 millones, aceptando, en esa oportunidad, que se estableciera una monitoreo permanente de las transacciones que se realizan en su filial en Nueva York.

El Standard Chartered de Nueva York también sancionado.

En esa ocasión los reguladores del estado de Nueva York acusaron al STB de esconder miles de millones de dólares en transacciones con Irán, penalizadas por la ley estadounidense.

Posteriormente en fecha 23/01/2014, la autoridad de conducta financiera (FCA) del Reino Unido, multó nuevamente a este Banco, con sede en Suráfrica por la cantidad de 7,6 millones de libras (9,2 millones de euros) por un sistema "seriamente débil" para prevenir el lavado de dinero.

La FCA determinó que las deficiencias en los procedimientos de ese banco pudieron ser "particularmente graves" porque el Standard opera en 18 países africanos y en 13 estados de otros continentes y, en algunos de ellos, existe un alto riesgo de blanqueo de capitales.

Esquemas Piramidales

Son negocios basados en referencias de clientes, cuyo propósito es que los nuevos clientes produzcan beneficios a los participantes originales.

Condición: Para que se cumpla el esquema se requiere que el número de participantes nuevos sean mayores al número de participantes ya existentes. La inscripción de nuevos participantes debe ser constante.

Los esquemas piramidales constan de una estructura tanto interna como externa que hace posible que el negocio se desarrolle.

Ejemplo de esquema piramidal.

Los promotores son la base de estos esquemas tanto en sus estructuras externas como internas.

Funcionamiento del esquema piramidal

Funcionamiento de un esquema piramidal.

¿Por qué incorporarse a un esquema piramidal?

El común denominador para que las personas sean parte de estos esquemas, como reclutadores, son: Las promesas de dinero fácil y el temor a perderse un buen negocio.

Por Ejemplo: El testimonio de un ex empleado de Stanford en México, donde los promotores de productos de inversión eran llevados a reuniones y charlas sobre cómo tratar al cliente, qué decirle y sobre qué temas hacer énfasis para atraer la inversión de tantos clientes como fueran posibles.

Claves del esquema

- Generar confianza en el posible cliente.
- La creación de empresas fachada.
- El lanzamiento de campañas publicitarias innovadoras y atractivas.
- La creación de páginas web que motivan la compra del producto o servicio.
- Una imagen intachable que refleja seguridad, estabilidad y compromiso.
- Oportunidades que otras empresas similares no pueden igualar.
- Rendimientos muy por encima a los del mercado.

Señales para identificar un esquema piramidal

- La idea principal del negocio es reclutar personas en lugar de vender productos, puede que el negocio sea un esquema piramidal.
- La oportunidad parece muy seductora, impresionante y complicada de entender.
- Prometen poco o ningún riesgo financiero. La firma le asegura que los riesgos son pequeños.
- Le ofrece ganancias rápidas y acceso especial. Las inversiones legítimas y profesionales no prometen apuestas seguras.

¿Cómo se constituye un Esquema Piramidal?

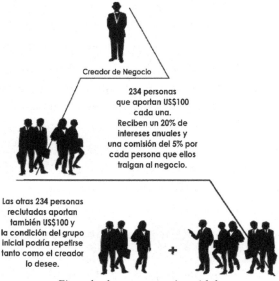

Ejemplo de esquema piramidal.

Fraudes y Estafas

Existen diversos vehículos para los esquemas, aunque en todos los casos el funcionamiento es dar una parte del dinero y reclutar personas para el negocio:

- – Cobros para la compra y renovación de propiedades residenciales que serán revendidas o alquiladas.
- – Pago para la adquisición de bienes inmuebles.
- – La inversión en muestras de perfumes, presuntamente para vender.
- – Oportunidades de inversión en la industria minera con retornos entre 15% y 36%.
- – La venta de garantías ofreciendo retornos de 15%.
- – La compra y venta de taxis y otros vehículos.
- – Ensayando un estudio sociológico de las víctimas existen tres tipos de clientes:
  - • Los ambiciosos, que conscientes de que se trata de un fraude pretenden ganar dinero y retirarse antes que se derrumbe la pirámide.

- Los incautos, que creen que están entrando en un grupo de inversores privilegiados.

- Los aportantes, que creen conocer del negocio y están convencidos de la legalidad de la inversión.

¿Cómo saber sobre el negocio?

¿A dónde hay que mirar?

Para las empresas, la investigación sobre negocios debe ser más rigurosa, de hecho, para ello cuentan con políticas específicas:

- Otras empresas a las que puede estar asociado.

- ¿A qué se dedican estas empresas?, y su ubicación.

- ¿Cuáles son las operaciones de la empresa?

- A los clientes y proveedores del mismo.

El pecado más grave de las empresas financieras es asociarse con negocios de inversión basándose únicamente en la reputación del creador de los mismos.

Esquema Piramidal en la Región

Perú: La empresa Centro Latinoamericano de Asesoramiento Empresarial (CLAE) se hizo famosa por captar dineros de más de 150.000 personas, pagándoles 100% de interés anual.

Ecuador: El organizador José Cabrera se apropió del dinero de la gente, ofreciendo intereses que fluctuaban entre el 7% y el 10% mensual.

Bolivia: FINSA pagaba intereses del 7% mensual por el dinero captado. Los fondos provenientes de la venta de casas de incautos propietarios, eran depositados en FINSA para ganar elevados intereses.

Colombia: Proyecciones D.R.F.E. (Directo, Rápido, Fácil y Efectivo) en un principio se presentó como una empresa de inversiones; no estaba sometida a la inspección y vigilancia de la Superintendencia Financiera de Colombia, así que no estaba autorizada para captar recursos del público. Contó con seis millones de afiliados. Sus directivos aumentaron el interés a un extraordinario 150% anual; El valor captado fue de 2 billones 909 mil millones de pesos, reconocieron capital e intereses por 2 billones 295 mil millones de pesos, quedando un saldo de 613.974 millones de pesos.

Casos Emblemáticos

Grupo Stanford

La SEC determinó que Stanford prometió a los inversionistas "tasas de interés improbables y no justificadas".

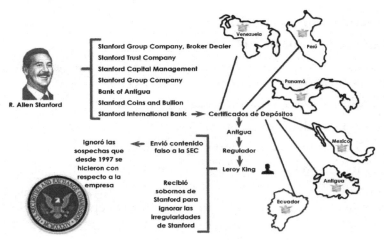

Las redes y conexiones en el caso Standorf.

Los agentes se percataron de que el vehículo del "posible" fraude eran los Certificados de Depósitos.

La inspección del Grupo Stanford en EE.UU. no llegó sino hasta 1997.

Redes y conexiones

Bernard Madoff

Fundó la Sociedad Madoff Investment Securities en 1960. Presuntamente invertía el capital en acciones de grandes compañías y opciones de compra de esos títulos.

Frank Di Pascali, director de finanzas de Madoff creó un servidor IBM AS/400 que asignaba operaciones ficticias a "cuentas" de clientes. Creó un generador de números aleatorios para hacer que las operaciones parecieran ser de montos y precios distintos.

Ofreció rendimientos de entre 10 y 12% anual. Se valió de su prestigio como ex presidente del consejo de administración del índice Nasdaq de EE.UU. para fomentar mayor credibilidad sobre su negocio.

Grandes bancos se vieron arrastrados ¿Cómo? El efecto surgió principalmente a través de la inversión del dinero de sus clientes en la sociedad de Madoff por medio de sociedades y gestoras de grandes patrimonios.

El Santander invirtió más de $2.300 millones de sus clientes en la sociedad de Madoff a través de Optimal, un fondo que invierte en otros fondos.

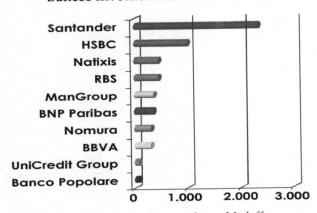

Bancos arrastrados por el caso Madoff.

Bancos arrastrados por el caso Madoff.

Redes de caso Madoff

"El crimen transnacional [...] corroe las bases del orden democrático internacional, envenena el mundo de las finanzas, corrompe a los líderes políticos y socava los derechos humanos".

BOUTROS BOUTROS-GHALI

CAPÍTULO VIII
Evasión Fiscal

La evasión fiscal es una acción antijurídica que consiste en no realizar el pago de algún impuesto establecido en la ley, de manera intencional.

Se diferencia del fraude fiscal, por cuanto en este último se realizan actividades o métodos que procuran engañar a las autoridades encargadas de la recolección tributaria, haciendo creer que cumplen cabalmente con su obligación, cuando en realidad proporcionan datos falsos, procurando una utilidad en perjuicio del fisco nacional; en cambio la evasión fiscal, es un acto volitivo cuyo objetivo es la falta del pago de cualquier impuesto establecido en el marco legal.

Evasión versus elusión

Si bien la evasión fiscal requiere el uso de métodos ilegales para evitar el pago de impuestos adecuados, la elusión fiscal utiliza medios legales para reducir las obligaciones de un contribuyente.

Esto puede incluir esfuerzos tales como donaciones benéficas a una entidad aprobada o la inversión de ingresos en un mecanismo de impuestos diferidos, como una cuenta de retiro individual (IRA).

En el caso de una cuenta IRA, los impuestos sobre los fondos invertidos no se pagan hasta que se hayan retirado los fondos y los pagos de intereses correspondientes.

Relación con el lavado de dinero

Tanto el delito de contrabando como el de evasión fiscal, guardan estrecha relación con la legitimación de capitales –lavado de dinero–, al punto de ser incluidos en las cuarenta (40) recomendaciones del Grupo de Acción Financiera (GAFI), publicadas el 16 de febrero de 2012.

Para poder relacionar estas conductas con la legitimación de capitales es preciso conocer el objetivo o finalidad que persiguen estas conductas, para lo cual basta con verificar la naturaleza jurídica de los mismos, expresada anteriormente.

En este sentido, se debe sostener que ambas figuras delictivas persiguen el mismo fin, que no es otro sino la evasión del pago de los impuestos, tasas tributarias y cualquier otro pago establecido en la ley.

Evidentemente, la falta de cumplimiento de la obligación tributaria al cual se encuentra obligado el sujeto activo, trae como consecuencia un perjuicio al fisco o tesoro nacional, afectando de esta manera el régimen socioeconómico de la República como bien jurídico protegido, y con ello, la gestión fiscal –objeto material–, toda vez que, procura un enriquecimiento indebido en perjuicio del Estado.

Resulta indudable que el enriquecimiento ilícito producto del "ahorro" ilegal que genera el no reportar y pagar los impuestos establecidos en la ley, bien porque el producto ingresó al territorio nacional por las vías y lugares no aptos, o por no realizar dicho pago en forma voluntaria, e incluso a través de medios engañosos o fraudulentos, al ser ingresados en el sistema financiero se incurre indudablemente en legitimación de capitales, en virtud de que el origen de los fondos ingresados es ilícito.

Lista de paraísos fiscales no cooperantes OCDE

En un informe emitido en 2000, la OCDE identificó una serie de jurisdicciones como paraísos fiscales según los criterios que había establecido.

Entre 2000 y abril de 2002, 31 jurisdicciones asumieron compromisos formales para implementar los estándares de transparencia e intercambio de información de la OCDE.

Siete jurisdicciones (Andorra, el Principado de Liechtenstein, Liberia, el Principado de Mónaco, la República de las Islas Marshall, la República de Nauru y la República de Vanuatu) no se comprometieron con la transparencia y el intercambio de información en ese momento y se identificaron en abril de 2002 por el Comité de Asuntos Fiscales de la OCDE como paraísos fiscales no cooperativos.

Todas estas jurisdicciones posteriormente asumieron compromisos y se eliminaron de la lista de paraísos fiscales no cooperativos.

Nauru y Vanuatu hicieron sus compromisos en 2003 y Liberia y las Islas Marshall en 2007.

En mayo de 2009, el Comité de Asuntos Fiscales decidió eliminar las tres jurisdicciones restantes (Andorra, el Principado de Liechtenstein y el Principado de Mónaco) de la lista de paraísos fiscales que no cooperan a la luz de sus compromisos, de aplicar los estándares de transparencia intercambio efectivo de información y el cronograma establecido para la implementación de la OCDE.

Como resultado, el Comité de Asuntos Fiscales actualmente no menciona ninguna jurisdicción como un paraíso fiscal no cooperativo.

El Foro Global es la continuación de un foro que se creó a principios de la década de 2000 en el contexto del trabajo de la OCDE, para abordar los riesgos para el cumplimiento tributario que plantean las jurisdicciones que no cooperan.

Los miembros originales del Foro Global fueron en países y jurisdicciones de la OCDE que habían acordado implementar la transparencia y el intercambio de información para fines tributarios.[11]

A través de un exhaustivo proceso de revisión por pares, el Foro Global reestructurado monitorea que sus miembros realicen completamente el estándar de transparencia e intercambio de información que se han comprometido a implementar.

También trabaja para establecer igualdad de condiciones, incluso entre países que no se han unido al Foro Global.[12]

El Foro Global completó su ronda de revisiones inter pares en 2017 para permitir a las jurisdicciones demostrar el progreso realizado en la implementación de la norma internacional sobre el intercambio de información previa solicitud (el estándar EOIR).

Evasión fiscal-Evaluaciones

Calificación general después de revisiones por pares contra el estándar de EOIR (Noviembre de 2017)		
Valoraciones basadas en la primera ronda de comentarios	Calificaciones basadas en la segunda ronda de revisiones	Calificación general
Bélgica, China (República Popular de), Colombia, Finlandia, Francia, Islandia, Japón, Corea, Lituania, México, Nueva Zelanda, Eslovenia, Sudáfrica, España, Suecia	Irlanda, Isla de Man, Italia, Jersey, Mauricio, Noruega	Obediente

---

[11] http://www.oecd.org/tax/transparency/

[12] http://www.oecd.org/tax/transparency/exchange-of-information-on-request/ratings/

Calificación general después de revisiones por pares contra el estándar de EOIR (Noviembre de 2017)		
Valoraciones basadas en la primera ronda de comentarios	Calificaciones basadas en la segunda ronda de revisiones	Calificación general
Albania, Argentina, Aruba, Austria, Azerbaiyán, Bahamas, Bahrein, Barbados, Belice, Botswana, Brasil, Islas Vírgenes Británicas, Brunei Darussalam, Bulgaria, Burkina Faso, Camerún, Chile, Islas Cook, Chipre, República Checa, El Salvador, Estonia, Antigua, República Yugoslava de Macedonia, Gabón, Georgia, Ghana, Gibraltar, Grecia, Granada, Guemsey, Hong Kong (China), Hungría, Israel, Kenya, Letonia, Lesotho, Liechtenstein, Luxemburgo, Macao (China), Malasia, Malta, Mauritania, Mónaco, Montserrat, Marruecos, Países Bajos, Nigeria, Niue, Pakistán, Filipinas, Polonia, Portugal, Rumania, Rusia, San Marino, Senegal, Singapur, República Eslovaca, Saint Kitts y Nevis, Santa Lucía, San Vicente y las Granadinas, Arabia Saudita, Seychelles, Suiza, Islas Turcas y Caicos, Uganda, Reino Unido, Estados Unidos, Uruguay	Australia, Bermudas, Canadá, Islas Caimán, Dinamarca, Alemania, India, Qatar	En gran parte obediente

Calificación general después de revisiones por pares contra el estándar de EOIR (Noviembre de 2017)		
Valoraciones basadas en la primera ronda de comentarios	Calificaciones basadas en la segunda ronda de revisiones	Calificación general
Andorra, Antigua y Barbuda, Costa Rica, Dominica, República Dominicana, Guatemala, Estados Federados de Micronesia, Líbano, Nauru, Panamá, Samoa, Emiratos Árabes Unidos, Vanuatu		Provisionalmente* En gran parte conforme

Calificación general después de revisiones por pares contra el estándar de EOIR (Noviembre de 2017)		
Valoraciones basadas en la primera ronda de comentarios	Calificaciones basadas en la segunda ronda de revisiones	Calificación general
Anguila, Indonesia, Saint Marteen, Turquia	Curazao, Jamaica	Parcialmente obediente
Islas Marshall		Provisionalmente* Parcialmente compatible

Calificación después de revisiones contra el estándar de EOIR-noviembre de 2017.[13]

[13] http://www.oecd.org/tax/transparency/exchange-of-information-on-request/ratings/

Lista de la Unión Europea de jurisdicciones fiscales no cooperativas.

Los Estados miembros acordaron la primera lista de la UE de jurisdicciones fiscales no cooperativas el 5 de diciembre de 2017.

Esta lista es parte del trabajo de la UE para luchar contra la evasión y la elusión fiscal y tiene como objetivo crear un elemento de disuasión más fuerte para los países que constantemente se niegan a jugar limpio en cuestiones fiscales.

El objetivo general de la lista de la UE es mejorar la buena gobernanza fiscal a nivel mundial y garantizar que los socios internacionales de la UE respeten los mismos estándares que los Estados miembros de la UE.

En total, los ministros han enumerado a 17 países por no cumplir con los estándares acordados de buen gobierno tributario.

47 países se han comprometido a abordar las deficiencias en sus sistemas tributarios y cumplir los criterios requeridos, tras los contactos con la UE.

Lista negra inicial de la Unión Europea-Diciembre 2017

La lista negra de la Unión europea.

Esta es la lista GRIS de la Unión Europea:

Aquí hay un resumen de los compromisos asumidos y los países en esas categorías:

Mejorar los estándares de transparencia:

Armenia; Bosnia y Herzegovina; Botswana, Cabo Verde; RAE de Hong Kong; Curazao; Fiji; Antigua República Yugoslava de Macedonia; Jamaica; Maldivas; Montenegro, Marruecos; Nueva Caledonia; Omán; Perú; Qatar; Serbia; Swazilandia; Taiwán; Tailandia; Turquía; Vietnam.

Mejorar los impuestos justos:

Andorra; Armenia; Aruba; Belize; Botswana; Cape Verde; Cook Islands; Curaçao; Fiji; Hong Kong SAR; Jordan; Labuan Island; Liechtenstein; Malaysia; Maldives; Mauritius; Morocco; Niue; StVincent&Grenadines; San Marino; Seychelles; Switzerland; Taiwan, Thailand, Turkey; Uruguay; Vietnam.

Existencia de regímenes tributarios que facilitan estructuras offshore que atraen ganancias sin actividad económica real.

Las siguientes jurisdicciones están comprometidas a abordar las preocupaciones relacionadas con la sustancia económica para 2018:

Introducir requisitos de sustanciación

Bermuda; Islas Caimán; Guernsey; Isla del hombre; Jersey; Vanuatu.

Comprometerse a aplicar medidas OECD de erosión de la base imponible y el traslado de beneficios (BEPS):

Albania; Armenia; Aruba; Bosnia y Herzegovina; Cabo Verde; Islas Cook; Islas Faroe; Fiji; Antigua República Yugoslava de Macedonia; Tierra Verde; Jordán; Maldivas; Montenegro; Marruecos; Nauru; Nueva Caledonia; Niue; San Vicente y las Granadinas; Serbia; Swazilandia; Taiwán; Vanuatu.

El 23 de enero de 2018, se eliminaron ocho jurisdicciones de la lista, como consecuencia de los compromisos asumidos a un alto nivel político para poner remedio a las preocupaciones de la UE.

Barbados, Granada, la República de Corea, la RAE de Macao, Mongolia, Panamá, Túnez y los Emiratos Árabes Unidos se trasladan a una categoría separada de jurisdicciones sujetas a una estrecha vigilancia.

La decisión deja a 9 jurisdicciones en la lista de jurisdicciones no cooperativas de las 17 anunciadas inicialmente el 5 de diciembre de 2017.

Estos son: Samoa Americana, Bahrein, Guam, Islas Marshall, Namibia, Palau, Santa Lucía, Samoa y Trinidad y Tobago.

La lista también contiene recomendaciones sobre los pasos a seguir para ser eliminado de la lista.

ATCA AND CRS

La Ley de Cumplimiento Tributario de Cuentas Extranjeras (FATCA) y el Estándar de Informes Comunes (CRS) presentan cambios estructurales significativos en los esfuerzos de los gobiernos para mejorar el cumplimiento tributario global.

FATCA

Foreign Account Tax Compliance Act, (Ley de Cumplimiento Tributario de Cuentas Extranjeras), es una ley de EE.UU., de marzo de 2010, cuyo objeto es controlar la evasión de impuestos de residentes americanos que tengan inversiones fuera de EEUU; esta ley está dirigida principalmente a instituciones financieras fuera de dicho país.

FATCA tiene la intención de aumentar la transparencia para el Servicio de Impuestos Internos (IRS) con respecto a las personas de los EE.UU. que pueden estar invirtiendo y obteniendo ingresos a través de instituciones no estadounidenses.

CRS

El Common Reporting Standard, es un estándar de intercambio de información, de la Organización para la Cooperación y el Desarrollo Económico (OCDE), cuyo propósito es fomentar un marco globalizado para la transparencia fiscal, exponiendo lineamientos para el intercambio de información financiera entre las autoridades tributarias de las jurisdicciones que decidan acogerse al mismo.

Más de 96 países han acordado compartir información sobre los activos e ingresos de los residentes en conformidad con los estándares de información.

Obligaciones para las entidades financieras del exterior (EFE)

Se debe firmar un acuerdo con el IRS en donde la EFE obtiene los siguientes compromisos:

Obligaciones para entidades financieras del exterior

Due Diligence	Realizar una revisión de todas las cuentas, con el propósito de resaltar cuales son personas americanas (US accounts). Cuentas por debajo de USD 50k (personas) USD 250k (entidades) están excluidas.
Reportar	Una vez identificadas las cuentas americanas, se reportarán anualmente al IRS los movimientos de esas cuentas.
Retener	Para los casos que sea necesario, la Entidad Financiera del Exterior retendrá los impuestos por pagos (pass through payments) a entidades financieras del exterior o personas físicas que no cumplan con FATCA.

Las entidades financieras del exterior tienen obligaciones.

En caso de que la EFE no firme el acuerdo con el IRS, estará sujeta a una sanción.

La vigencia de la sanción inicia en ENERO 2014 para ciertos pagos y en enero 2015 para el resto.

Entidad Financiera del Exterior con Acuerdo

Las EFES que firmen el acuerdo con el IRS se comprometen a revisar las cuentas, emitir reportes y retener los impuestos (en los casos que aplique).

Entidad Financiera del Exterior sin Acuerdo

Las EFEs que no firmen con el IRS están sujetas a un 30% de impuesto de retención sobre pagos que sean de fuente de riqueza de los estados unidos, ya sea que el beneficiario del ingreso sea la EFE o un cliente de la misma.

Situaciones para las EFEs

La retención aplica para cualquier obligación que genere un pago sujeto a retención.

Los pagos sujetos a retención incluyen cualquier pago de fuente de los estados unidos por los siguientes conceptos:

- Intereses
- Salarios
- Dividendos
- Premios
- Compensaciones
- Rentas

La investigación Panamá Papers expuso nombres conocidos.

Panamá Papers

La llamada Panamá Papers es una investigación sin precedentes que revela los enlaces marítimos de algunas de las figuras más prominentes del mundo.

El Consorcio Internacional de Periodistas de Investigación, junto con el diario alemán Suddeutsche Zeitung y más de otros 100 socios de medios, pasó un año revisando 11.5 millones de archivos filtrados para exponer las posesiones en el extranjero de líderes políticos mundiales, enlaces a escándalos globales y detalles de negocios financieros ocultos de estafadores, narcotraficantes, multimillonarios, celebridades, estrellas del deporte y más.

El tesoro de documentos es probablemente la mayor filtración de información privilegiada en la historia.

Incluye casi 40 años de datos de un despacho de abogados poco conocido pero poderoso con sede en Panamá.

Esa firma, Mossack Fonseca, tiene oficinas en más de 35 ubicaciones en todo el mundo, y es uno de los principales creadores de empresas pantalla, estructuras corporativas que se pueden utilizar para ocultar la propiedad de los activos.

El análisis de ICIJ de los registros filtrados reveló información sobre más de 214,000 compañías offshore conectadas a personas en más de 200 países y territorios.

Los datos incluyen correos electrónicos, hojas de cálculo financieras, pasaportes y registros corporativos que revelan a los propietarios secretos de cuentas bancarias y empresas en 21 jurisdicciones extraterritoriales, incluidas Nevada, Hong Kong y las Islas Vírgenes Británicas.

Los archivos secretos:

Revelar los territorios off shore de 140 políticos y funcionarios públicos de todo el mundo, incluidos 12 líderes mundiales actuales y anteriores. Entre ellos los primeros ministros de Islandia y Pakistán, el presidente de Ucrania y el rey de Arabia Saudita.

Documentan unos $ 2 mil millones en transacciones secretamente barajadas a través de bancos y compañías fantasmas por asociados del presidente ruso Vladimir Putin.

Incluye los nombres de al menos 33 personas y compañías incluidas en la lista negra del gobierno de los EE.UU. Debido a la evidencia de que estuvieron involucradas en actividades ilícitas, como hacer negocios con narcotraficantes mexicanos, organizaciones terroristas como Hezbollah o naciones deshonestas como Corea del Norte e Irán.

Los archivos secretos:

Muestran cómo los principales bancos han impulsado la creación de compañías difíciles de rastrear en paraísos off shore.

Más de 500 bancos, sus filiales y sus sucursales, incluyendo HSBC, UBS y Société Générale, crearon más de 15.000 compañías offshore para sus clientes a través de Mossack Fonseca.

La policía detuvo en Panamá a los fundadores de Mossack Fonseca, la firma de abogados en el centro del escándalo de los Papeles de Panamá, por cargos de lavado de dinero luego de que las autoridades allanaron la sede de la empresa como parte de las investigaciones sobre el mayor escándalo de sobornos de Brasil.

Fundadores del despacho de abogados Panama Papers arrestados por lavado de dinero

Fonseca y Mossack fueron apresados por los Panamá Papers.

Tanto Fonseca como Mossack son bien conocidos en los círculos comerciales y políticos en Panamá. Fonseca fue asesor del presidente de Panamá, Juan Varela, y Mossack fue miembro del consejo de relaciones exteriores de Panamá de 2009 a 2014.

Poco antes de que la asociación de medios comenzara a publicar sus hallazgos, las autoridades brasileñas y panameñas iniciaron el ataque a Mossack Fonseca como parte de una amplia investigación de sobornos en Brasil, denominada Lava Jato que ha llevado a cargos penales contra políticos.

Los fiscales brasileños dijeron en enero de 2016 que estaban investigando el supuesto rol de la firma de abogados para ayudar a las personas involucradas en el caso de soborno multimillonario a utilizar compañías extraterritoriales para lavar dinero.

Ellos han negado sistemáticamente cualquier fechoría. Su bufete de abogados dice que no es su culpa en los casos en que las empresas extraterritoriales que estableció para los clientes fueron luego utilizados con fines ilegítimos. La firma le dijo a ICIJ el año pasado que sigue "tanto la letra como el espíritu de la ley".

Paradise Papers

El Consorcio Internacional de Periodistas de Investigación publicó nuevas informaciones en la base de datos de filtraciones offshore, en cerca de 25,000 entidades conectadas a la investigación de Paradise Papers.

Los nuevos registros provienen del bufete de abogados Offshore Appleby y abarcan un período de más de seis décadas hasta el 2014 de entidades registradas en más de 30 jurisdicciones extraterritoriales.

Incluye información de los accionistas, directores y otros funcionarios relacionados con compañías offshore, fundaciones y fideicomisos.

También revela los nombres de los verdaderos propietarios detrás de esas estructuras secretas, cuando estén disponibles.

Más del 70 por ciento de los nuevos registros pertenecen a entidades incorporadas en las Islas Bermudas y las Islas Caimán.

Otras jurisdicciones que también incluyen cientos de nuevos registros son la Isla de Man, Jersey y Mauricio. La mayoría de los registros en línea de estas jurisdicciones no proporcionan información de propiedad o de los accionistas

Los nuevos datos publicados provienen de la investigación de Paradise Papers, una colaboración periodística global que expuso las operaciones en el extranjero de jugadores políticos y gigantes corporativos.

El equipo de periodistas exploró un tesoro de 13,4 millones de registros que provienen de dos firmas extraterritoriales y 19 jurisdicciones secretas. Las filtraciones fueron obtenidas por el diario alemán Süddeutsche Zeitung y compartidas con ICIJ y una red de más de 380 periodistas en 67 países.

Los documentos revelaron los intereses extraterritoriales de la reina de Inglaterra y más de 120 políticos en todo el mundo. También expuso los lazos entre Rusia y el secretario de Comercio del presidente estadounidense Donald Trump, las negociaciones secretas del principal recaudador de fondos para el primer ministro canadiense Justin Trudeau y la ingeniería fiscal de más de 100 multinacionales, incluidas Apple, Nike y Uber.

Importantes personalidades del mundo se vieron involucradas.

Capítulo IX
Trata de personas - Trata de migrantes

Tráfico de Personas

El tráfico o la trata de personas son un problema mundial y uno de los delitos más vergonzosos que existen, ya que priva de su dignidad a millones de personas en todo el mundo.

Los tratantes engañan a mujeres, hombres y niños de todos los rincones del planeta y los someten diariamente a situaciones de explotación.

Si bien la forma más conocida de trata de personas es la explotación sexual, cientos de miles de víctimas también son objeto de trata con fines de trabajo forzoso, servidumbre doméstica, mendicidad infantil o extracción de órganos.

¿Qué es el tráfico o trata de personas?

El artículo 3, párrafo (a) del Protocolo para prevenir, reprimir y sancionar la trata de personas define la trata de personas como la contratación, el transporte, la transferencia, el alojamiento o la recepción de personas, mediante la amenaza o el uso de la fuerza u otras formas de coacción, secuestro, fraude, engaño, abuso de poder o de una posición de vulnerabilidad o de dar o recibir pagos o beneficios para lograr el consentimiento de una persona que tenga control sobre otra persona, con el propósito de la explotación.

La explotación incluirá, como mínimo, prostitución ajena u otras formas de explotación sexual, trabajo o servicios forzados, esclavitud o prácticas similares a la esclavitud, servidumbre o extracción de órganos.

Elementos de la trata de personas

La trata de personas tiene tres elementos constitutivos;

1) La acción (lo que se hace)

Reclutamiento, transporte, transferencia, alojamiento o recepción de personas.

2) Los medios (¿Cómo se hace?)

Amenaza o uso de la fuerza, coacción, secuestro, fraude, engaño, abuso de poder o vulnerabilidad, o dar pagos o beneficios a una persona en control de la víctima.

3) El Propósito (¿Para qué se hace?)

Existen numerosas formas de trata, pero una constante de todas ellas es el abuso de la situación de vulnerabilidad de las víctimas.

• **Trata de mujeres con fines de explotación sexual**

Los traficantes engañan a mujeres adultas y menores de edad con la promesa de un empleo decente y luego les obligan a ejercer la prostitución en condiciones de esclavitud.

• **Trata de personas para someterlas a trabajo forzado**

Las víctimas se ven obligadas a trabajar en la agricultura, la pesca, la construcción o el servicio doméstico, o a ejercer otros trabajos penosos, en condiciones de esclavitud.

• **Explotación sexual comercial de niños en viajes turísticos**

Especialmente en Asia, África y América Latina, donde las relaciones sexuales con menores no suelen estar prohibidas y el riesgo de incriminación por este tipo de delito es muy reducido.

• **Trata de personas para el tráfico de órganos**

La trata de personas para utilizar sus órganos –en particular los riñones–, tejidos y células es un ámbito delictivo vasto y complejo.

Las consecuencias del tráfico de órganos son impactantes.

¿En qué se diferencia la trata de personas del tráfico ilícito de migrantes?

En pocas palabras, existen cuatro diferencias principales entre la trata de personas y el tráfico de migrantes.

Consentimiento: el tráfico de migrantes, aunque a menudo se realiza en condiciones peligrosas o degradantes, implica consentimiento.

Las víctimas de trata, por otro lado, nunca han dado su consentimiento o si han consentido inicialmente, ese consentimiento no tiene sentido por la acción coercitiva, engañosa o abusiva de los traficantes.

Explotación: el tráfico de migrantes finaliza con la llegada de los migrantes a su destino, mientras que la trata implica la explotación continua de la víctima.

Transnacionalidad: el tráfico de migrantes es siempre transnacional, mientras que la trata puede no serlo.

La trata puede ocurrir independientemente de si las víctimas son llevadas a otro estado o se mueven dentro de las fronteras de un estado.

Fuente de beneficios: en los casos del tráfico de migrantes, las ganancias se derivan del transporte, de la facilitación de la entrada o estancia ilegal de una persona en otro país, mientras que en los casos de trata de personas las ganancias se derivan de la explotación.

La acción global para prevenir y combatir la trata de personas y el tráfico ilícito de migrantes

La Acción mundial para prevenir y combatir la trata de personas y el tráfico ilícito de migrantes (GLO.ACT) es una iniciativa conjunta de cuatro años (2015-2019) de 11 millones de euros de la Unión Europea y la Oficina de las Naciones Unidas contra la Droga y el Delito (UNODC).

GLO.ACT lucha contra la trata de personas desde 2015.

El proyecto se está ejecutando en asociación con la Organización Internacional para las Migraciones (OIM) y el Fondo de las Naciones Unidas para la Infancia (UNICEF) y llega a trece países en África, Asia, Europa del Este y América Latina.

Se ejecuta actualmente en Belarús, Brasil, Colombia, Egipto, República Kirguisa, República Democrática Popular Lao, Malí, Marruecos, Nepal, Níger, Pakistán, Sudáfrica y Ucrania.

El objetivo general del proyecto es prevenir y abordar la trata de personas (TIP) y el tráfico ilícito de migrantes (SOM). GLO.ACT trabaja con los 13 países seleccionados para planificar e implementar esfuerzos nacionales estratégicos de lucha contra la trata y contrabando, a través de un enfoque de prevención, protección, enjuiciamiento y alianzas.

Ley de Protección de Víctimas de la Trata

Como resultado de la Ley de Protección a las Víctimas de la Trata de 2000 (TVPA), las fuerzas del orden tuvieron la capacidad de proteger a las víctimas internacionales de la trata de personas a través de varias formas de alivio de inmigración, incluida la presencia continua y la visa T.

La presencia continua permite que los agentes de la ley soliciten un estatus legal temporal en los Estados Unidos para un ciudadano extranjero cuya presencia es necesaria para el éxito de una investigación de trata de personas.

La visa T permite que las víctimas extranjeras de trata de personas se conviertan en residentes temporales de EE.UU., y pueden ser elegibles para la residencia permanente después de tres años.

La TVPA también estableció una ley que exige que los acusados de las investigaciones de trata de personas paguen restitución a las víctimas que explotaron.

La TVPA, aprobada para crear la primera ley federal integral para abordar la trata de personas, proporcionó un enfoque de tres frentes para ello.

Además de las protecciones ofrecidas a través de la ayuda de inmigración para víctimas extranjeras de trata de personas, también se enfoca en la prevención a través de programas de concientización pública, tanto a nivel nacional como en el extranjero, y enjuiciamiento a través de nuevos estatutos penales federales.

Como resultado de la TVPA y los trámites posteriores, se brindó al FBI autoridad legal para investigar asuntos de trabajo forzado; tráfico con respecto al peonaje, la esclavitud, la servidumbre involuntaria o el trabajo forzado; el tráfico sexual por la fuerza, el fraude o la coacción; y conducta ilícita con respecto a los documentos en fomento de la trata.

Capítulo X
Secuestro y Extorsión

El secuestro es un problema creciente y de ámbito mundial.

Según El Manual de Lucha contra el Secuestro de la UNODC se calcula que más de 10.000 personas son secuestradas cada año, a menudo con consecuencias fatales y devastadoras.

Cada caso de secuestro no es sólo un delito grave; es también un incidente de carácter crítico y una amenaza para la vida.

Es una violación de la libertad individual que socava los derechos humanos.

Hay suficientes pruebas de que muchas víctimas nunca se recuperan plenamente del trauma asociado con este delito.

Manual de Lucha contra el Secuestro de las Naciones Unidas.

Este tipo de crimen también tiene repercusiones devastadoras sobre los familiares, los amigos íntimos y los colegas.

Crea temores y dudas en las comunidades y puede tener consecuencias adversas para la economía y la seguridad de los Estados.

Secuestro

El secuestro consiste en detener ilícitamente a una persona o personas en contra de su voluntad con la finalidad de exigir por su liberación un provecho ilícito o cualquier utilidad de tipo económico u otro beneficio de orden material, o a fin de obligar a alguien a que haga o deje de hacer algo (resolución 2002/16 del Consejo Económico y Social).

Tipos de secuestro

El motivo de un secuestro, así como el resultado buscado por los delincuentes (y terroristas) involucrados, varía significativamente.

Aunque estas distinciones no siempre se reconocen en la ley, pueden ser útiles para comprender el modus operandi y los objetivos del secuestrador, así como para determinar la respuesta más apropiada de las autoridades encargadas de hacer cumplir la ley.

Los tipos más comunes de secuestro según el Manual de lucha contra el Secuestro de la UNODC son:

- Secuestro con fines de extorsión, para exigir una suma de dinero, influir en decisiones empresariales u obtener una ventaja comercial.

- Secuestro con fines políticos o ideológicos, cuyo objetivo puede ser destacar una reivindicación particular, crear una atmósfera de inseguridad (o reforzarla), obtener publicidad o influir en decisiones de gobiernos u otras entidades.

- Secuestro entre grupos delictivos, o dentro de ellos, con el fin de cobrar deudas u obtener ventajas en un mercado delictivo particular o con fines de intimidación.

- Secuestro vinculado a disputas familiares o domésticas, que en algunas jurisdicciones se conoce como "rapto".

- Secuestro en el curso de otras actividades delictivas, normalmente para facilitar la adquisición de determinados productos, generalmente en el curso de un robo.

- El secuestro simulado o fraudulento, en que la "víctima" actúa conjuntamente con otros o sola para obtener algún beneficio material o de otro tipo.

- Secuestros "exprés", en que la víctima es secuestrada durante un período corto pero suficiente para obtener alguna concesión o ganancia financiera.

- El "secuestro virtual", en que inicialmente no hay ningún secuestro pero se exige un pago con el pretexto de que una persona (a menudo un pariente) ha sido secuestrado y se paga un rescate; una variante consiste en que, en el momento del pago, la persona que lo efectúa es secuestrada para asegurar un segundo rescate.

La venta de la víctima de un secuestro a otro grupo, igualmente motivado, que luego negocia el pago de un rescate.

¿Cómo prevenir secuestros?

Debido a la situación económica actual, las altas cifras de desempleo, entre otros factores sociales, cualquier persona ha pasado a ser víctima

potencial de secuestro, lo que significa que esta actividad delictiva ha dejado de afectar únicamente a personas con posibilidades monetarias de pagar un "rescate".

Los expertos aseguran que una de las formas de evitar ser víctima de un secuestro es el control de información.

Cuando destruya información personal que ya no utilizara asegúrese de colorear con un marcador negro al reverso y anverso datos que puedan exponer su seguridad como por ejemplo, números de cuenta, direcciones o itinerarios de actividades.

Aleccionar a familiares y empleados (del hogar u oficina) acerca de no compartir información sobre su ubicación o rutinas de llegada y/o salida con nadie. Si la persona que pregunta no es de conocido se recomienda pedir todos los datos de la misma.

Evite las rutinas. Tome otros caminos cuando se dirija a la oficina o a buscar a sus hijos al colegio. Si hace ejercicio busque otras rutas alternativas que no estén solitarias.

Sea discreto en los lugares a los que va y no dé más información de la que debe.

No haga parte de su mensaje en las contestadoras números de teléfono. Lleve consigo los documentos necesarios.

En caso de tener dudas acerca de un posible seguimiento, siga su pálpito y diríjase hasta un sitio con mucha gente. Si hay algún módulo policial, mejor.

Si conduce de noche, tenga las llaves a mano. Encienda el vehículo y conduzca sin distraerse hasta su lugar de destino.

En caso de ser secuestrado

- No se resista.
- Si lo dejan hablar, pregúntale la hora para que el secuestrador comience a sentir afinidad.
- Trate de no llorar, esto le da fuerzas al secuestrador para seguir intimidando.
- No los insulte ni amenace.

Prevención y preparación: lista de comprobación

- ¿Se comprende claramente la amenaza del secuestro y hay un sistema para asegurar que se tengan en cuenta las últimas tendencias nacionales e internacionales?

- ¿Hay una estrategia explícita de prevención para examinar la amenaza del secuestro y asegurar la realización de actividades para combatirlo?

- ¿Participan todos los organismos pertinentes (incluidos los departamentos del gobierno, el sector público y el sector privado) en la estrategia de prevención de los secuestros y contribuyen a su aplicación?

- ¿Hay programas educativos y de concienciación que prestan asesoramiento en materia de prevención a todos los sectores vulnerables?

- ¿Se han tomado medidas preventivas para suministrar asesoramiento sobre viajes nacionales e internacionales (con fines de negocios, en días feriados, etc.)?

- ¿Hay un programa eficaz de protección de testigos?

- ¿Hay un mecanismo eficaz que permita embargar, decomisar y confiscar el producto del delito?

- ¿Apoyan los medios de comunicación los arreglos para la prevención de los secuestros y para las actividades de preparación?

- ¿Hay una coordinación eficaz con proveedores de servicios de comunicaciones?

  ¿Se cuenta con legislación apropiada para facilitar la investigación del secuestro?

- ¿Cuentan con los recursos, el equipo y la capacitación apropiados los órganos que luchan contra el secuestro?

- ¿Se realizan actividades conjuntas de capacitación y simulacros con la participación de todos los sectores (órganos de ejecución de la ley y autoridades judiciales y los sectores público y privado)?

Capítulo XI
Tráfico de Armas

Los principales instrumentos legales en el área de armas convencionales son: La Convención sobre prohibiciones o restricciones del empleo de ciertas armas convencionales que puedan considerarse excesivamente nocivas o de efectos indiscriminados, enmendada el 21 de diciembre de 2001, Naciones Unidas. Convenio sobre el marcado de explosivos plásticos con fines de detección, 1991. Organización de Aviación Civil Internacional (OACI).

La Convención sobre la Prohibición del Uso, Almacenamiento, Producción y Transferencia de Minas Anti Personas y su destrucción, 1997. Naciones Unidas.

El Protocolo de las Naciones Unidas contra la fabricación y el tráfico ilícitos de Armas de fuego, sus piezas y componentes y municiones, 2001, suplementario a la Convención de las Naciones Unidas contra la Delincuencia Organizada Transnacional.

La Convención sobre Municiones en Racimo, 2008. Naciones Unidas.

Tratado sobre el Comercio de Armas, 2013-2015. Naciones Unidas.

Protocolo contra la fabricación y el tráfico ilícito de armas de fuego, sus piezas, componentes y municiones.

Artículo 5. Penalización tráfico ilícito de armas de fuego

Prevención del tráfico ilícito de armas de fuego:

Artículo 7. Establecimiento de Registros de información no menor a 10 años de armas de fuego y sus componentes.

Registros

Cada Estado Parte garantizará el mantenimiento, por un período no inferior a diez años, de la información relativa a las armas de fuego y, cuando sea apropiado y factible, de la información relativa a sus piezas y componentes y municiones que sea necesaria para localizar e identificar las armas de fuego y, cuando sea apropiado y factible, sus piezas y componentes y municiones que hayan sido objeto de fabricación o tráfico ilícitos, así como para evitar y detectar esas actividades. Esa información incluirá:

a) Las marcas pertinentes requeridas de conformidad con el artículo 8 del presente Protocolo;

b) En los casos que entrañen transacciones internacionales con armas de fuego, sus piezas y componentes y municiones, las fechas de emisión y expiración de las licencias o autorizaciones correspondientes, el país de exportación, el país de importación, los países de tránsito, cuando proceda, y el receptor final, así como la descripción y la cantidad de los artículos.

Artículo 8. Marcación de las armas de fuego incluyendo nombre del fabricante, el país o lugar de fabricación y el número de serie.

1. A los efectos de identificar y localizar cada arma de fuego, los Estados Parte:

a) En el momento de la fabricación de cada arma de fuego exigirán que ésta sea marcada con una marca distintiva que indique el nombre del fabricante, el país o lugar de fabricación y el número de serie, o mantendrán cualquier otra marca distintiva y fácil de emplear que ostente símbolos geométricos sencillos, junto con un código numérico y/o alfanumérico, y que permita a todos los Estados Parte identificar sin dificultad el país de fabricación;

b) Exigirán que se aplique a toda arma de fuego importada una marca sencilla y apropiada que permita identificar el país de importación y, de ser posible, el año de ésta, y permita asimismo a las autoridades competentes de ese país localizar el arma de fuego, así como una marca distintiva, si el arma de fuego no la lleva. Los requisitos del presente apartado no tendrán que aplicarse a la importación temporal de armas de fuego con fines lícitos verificables; de las existencias estatales a la utilización civil con carácter permanente, se aplique a dicha arma la marca distintiva apropiada que permita a todos los Estados Parte identificar el país que realiza la transferencia.

2. Los Estados Parte alentarán a la industria de fabricación de armas de fuego a formular medidas contra la supresión o la alteración de las marcas.

Artículo 9. Desactivación de las armas de fuego

Todo Estado Parte que, de conformidad con su derecho interno, no reconozca como arma de fuego un arma desactivada, adoptará las medidas que sean necesarias, incluida la tipificación de delitos específicos, si procede, a fin de prevenir la reactivación ilícita de las armas de fuego desactivadas, en consonancia con los siguientes principios generales de desactivación:

a) Todas las piezas esenciales de un arma de fuego desactivada se tornarán permanentemente inservibles y no susceptibles de ser retiradas, sustituidas o modificadas de cualquier forma que pueda permitir su reactivación.

b) Se adoptarán disposiciones para que una autoridad competente verifique, cuando proceda, las medidas de desactivación a fin de garantizar que las modificaciones aportadas al arma de fuego la inutilizan permanentemente.

c) La verificación por una autoridad competente comprenderá la expedición de un certificado o la anotación en un registro en que se haga constar la desactivación del arma de fuego o la inclusión de una marca a esos efectos claramente visible en el arma de fuego.

El uso de armas de fuego posee reglamentación amplia y específica.

El uso de armas de fuego posee reglamentación amplia y específica.

Artículo 10. Requisitos generales para sistemas de licencias o autorizaciones de exportación, importación y tránsito

1. Cada Estado Parte establecerá o mantendrá un sistema eficaz de licencias o autorizaciones de exportación e importación, así como de medidas aplicables al tránsito internacional, para la transferencia de armas de fuego, sus piezas y componentes y municiones.

2. Antes de emitir licencias o autorizaciones de exportación para la expedición de armas de fuego, sus piezas y componentes y municiones, cada Estado Parte se asegurará de que:

a) Los Estados importadores hayan emitido las correspondientes licencias o autorizaciones.

b) Los Estados de tránsito hayan al menos comunicado por escrito, con anterioridad a la expedición, que no se oponen al tránsito, sin perjuicio de los acuerdos o arreglos bilaterales o multilaterales destinados a favorecer a los Estados sin litoral.

3. La licencia o autorización de exportación e importación y la documentación que la acompañe contendrán conjuntamente información que, como mínimo, comprenda el lugar y la fecha de emisión, la fecha de expiración, el país de exportación, el país de importación, el destinatario final, una descripción y la cantidad de las armas de fuego, sus piezas y componentes y municiones y, cuando haya tránsito, los países de tránsito. La información contenida en la licencia de importación deberá facilitarse a los Estados de tránsito con antelación.

4. El Estado Parte importador notificará al Estado Parte exportador, previa solicitud, la recepción de las remesas de armas de fuego, sus piezas y componentes y municiones que le hayan sido enviadas.

5. Cada Estado Parte adoptará, dentro de sus posibilidades, las medidas necesarias para garantizar que los procedimientos de licencia o autorización sean seguros y que la autenticidad de los documentos de licencia o autorización pueda ser verificada o validada.

6. Los Estados Parte podrán adoptar procedimientos simplificados para la importación y exportación temporales y para el tránsito de armas de fuego, sus piezas y componentes y municiones para fines lícitos verificables, tales como cacerías, prácticas de tiro deportivo, pruebas, exposiciones o reparaciones.

Artículo 11. Medidas de seguridad y prevención en el curso de fabricación, importación, exportación y tránsito a través del territorio

A fin de detectar, prevenir y eliminar el robo, la pérdida o la desviación, así como la fabricación y el tráfico ilícitos de armas de fuego, sus piezas y componentes y municiones, cada Estado Parte adoptará medidas apropiadas para:

a) Exigir que se garantice la seguridad de las armas de fuego, sus piezas y componentes y municiones en el curso de su fabricación, de su importación y exportación y de su tránsito a través de su territorio; y

b) Aumentar la eficacia de los controles de importación, exportación y tránsito, incluidos, cuando proceda, los controles fronterizos, así como de la cooperación transfronteriza entre los servicios policiales y aduaneros.

Artículo 12. Intercambio de Información entre los estados miembros sobre: fabricantes, agentes comerciales, importadores y exportadores, grupos delictivos, medios de ocultación, formas de detección, etc.

1. Sin perjuicio de lo dispuesto en los artículos 27 y 28 de la Convención, los Estados Parte intercambiarán, de conformidad con sus respectivos

ordenamientos jurídicos y administrativos internos, información pertinente para cada caso específico sobre cuestiones como los fabricantes, agentes comerciales, importadores y exportadores y, de ser posible, transportistas autorizados de armas de fuego, sus piezas y componentes y municiones.

2. Sin perjuicio de lo dispuesto en los artículos 27 y 28 de la Convención, los Estados Parte intercambiarán, de conformidad con sus respectivos ordenamientos jurídicos y administrativos internos, información pertinente sobre cuestiones como:

a) Los grupos delictivos organizados efectiva o presuntamente involucrados en la fabricación o el tráfico ilícitos de armas de fuego, sus piezas y componentes y municiones.

b) Los medios de ocultación utilizados en la fabricación o el tráfico ilícitos de armas de fuego, sus piezas y componentes y municiones, así como las formas de detectarlos;

c) Los métodos y medios, los lugares de expedición y de destino y las rutas que habitualmente utilizan los grupos delictivos organizados que participan en el tráfico ilícito de armas de fuego, sus piezas y componentes y municiones; y

d) Experiencias de carácter legislativo, así como prácticas y medidas conexas, para prevenir, combatir y erradicar la fabricación y el tráfico ilícitos de armas de fuego, sus piezas y componentes y municiones.

3. Los Estados Parte se facilitarán o intercambiarán, según proceda, toda información científica y tecnológica pertinente que sea de utilidad para las autoridades encargadas de hacer cumplir la ley a fin de reforzar mutuamente su capacidad de prevenir, detectar e investigar la fabricación y el tráfico ilícitos de armas de fuego, sus piezas y componentes y municiones y de enjuiciar a las personas involucradas en esas actividades ilícitas.

4. Los Estados Parte cooperarán en la localización de las armas de fuego, sus piezas y componentes y municiones que puedan haber sido objeto de fabricación o tráfico ilícitos. Esa cooperación incluirá la respuesta rápida de los Estados Parte a toda solicitud de asistencia para localizar esas armas de fuego, sus piezas y componentes y municiones, dentro de los medios disponibles.

5. Con sujeción a los conceptos básicos de su ordenamiento jurídico o a cualesquiera acuerdos internacionales, cada Estado Parte garantizará la confidencialidad y acatará las restricciones impuestas a la utilización de toda información que reciba de otro Estado Parte de conformidad con el presente artículo, incluida información de dominio privado sobre

transacciones comerciales, cuando así lo solicite el Estado Parte que facilita la información. Si no es posible mantener la confidencialidad, antes de revelar la información se dará cuenta de ello al Estado Parte que la facilitó.

Artículo 13. Cooperación bilateral, regional e internacional entre los estados parte a fin de erradicar, combatir y prevenir el tráfico y la fabricación de armas de fuego.

1. Los Estados Parte cooperarán en los planos bilateral, regional e internacional a fin de prevenir, combatir y erradicar la fabricación y el tráfico ilícitos de armas de fuego, sus piezas y componentes y municiones.

2. Sin perjuicio de lo dispuesto en el párrafo 13 del artículo 18 de la Convención, cada Estado Parte designará un órgano nacional o un punto de contacto central encargado de mantener el enlace con los demás Estados Parte en toda cuestión relativa al presente Protocolo.

3. Los Estados Parte procurarán obtener el apoyo y la cooperación de los fabricantes, agentes comerciales, importadores, exportadores, corredores y transportistas comerciales de armas de fuego, sus piezas y componentes y municiones, a fin de prevenir y detectar las actividades ilícitas mencionadas en el párrafo 1 del presente artículo.

Artículo 14. Capacitación y asistencia técnica

Los Estados Parte cooperarán entre sí y con las organizaciones internacionales pertinentes, según proceda, a fin de que los Estados Parte que lo soliciten reciban la formación y asistencia técnica requeridas para reforzar su capacidad de prevenir, combatir y erradicar la fabricación y el tráfico ilícitos de armas de fuego, sus piezas y componentes y municiones, incluida la asistencia técnica, financiera y material que proceda en las cuestiones enunciadas en los artículos 29 y 30 de la Convención.

Artículo 15. Reglamentación de corredores y corretaje a través de registros y licencias

1. Con miras a prevenir y combatir la fabricación y el tráfico ilícito de armas de fuego, sus piezas y componentes y municiones, los Estados Parte que aún no lo hayan hecho considerarán la posibilidad de establecer un sistema de reglamentación de las actividades de las personas dedicadas al corretaje. Ese sistema podría incluir una o varias de las siguientes medidas:

a) Exigir la inscripción en un registro de los corredores que actúen en su territorio.

b) Exigir una licencia o autorización para el ejercicio del corretaje.

c) Exigir que en las licencias o autorizaciones de importación y de exportación, o en la documentación adjunta a la mercancía, se consigne el nombre y la ubicación de los corredores que intervengan en la transacción.

2. Se alienta a los Estados Parte que hayan establecido un sistema de autorización de las operaciones de corretaje como el descrito en el párrafo 1 del presente artículo, a que incluyan datos sobre los corredores y las operaciones de corretaje en sus intercambios de información efectuados con arreglo al artículo 12 del presente Protocolo y a que mantengan un registro de corredores y de las operaciones de corretaje conforme a lo previsto en el artículo 7 del presente Protocolo.

Algunos datos importantes

El tráfico ilícito y el uso indebido de armas de fuego están intrínsecamente vinculados a estas organizaciones y redes delictivas:

- Como facilitadores de crímenes violentos,
- Como herramientas para perpetrar el poder
- Como productos lucrativos de tráfico, que alimenta los conflictos armados, la delincuencia y la inseguridad.

A menudo, diferentes formas de criminalidad se entrelazan, como el tráfico de personas, armas de fuego y drogas.

- La opacidad del comercio legal de armas hace que sea difícil determinar el valor de su mercado.
- Los países informan voluntariamente sus datos comerciales a la base de datos Comtrade de las Naciones Unidas (ONU)
- Sin embargo, algunos informes gubernamentales pueden estar incompletos si el país ha realizado transferencias clandestinas de armas.
- En consecuencia, mientras que los datos de Comtrade de las Naciones Unidas muestran que el comercio mundial de armas legales vale US $ 17,3 mil millones en 2014, este valor es probablemente subestimado.
- Se estima que el tráfico de armas representa del 10 al 20 por ciento del comercio legal de armas, por lo tanto, el tráfico de armas pequeñas

y ligeras, partes y componentes, accesorios y municiones en 2014 se estima de manera conservadora por un valor de USD1.700 millones a USD3.500 millones.

- Dado que es probable que se subestime el valor del comercio legal de armas, como se señaló anteriormente, es probable que el comercio ilegal de armas también esté infravalorado.[14]

INTERPOL y el Tráfico de Armas

Apoyar la prevención y respuesta al crimen

- INTERPOL ha desarrollado varias herramientas para ayudar a los organismos encargados de hacer cumplir la ley a abordar los delitos relacionados con las armas de fuego.

- Rastrear la historia y la propiedad de todas las armas de fuego ilícitas recuperadas y comparar la evidencia balística de cartuchos recuperados y municiones puede proporcionar pistas de investigación valiosas que vinculen crímenes que se han cometido en diferentes jurisdicciones o países.

- El Sistema de Gestión de Registros y Localización de Armas Ilícitas de INTERPOL (iARMS) es la única plataforma mundial de aplicación de la ley para el mantenimiento internacional y de registros de armas de fuego ilícitas, incluidas armas de fuego perdidas y robadas, y para el intercambio de información y cooperación entre organismos encargados de hacer cumplir la ley crímenes relacionados con armas de fuego.

- Los datos de iARMS respaldan la detección e investigación de rutas delictivas de tráfico y tráfico de armas de fuego, lo que permite a los organismos encargados de hacer cumplir la ley controlar el delito cortando el suministro de armas de fuego ilícitas a delincuentes y redes terroristas.

- La tabla de referencia de armas de fuego de INTERPOL (IFRT) es una herramienta interactiva en línea que proporciona una metodología estandarizada para identificar y describir armas de fuego, aumentando la probabilidad de rastreo exitoso en investigaciones transfronterizas garantizando la precisión de la identificación de armas de fuego.

---

[14] Analysis of Transnational Crime and the Developing World Global Financial Integrity Report 2017.

- La red de información balística de INTERPOL (IBIN) es la única red de intercambio de datos balísticos internacional a gran escala en el mundo, proporcionando inteligencia a las agencias de aplicación de la ley a través de la conexión centralizada, almacenamiento y comparación cruzada de imágenes balísticas para descubrir conexiones entre crímenes en diferentes países que de otro modo podrían no ser detectados.

- INTERPOL también ha desarrollado un Protocolo de recuperación de armas de fuego para proporcionar orientación a las autoridades encargadas de hacer cumplir la ley cuando recuperan un arma de fuego o un cartucho de munición gastado.

- El protocolo tiene un componente de aplicación de la ley y forense, con el objetivo final de que ambas partes compartan información para resolver casos de tráfico de armas de fuego.

Reporte sobre tráfico ilícito de mercancías de la organización mundial de aduanas (WCO)

El reporte sobre tráfico ilícito de mercancías de la organización mundial de aduanas, fue compuesto de información de 39 países, 37 de los cuales proporcionan datos compilados por la policía y dos de ellos proporcionan datos compilados por la aduana.

Cada año, al menos 526,000 personas mueren como resultado de la violencia letal con armas de fuego.

Esta cifra se basa en lo que el reporte sobre Carga Global de la Violencia Armada (Declaración de Ginebra) señala como muertes directas por conflictos, homicidios intencionales, homicidios involuntarios y homicidios resultantes de intervenciones legales.

El Índice de Paz Global (GPI) 2017

El Índice de Paz Global (GPI) 2017, producido por el Instituto de Economía y Paz, utiliza 23 indicadores para clasificar 163 estados y territorios por sus estados relativos de paz.

El puntaje general de GPI mejoró en 2016, pero el puntaje promedio del país es más bajo que en 2008.

El mayor deterioro en la paz ocurrió en América del Norte, y hubo menores deterioros en el África subsahariana y en Medio Oriente y África del Norte.

Índice de Paz Global 2017.

Las mayores mejoras en la paz ocurrieron en América del Sur, Rusia y Eurasia, y en la región de Asia y el Pacífico.

El impacto del terrorismo aumentó en 2016, continuando una tendencia de una década.

Un total de 60 por ciento de los países en el IPG han experimentado un aumento del terrorismo desde 2007, y el impacto del terrorismo se ha más que duplicado en 22 países.

Instituto Internacional de Estudios para la Paz de Estocolmo

El SIPRI realiza estudios científicos sobre la cooperación y los conflictos con el fin de contribuir a la comprensión de las condiciones necesarias para la resolución pacífica de los mismos y el mantenimiento de una paz duradera.

A través de sus estudios, el SIPRI hace pública información sobre el desarrollo armamentístico, el gasto militar, la producción y comercio de armas, el desarme, los conflictos, su prevención y la seguridad internacional.

Datos sobre tráfico de armas

El Programa de Seguridad de la Organización Mundial de Aduanas se ha centrado específicamente en las áreas enumeradas a continuación para respaldar el compromiso con la Resolución de Punta Cana de 2015, que subraya las responsabilidades de las administraciones aduaneras en la seguridad de sus países y en la lucha contra el terrorismo.

El programa de seguridad consta de cinco subprogramas / proyectos destinados a desarrollar políticas, herramientas y redes, y coordinar las operaciones de observancia, al tiempo que ofrece asistencia técnica y apoyo para la creación de capacidad para los miembros.

Se estima que el tamaño de dicho comercio autorizado involucra millones de armas de fuego por año.

El Registro de Armas Convencionales de las Naciones Unidas registró la exportación de 1.808.904 armas de fuego en 2013.

Es probable que esto sea una subestimación considerable ya que sólo 25 Estados Miembros presentaron datos sobre armas de fuego para ese año y se los alentó a informar sobre armas de fuego "fabricadas o modificadas según especificaciones militares".

Un proyecto académico publicado en 2009, utilizando numerosas fuentes de datos de los gobiernos estimó que el comercio internacional autorizado anual era responsable de la transferencia de al menos 4,6 millones de armas de fuego.

El número de casos de armas y municiones y los datos de decomisos informados a la Organización Mundial de Aduanas (WCO) disminuyeron significativamente entre 2015 y 2016.

En 2015, 57 países informaron a la WCO sobre 4.679 casos de contrabando de armas y municiones, totalizando 8.153 decomisos.

En 2016 hubo 2.926 casos, lo que arrojó un total de 5.034 incautaciones; Se decomisaron 163.232 piezas de armamento y 2.574.852 piezas de municiones.

Entre 2015 y 2016, el número de casos disminuyó en un 37.47%, mientras que el número de incautaciones disminuyó en un 38.26%.

Esta disminución en los casos y las incautaciones corresponde a una disminución del 22.53%, entre 2015 y 2016, en el número de piezas individuales de armamento que se incautaron: 163.232 piezas de armamento fueron incautadas en 2016 en comparación con 210.703 en 2015.

Por el contrario, la cantidad de municiones incautadas aumentó en 36.66% durante el mismo período.

Se incautaron 2.574.852 piezas de munición en 2016, en comparación con las 1.884.149 piezas de munición incautadas en 2015.

Del mismo modo, los fuegos artificiales y la pirotecnia vieron una disminución en el número de piezas confiscadas, pero un aumento en el número de ataques.

Además, Estados Unidos fue el país de partida para el 42.7% de los casos de armas reportados en 2016.

Se informó que la mayoría de las armas incautadas se trasladaron al Caribe, Oriente Medio y Asia-Pacífico, junto con una importante proporción de armas incautadas que se originaron internamente.

Número de decomisos por categoría 2016

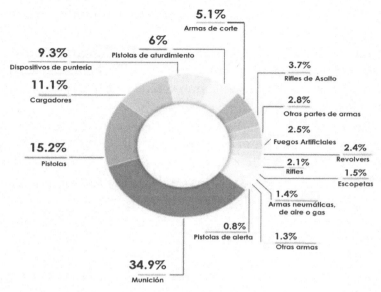

Distribución de armas y municiones decomisadas en 2016.

La Organización Mundial de Aduanas registró 5.034 incautaciones totales en 2016.

Las armas de fuego, incluidas pistolas y revólveres, fueron confiscadas en el 17.6% de las incautaciones.

5.8% fue recuperación de rifles o rifles de asalto.

Sin embargo, las municiones y partes de armas fueron el contrabando que se incautó con mayor frecuencia en 2016.

Las municiones representaron el 34.9% de los decomisos, mientras que las partes de las armas (incluidas los cargadores, los dispositivos de puntería y otras partes) constituyeron el 23.2% del total.

"Otras armas" se recuperaron en el 1.3% de las incautaciones. "Otras armas" incluye armas como ametralladoras y granadas, así como detonadores y armas de gas no incluidas bajo las armas de "alerta de gas" o "gas neumático".

También metralletas, granadas y una variedad de otras armas, así como armas de gas y detonadores por separado.

Número de decomisos por categoría 2015 - 2016

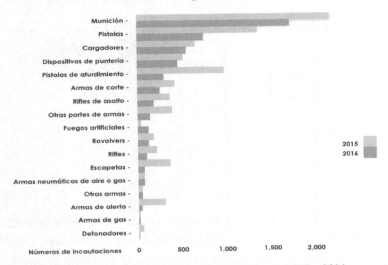

Armas y municiones recuperadas por tipo en 2015 y 2016.

En general, el número de decomisos de armas reportados cayó en 2016 en casi todos los tipos.

Se observan reducciones particularmente sustanciales en el número de incautaciones en varias categorías de armamen-

Detonadores y "otras armas" confiscados aumentan cada año.

to: municiones, pistolas paralizantes, pistolas, escopetas, pistolas en blanco y armas de alerta de gas, y "otras partes de armas".

Las confiscaciones de detonadores experimentaron el mayor descenso, con un 91% menos en 2016 que en 2015, mientras que las incautaciones disminuyeron en un 70%, las de "otras partes de las armas".

En 2016 se incautaron dos categorías de armas con mayor frecuencia: Fuegos artificiales y dispositivos pirotécnicos, con 125 decomisos en 2016 y sólo 25 en 2015; y "otras armas", que fueron confiscadas en 48 acciones en 2015 y 50 en 2016.

Las armas neumáticas de aire y gas fueron incautadas casi a la misma velocidad en ambos años, presentando solo una disminución del 8.9%, de 78 a 71.

Mapa de calor de los números de casos reportados por país 2016

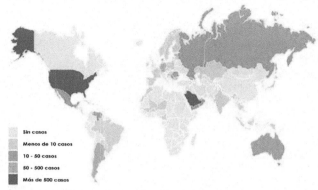

Casos informados a la OMA en 2016.

Los Estados Unidos y Arabia Saudita informaron con diferencia la mayoría de los casos relacionados con la incautación de armas y municiones en 2016.

Los funcionarios de aduanas en los Estados Unidos informaron 1.319 de esos casos, y los de Arabia Saudita informaron 700 casos.

Los países que informaron entre 50 y 500 casos incluyen, en orden decreciente, Alemania (147), Cuba (91), Emiratos Árabes Unidos (81), Argentina (78), Dinamarca (59) y Estonia (58).

Otros países, incluidos Rusia, Australia, México y Yemen, informaron entre 10 y 50 casos.

Número de casos por país y tipo de procedimiento de aduana 2016

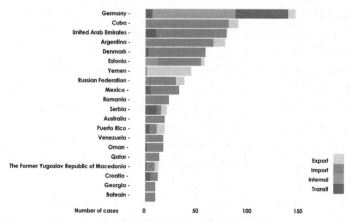

Países y tipos de aduanas reportados 2016.

Operación Quimera

En 2016, la Organización Mundial de Aduanas inició su primera operación de Aduanas contra el Terrorismo, titulada 'Operación Quimera'.

Esta operación fue enfocada sobre los movimientos internacionales de Armas Pequeñas y Ligeras (SALW), y efectivo e instrumentos negociables al portador (BNI).

La Operación Quimera fue coordinada por la OMA en respuesta al reconocimiento cada vez mayor del papel fundamental que las administraciones de aduanas juegan en la lucha contra el terrorismo, así como brindar apoyo para los objetivos de seguridad de la comunidad internacional, incluida la aplicación de medidas clave de varias resoluciones del Consejo de Seguridad (RCSNU) en Naciones Unidas.

La Operación brindó una oportunidad para que las autoridades de aduanas y policía trabajen juntas para aumentar su nivel de comunicación e interacción.

En total, 69 administraciones de aduanas participaron con el apoyo de la red de la Oficina Regional de Enlace de Inteligencia (RILO), junto con INTERPOL, utilizando la plataforma WCO CENCOMM como principal medio de comunicación durante la operación.

Resumen Operación Quimera:

- 271 casos de incautaciones fueron reportados en total.
- 159 de estos casos relacionados con decomiso de efectivo y BNI.
- 104 casos relacionados con incautaciones de armas y explosivos.
- Se reportaron otras 7 mercancías recuperadas.
- 201,845 piezas de armas y explosivos.

Monto total incautado USD 461.308.864

Operación Irene

Además de la Operación Quimera, la Oficina Regional de Enlace de Inteligencia RILO organizó una operación regional de armas pequeñas y armas ligeras (SALW) llamada Operación Irene.

El foco de esta operación estaba en identificar (SALW) y sus partes y municiones traficadas a través de correo expreso y servicios de paquetería. 32 administraciones miembros y cinco RILO participaron en la operación.

Principales objetivos:

- Mejorar la cooperación entre las aduanas y otros organismos de aplicación, como la policía y las fuerzas fronterizas, durante la fase operativa.

- Recopilación de información sobre el tráfico de modus operandi, y actualización de los criterios de focalización y los indicadores de riesgo.

- Fortalecer la cooperación con los conductores del correo y los correos expresos notificándose los resultados de los controles y mejorando su capacidad para detectar envíos sospechosos.

62 Incautaciones fueron reportadas durante la Operación Irene. La gran mayoría de estos (39 casos) fueron hechos por aduanas de China, y como tal, China fue identificada como el destino previsto en la mayoría de los casos.

Las incautaciones consistieron principalmente en partes de armas, pistolas de imitación y municiones. Los orígenes más comunes para estos artículos se identificaron como Hong Kong, China; Estados Unidos; Irlanda; y Taiwán.

El traficante de armas Viktor Bout.

Caso de Estudio: Viktor Bout

Viktor Bout, un traficante de armas privado, operaba un negocio que suministraba armas militares a cualquiera que pudiera pagar, independientemente de embargos y sanciones impuestas a los países.

Bout, un ciudadano ruso, compró una flota de aviones militares soviéticos, excedente después de la guerra fría, y los usó para suministrar armas en todo el mundo.

Se sabía que abastecía a ambos lados de los conflictos, gobiernos y grupos rebeldes en África, los talibanes y Al-Qaida, así como también a las fuerzas anti-talibán en Afganistán.

Sus transacciones más legítimas incluían el transporte de bienes para el gobierno francés y Fuerzas de Paz de la ONU en Ruanda después del genocidio y ofreciendo apoyo logístico a los EE.UU. en Iraq.

En 2002 y 2008, INTERPOL publicó dos avisos rojos para Bout, uno tras una solicitud belga de Bout por cargos de lavado, y el otro después por parte de los Estados Unidos en la fecha de su arresto. El caso belga contra Bout fue desestimado.

En 2004, Bout fue colocado en una lista de sanciones de la ONU.

En 2008, Bout fue arrestado en Tailandia durante una operación encubierta por la Agencia Antidrogas de los EE.UU.

En noviembre de 2010, las autoridades tailandesas lo extraditaron a Nueva York para enfrentar un juicio acusado de conspirar para matar a estadounidenses y suministrar armas a una organización terrorista.

Bout fue condenado el 2 de noviembre de 2011 y sentenciado a 25 años de prisión el 5 de abril de 2012.

La segunda sentencia del Tribunal de Apelaciones de los Estados Unidos confirmó la sentencia en septiembre de 2013.[15]

Armas Nucleares

Las armas nucleares son las armas más peligrosas de la Tierra.

Una sola puede destruir una ciudad entera, con la posibilidad de causar la muerte de millones de personas, y poner en peligro el medio natural y las vidas de las futuras generaciones debido a sus efectos catastróficos a largo plazo.

Los peligros que comportan estas armas derivan de su propia existencia.

A pesar de que las armas nucleares sólo se han utilizado dos veces en la guerra –en los bombardeos de Hiroshima y Nagasaki de 1945– hoy en día quedan en el mundo, según informes, unas 22.000 y se han llevado a cabo más de 2.000 ensayos nucleares hasta la fecha.

El desarme es la mejor medida de protección contra tales peligros, aunque el logro de este objetivo ha sido un reto inmensamente difícil.

Las Naciones Unidas, desde su concepción, han procurado eliminar estas armas.

La primera resolución aprobada por la Asamblea General de las Naciones Unidas en 1946, estableció una Comisión para tratar los problemas relacionados con el descubrimiento de la energía atómica, entre otros.

---

[15] Fuente: Interpol Report / US Drug Enforcement Administration

La Comisión habría de formular propuestas relativas a temas tales como el control de la energía atómica en la medida necesaria para garantizar su uso exclusivamente con fines pacíficos.

La resolución estableció asimismo que la Comisión debía presentar propuestas para *"eliminar, de los armamentos nacionales, las armas atómicas, así como todas las demás armas principales capaces de causar destrucción colectiva de importancia"*.

Desde entonces, se han establecido una serie de tratados multilaterales con el propósito de prevenir la proliferación y los ensayos nucleares, y promover a la vez los avances en materia de desarme nuclear.

Entre ellos, cabe mencionar el Tratado sobre la No Proliferación de las Armas Nucleares (TNP), el Tratado por el que se Prohíben los Ensayos con Armas Nucleares en la Atmósfera, el Espacio Exterior, Debajo del Agua, también denominado Tratado de Prohibición Parcial de los Ensayos Nucleares (TPPE), y el Tratado de Prohibición Completa de los Ensayos Nucleares (TPCE), que fue firmado en 1996 pero aún no ha entrado en vigor.[16]

La Oficina de Asuntos de Desarme de las Naciones Unidas (UNODA)

La Oficina de Asuntos de Desarme de las Naciones Unidas promueve:

* El desarme nuclear y la no proliferación.

* El fortalecimiento de los regímenes de desarme con respecto a otras armas de destrucción en masa, armas químicas y biológicas.

* Las iniciativas de desarme en el ámbito de las armas convencionales, en especial de las minas terrestres y las armas pequeñas, que son el tipo de armas preferidas en los conflictos contemporáneos.

El GAFI y sus 40 Recomendaciones

El grupo de acción financiera (GAFI), en la revisión de sus 40 recomendaciones en 2012, integró las nueve recomendaciones especiales y amplió su alcance a la financiación de la proliferación de armas de destrucción masiva.

---

[16] https://www.un.org/disarmament/es/adm/nuclear-weapons/

Armas biológicas

Convención sobre la Prohibición del Desarrollo, la Producción y el Almacenamiento de Armas Bacteriológicas (Biológicas) y Toxínicas y sobre su Destrucción.

La Convención sobre las Armas Biológicas, el primer tratado multilateral sobre desarme en prohibir el desarrollo, la producción y el almacenamiento de toda una categoría de armas de destrucción en masa, quedó abierto a la firma el 10 de abril de 1972.

La Convención entró en vigor el 26 de marzo de 1975.

Las armas biológicas son sistemas complejos que diseminan organismos causantes de enfermedades o toxinas para dañar o matar humanos, animales o plantas.

Por lo general, constan de dos partes: un agente armado y un mecanismo de entrega.

Además de las aplicaciones militares estratégicas o tácticas, las armas biológicas pueden utilizarse para asesinatos políticos, la infección de ganado o productos agrícolas para causar escasez de alimentos y pérdidas económicas, la creación de catástrofes ambientales y la introducción de enfermedades generalizadas, miedo y desconfianza entre el público.

Casi cualquier organismo causante de enfermedades (como bacterias, virus, hongos, priones) o toxinas (venenos derivados de animales, plantas o microorganismos, o sustancias similares producidas sintéticamente) pueden usarse en armas biológicas.

Los agentes se pueden mejorar desde su estado natural para hacerlos más adecuados para la producción en masa, el almacenamiento y la diseminación como armas.

Los programas históricos de armas biológicas han incluido esfuerzos para producir: aflatoxina; ántrax; toxina botulínica; enfermedad de pies y boca; muermo; plaga; fiebre Q; ráfaga de arroz; ricina; fiebre manchada de las Montañas Rocosas; viruela; y tularemia, entre otros.

Los sistemas de entrega de armas biológicas pueden tomar una variedad de formas. Los programas anteriores han construido misiles, bombas, granadas de mano y cohetes para entregarlas.

Varios programas también diseñaron tanques de pulverización para ser instalados en aviones, automóviles, camiones y embarcaciones.

Además se han documentado esfuerzos para desarrollar dispositivos de entrega para asesinatos u operaciones de sabotaje, que incluyen una variedad de aerosoles, cepillos y sistemas de inyección, así como medios para contaminar los alimentos y la ropa.

Armas Químicas

El uso moderno de armas químicas comenzó con la Primera Guerra Mundial, cuando ambos bandos del conflicto utilizaron gas venenoso para infligir sufrimiento atroz y considerable número de bajas en el campo de batalla.

Dichas armas consistían esencialmente en conocidas sustancias químicas comerciales introducidas en municiones habituales como granadas y proyectiles de artillería.

Entre las sustancias químicas empleadas se encontraban el cloro, el fosgeno (un agente sofocante) y el gas mostaza (que provoca dolorosas quemaduras en la piel).

Los resultados fueron indiscriminados y a menudo devastadores. Se produjeron casi 100.000 muertes.

Desde la Primera Guerra Mundial, las armas químicas han causado más de 1 millón de muertes en todo el mundo.

Como resultado de la indignación pública, en 1925 se firmó el Protocolo de Ginebra, en el cual se proel uso de armas químicas en la guerra.

Si bien fue un gran paso, el Protocolo presentaba una serie de lagunas significativas, tales como la falta de prohibición del desarrollo, la producción o el almacenamiento de armas químicas.

Otro aspecto problemático es que muchos Estados que ratificaron el Protocolo se reservaron el derecho de usar armas prohibidas contra Estados que no eran partes en el Protocolo o como represalia en caso de que se utilizaran armas químicas contra ellos.

Durante la Segunda Guerra Mundial se usaron gases venenosos en campos de concentración Nazis y en Asia, aunque no se emplearon armas químicas en los campos de batalla de Europa.

Tras 12 años de negociaciones, la Conferencia de Desarme adoptó la Convención sobre las Armas Químicas en Ginebra el 3 de septiembre de 1992.

La Convención sobre las Armas Químicas permite una rigurosa verificación del cumplimiento de los Estados partes.

La Convención sobre las Armas Químicas quedó abierta a la firma en París, el 13 de enero de 1993 y entró en vigor el 29 de abril de 1997.

La Convención sobre las Armas Químicas es el primer acuerdo de desarme negociado dentro de un marco multilateral que contempla la eliminación de toda una categoría de armas de destrucción en masa bajo un control internacional de aplicación.

A fin de prepararse para la entrada en vigor de la Convención sobre las Armas Químicas, se constituyó una Comisión Preparatoria de la Organización para la Prohibición de las Armas Químicas (OPAQ) encargada de elaborar procedimientos operativos detallados y de establecer la infraestructura necesaria para el organismo de ejecución permanente dispuesto en la Convención.

La sede de esta organización se estableció en La Haya (Países Bajos).

La Convención sobre las Armas Químicas entró en vigor el 29 de abril de 1997, 180 días después del depósito del 65° instrumento de ratificación.

Organización para la Prohibición de las Armas Químicas (OPAQ)

Con la entrada en vigor de la Convención sobre las Armas Químicas el 29 de abril de 1997, se estableció formalmente la Organización para la Prohibición de las Armas Químicas (OPAQ).

La Secretaría Técnica de la OPAQ se encuentra en La Haya (Países Bajos).

En la actualidad, 189 países, que representan alrededor del 98% de la población mundial, se han adherido a la Convención sobre las Armas Químicas.

La misión de la OPAQ consiste en aplicar las disposiciones de la Convención sobre las Armas Químicas y garantizar un régimen transparente y creíble para verificar la destrucción de armas químicas; prevenir su reaparición en cualquier Estado miembro; brindar protección y asistencia contra las armas químicas; fomentar la cooperación internacional en los usos de la química con fines pacíficos; y lograr la adhesión universal a la OPAQ.

La cooperación entre las Naciones Unidas y la Organización para la Prohibición de las Armas Químicas está regulada por el acuerdo de relación entre ambas organizaciones adoptado por la Asamblea General en septiembre de 2001.

Capítulo XII
Ciberdelincuencia
y
Criptomonedas

El Convenio sobre ciberdelincuencia, también conocido como el Convenio de Budapest sobre ciberdelincuencia o simplemente como Convenio Budapest, es el primer tratado internacional que busca hacer frente a los delitos informáticos y a los delitos en Internet mediante la armonización de leyes nacionales, la mejora de las técnicas de investigación y el aumento de la cooperación entre las naciones. Fue elaborado por el Consejo de Europa en Estrasburgo.

Programa global sobre cibercrimen

Según la resolución 65/230 de la Asamblea General y las resoluciones 22/7 y 22/8 de la Comisión de Prevención del Delito y Justicia Penal, el Programa Mundial contra la Delincuencia Cibernética tiene el mandato de ayudar a los Estados Miembros en su lucha contra los delitos cibernéticos mediante la creación de capacidad y asistencia técnica.

Antes del comienzo del Programa Mundial, se estableció el grupo de expertos intergubernamentales de composición abierta de la ONUDC, para realizar un estudio exhaustivo del problema de la ciberdelincuencia y las respuestas a esta por parte de los Estados miembros, la comunidad internacional y el sector privado.

Este trabajo incluye el intercambio de información sobre legislación nacional, mejores prácticas, asistencia técnica y cooperación internacional.

El Programa Global de Ciberdelincuencia se financió íntegramente gracias al amable apoyo de los Gobiernos de Australia, Canadá, Japón, Noruega, el Reino Unido y los Estados Unidos.

Enfoques nacionales hacia la criminalización de los actos de delito cibernético

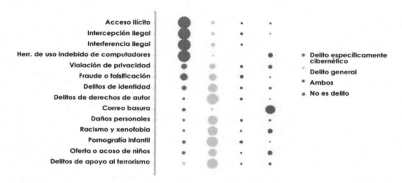

Fuente: Cuestionario del estudio sobre el delito cibernético, P25-38

Algunos delitos cibernéticos frecuentes.

Principales actos de delito cibernético según el Programa Global sobre Cibercrimen

Artículo 2. Acceso ilícito (Convenio sobre ciberdelincuencia del consejo de Europa)

Cada Parte adoptará las medidas legislativas y de otro tipo que resulten necesarias para tipificar como delito en su derecho interno el acceso deliberado e ilegítimo a la totalidad o a una parte de un sistema informático. Cualquier parte podrá exigir que el delito se cometa infringiendo medidas de seguridad, con la intención de obtener datos informáticos o con otra intención delictiva, o en relación con un sistema informático que esté conectado a otro sistema informático.

Permanencia ilegal en un sistema informático (**Art. 3** Ecowas Cybercrime Report:)

El acto por el cual una persona permanece fraudulentamente o intenta permanecer dentro de la totalidad o una parte del sistema.

Intercepción ilegal de datos informáticos (**Art. 6** Ecowas Cybercrime Report)

El acto por el cual una persona fraudulentamente intercepta o intenta interceptar los datos informáticos durante su transmisión no pública hacía, desde o dentro de un sistema informático por medios técnicos.

Interferencia ilegal de sistemas o datos informáticos (**Art.** 5 Convenio sobre ciberdelincuencia del consejo de Europa)

Cada Parte adopta las medidas legislativas y de otro tipo que resulten necesarias para tipificar como delito en su derecho interno la obstaculización grave, deliberada e ilegítima del funcionamiento de un sistema informático mediante la introducción, transmisión, provocación de datos, borrado, deterioro, alteración o supresión de datos informáticos.

Herramientas para el uso indebido de las computadoras (**Art.** 9 (1) Ley Modelo de la Comunidad de Naciones).

Correo basura (spam)

De los países consultados en el estudio el 63% establece que no es un delito penal mientras que el 21% lo establece como un delito específicamente cibernético y el 14 % como un delito general.

Artículo 8. Fraude informático (Convenio sobre Ciberdelincuencia del Consejo de Europa)

Cada parte adoptará las medidas legislativas y de otro tipo que resulten necesarias para tipificar como delito en su derecho interno los actos deliberados e ilegítimos que causen un perjuicio patrimonial a otra persona mediante:

a) Cualquier introducción, alteración, borrado o supresión de datos informáticos.

b) Cualquier interferencia en el funcionamiento de un sistema informático, con la intención fraudulenta o delictiva de obtener ilegítimamente un beneficio económico para uno mismo o para otra persona.

Artículo 7. Falsificación informática (Convenio sobre Ciberdelincuencia del Consejo de Europa)

Cada Parte adoptará las medidas legislativas y de otro tipo que resulten necesarias para tipificar como delito en su derecho interno, cuando se cometa de forma deliberada e ilegítima, la introducción, alteración, borrado o supresión de datos informáticos que dé lugar a datos no auténticos, con la intención de que sean tenidos en cuenta o utilizados a efectos legales como si se tratara de datos auténticos, con independencia de que los datos sean o no directamente legibles e inteligibles.

Cualquier parte podrá exigir que exista una intención fraudulenta o una intención delictiva similar para que se considere que existe responsabilidad penal.

Delitos relacionados con la identidad: (Textos Legislativos Modelo de ITU/CARICOM/CTU)

Delitos de pornografía infantil:

Pornografía infantil: Protocolo facultativo a la Convención sobre los Derechos del Niño

Artículo 3: 1. Todo Estado parte adoptará medidas para que, como mínimo, los actos y actividades que a continuación se enumeran queden íntegramente comprendidos en su legislación penal, tanto si se han cometido dentro como fuera de sus fronteras, o si se han perpetrado individual o colectivamente:

2. Producir, distribuir, divulgar, importar, exportar, ofrecer, vender o poseer, con los fines antes señalados, material pornográfico en que se utilicen niños, en el sentido en que se define en el artículo...

3. Todo estado parte castigará estos delitos con penas adecuadas a su gravedad...

Ofrecimiento o 'acoso' informático de niños

Artículo 23: Proposiciones a niños con fines sexuales (Convenio del Consejo de Europa para la Protección de los Niños)

Esta conducta puede ser llamada 'acoso' (en inglés, 'grooming'). Algunos enfoques nacionales pueden limitar el delito a las propuestas que vayan seguidas de actos materiales que lleven a un encuentro.

Delitos informáticos contra los derechos de propiedad intelectual y las marcas comerciales.

El FBI es la principal agencia federal para investigar los ataques cibernéticos de delincuentes, adversarios en el extranjero y terroristas.

La amenaza es increíblemente grave y sigue creciendo. Las intrusiones cibernéticas son cada vez más comunes, más peligrosas y más sofisticadas.

La infraestructura crítica de nuestra nación, incluidas las redes del sector público y privado, son el blanco de los adversarios.

Las empresas estadounidenses son objeto de secretos comerciales y otros datos corporativos sensibles, y las universidades por su investigación y desarrollo de vanguardia.

Los ciudadanos son blancos de estafadores y ladrones de identidad, y los niños son atacados por depredadores en línea.

Así como el FBI se transformó para abordar mejor la amenaza terrorista después de los ataques del 11 de septiembre, está emprendiendo una transformación similar para hacer frente a la amenaza cibernética generalizada y en evolución.

Prioridades claves

Intrusiones de computadora y red

El impacto colectivo es asombroso. Cada año se pierden miles de millones de dólares en la reparación de sistemas afectados por dichos ataques.

Algunos aniquilan sistemas vitales, interrumpiendo y, a veces, deshabilitando el trabajo de hospitales, bancos y servicios 911 en todo el país.

¿Quién está detrás de tales ataques? Abarca toda la gama, desde geeks informáticos en busca de derechos de fanfarronear ... hasta empresas que tratan de obtener ventaja en el mercado pirateando sitios web de la competencia, desde bandas de delincuentes que quieren robar su información personal y venderla en mercados negros ... a espías y terroristas buscando robarle a nuestra nación información vital o lanzar ataques cibernéticos.

Hoy en día, estos casos de intrusión informática (contraterrorismo, contrainteligencia y delincuencia) son las principales prioridades de nuestro programa cibernético debido a su relación potencial con la seguridad nacional.

Combatiendo la amenaza

En los últimos años, el FBI ha construido un conjunto completamente nuevo de capacidades y asociaciones tecnológicas y de investigación, de modo que se sientan tan cómodos persiguiendo a los delincuentes en el ciberespacio como en los callejones y continentes.

Eso incluye:

- Una Cyber División en la sede del FBI "para abordar el crimen cibernético de manera coordinada y cohesiva".

- Ciber escuadrones especialmente entrenados en las oficinas centrales del FBI y en cada una de sus 56 oficinas locales, con "agentes y analistas que protegen contra intrusiones informáticas, robo de propiedad intelectual e información personal, pornografía y explotación infantil, y fraude en línea".

- Nuevos Equipos de Acción Cibernética que "viajan alrededor del mundo en cualquier momento para ayudar en casos de intrusión informática" y que "reúnen información vital que les ayuda a identificar los crímenes cibernéticos que son más peligrosos para nuestra seguridad nacional y nuestra economía.

- Las 93 Fuerzas de Tarea contra Delitos Informáticos a nivel nacional que "combinan tecnología de punta y los recursos de nuestras contrapartes federales, estatales y locales".

- Una asociación creciente con otras agencias federales, incluido el Departamento de Defensa, el Departamento de Seguridad Nacional y otras, que comparten inquietudes y resolución similares en la lucha contra el delito cibernético.

Ransomware

Hospitales, distritos escolares, gobiernos estatales y locales, agencias policiales, pequeñas empresas, grandes empresas: estas son sólo algunas de las entidades afectadas por el ransomware, un tipo de malware insidioso que encripta o bloquea archivos digitales valiosos y exige un rescate para liberarlos.

La imposibilidad de acceder a los datos importantes que guardan este tipo de organizaciones puede ser catastrófica en términos de pérdida de información sensible o de propiedad, interrupción de las operaciones regulares, pérdidas financieras incurridas para restaurar sistemas y archivos, y el daño potencial a la reputación de una organización.

Las computadoras hogareñas también son susceptibles al ransomware y la pérdida de acceso a elementos personales, a menudo irremplazables, como fotografías familiares, videos y otros datos, también puede ser devastador para las personas.

En un ataque de ransomware, las víctimas (al ver un correo electrónico dirigido a ellos) lo abrirán y pueden hacer clic en un archivo adjunto que parece legítimo, como una factura o un fax electrónico, pero que en realidad contiene el código ransomware malicioso. O el correo electrónico puede contener una URL de aspecto legítimo, pero cuando una víctima hace clic en él, se lo dirige a un sitio web que infecta su computadora con software malicioso.

Una vez que la infección está presente, el malware comienza a encriptar archivos y carpetas en unidades locales, unidades adjuntas, unidades de respaldo y, potencialmente, otras computadoras en la misma red a la que está conectada la computadora víctima.

Los usuarios y las organizaciones generalmente no saben que han sido infectados hasta que ya no pueden acceder a sus datos o hasta que comienzan a ver mensajes en la computadora, recibiendo avisos del ataque y exigencias de pago de rescate a cambio de una clave de descifrado.

Estos mensajes incluyen instrucciones sobre cómo pagar el rescate, generalmente con bitcoins debido al anonimato que proporciona esta moneda virtual.

Los ataques de Ransomware no sólo están proliferando, sino que se están volviendo más sofisticados.

Hace varios años, el ransomware normalmente se entregaba a través de correos electrónicos no deseados, pero debido a que los sistemas de correo electrónico mejoraron al filtrar el correo no deseado, los ciberdelincuentes optaron por lanzar correos electrónicos de phishing dirigidos a individuos específicos.

Y en casos más recientes de ransomware, algunos delincuentes cibernéticos no usan los correos electrónicos en absoluto: pueden evitar la necesidad de que un individuo haga clic en un enlace mediante la propagación de sitios web legítimos con código malicioso, aprovechando el software no parcheado en el usuario final.

El FBI no admite pagar un rescate en respuesta a un ataque de ransomware.

Pagar un rescate no garantiza a una organización que recuperará sus datos: ha habido casos en los que las organizaciones nunca obtuvieron una clave de descifrado después de haber pagado el rescate.

Pagar un rescate no sólo envalentona a los delincuentes cibernéticos actuales para atacar a más organizaciones, también ofrece un incentivo para que otros delincuentes se involucren en este tipo de actividad ilegal.

Y pagando un rescate, una organización podría inadvertidamente financiar otras actividades ilícitas asociadas con delincuentes.

Aquí hay algunos consejos para lidiar con ransomware:

* Asegúrese de que los empleados conozcan el ransomware y su papel fundamental en la protección de los datos de la organización.

- Revise el sistema operativo, el software y el firmware en dispositivos digitales (lo que puede facilitarse a través de un sistema de administración de parches centralizado).

- Asegúrese de que las soluciones antivirus y antimalware estén configuradas para actualizar automáticamente y realizar escaneos regulares.

- Administre el uso de cuentas con privilegios: a ningún usuario se le debe asignar acceso administrativo a menos que sea absolutamente necesario, y solo use cuentas de administrador cuando sea necesario.

- Configure los controles de acceso, incluidos los permisos de compartir archivos, directorios y redes de forma adecuada. Si los usuarios sólo necesitan leer información específica, no necesitan acceso de escritura a esos archivos o directorios.

- Deshabilite los macro scripts de los archivos de oficina transmitidos por correo electrónico.

- Implemente políticas de restricción de software u otros controles para evitar que los programas se ejecuten desde ubicaciones de ransomware comunes (por ejemplo, carpetas temporales que admiten exploradores de Internet populares, programas de compresión / descompresión).

- Realice una copia de seguridad de los datos regularmente y verifique la integridad de esos respaldos regularmente.

- Asegure sus copias de seguridad. Asegúrese de que no estén conectados a las computadoras y redes que están respaldando.

Criptomonedas

¿Qué es una 'Criptomoneda'?

Una criptomoneda es una moneda digital o virtual que usa criptografía para seguridad. Una criptomoneda es difícil de falsificar debido a esta característica de seguridad.

Una característica definitoria de una criptomoneda, y sin duda su atractivo más entrañable, es su naturaleza orgánica; no es emitido por ninguna autoridad central, por lo que es teóricamente inmune a la interferencia o manipulación del gobierno.

a) Cualquier introducción, alteración, borrado o supresión de datos informáticos.

b) Cualquier interferencia en el funcionamiento de un sistema informático, con la intención fraudulenta o delictiva de obtener ilegítimamente un beneficio económico para uno mismo o para otra persona.

Las criptomonedas operan a nivel mundial.

La naturaleza anónima de las transacciones de criptomonedas las hace adecuadas para una serie de actividades nefastas, como el lavado de dinero y la evasión de impuestos.

El Bitcoin fue la primera criptomoneda lanzada en 2009.

La primera criptomoneda para capturar la imaginación del público fue Bitcoin, que fue lanzada en 2009 por un individuo o grupo conocido bajo el seudónimo de Satoshi Nakamoto.

Hasta septiembre de 2015, había más de 14,6 millones de bitcoins en circulación con un valor total de mercado de $ 3.4 mil millones.

El éxito de Bitcoin ha dado lugar a una serie de criptomonedas competidoras, como Litecoin, Ethereum, Dash, Monero.

Beneficios e inconvenientes de la criptomoneda

Las criptomonedas facilitan la transferencia de fondos entre dos partes en una transacción; estas transferencias se facilitan mediante el uso de claves públicas y privadas por motivos de seguridad.

Estas transferencias de fondos se realizan con tarifas de procesamiento mínimas, lo que permite a los usuarios evitar las elevadas tarifas cobradas por la mayoría de los bancos e instituciones financieras por transferencias cablegráficas.

El núcleo de la genialidad de Bitcoin es la cadena de bloques que utiliza para almacenar un libro en línea de todas las transacciones que se han realizado con bitcoins, proporcionando una estructura de datos para este libro que está expuesta a una amenaza limitada de los hackers y puede copiarse a través de todas las computadoras que ejecutan el software de Bitcoin.

Muchos expertos consideran que esta cadena de bloques tiene usos importantes en tecnologías, como la votación en línea, el crowdfunding, el registro de documentos.

Dado que los precios se basan en la oferta y la demanda, la velocidad a la que se puede intercambiar una criptomoneda por otra moneda puede fluctuar ampliamente.

¿Qué es la minería de Bitcoin?

La minería de Bitcoin es el proceso mediante el cual se verifican las transacciones y se agregan al libro mayor público, conocido como la cadena de bloques, y también los medios a través de los cuales se liberan los nuevos bitcoin.

Cualquier persona con acceso a Internet y hardware adecuado puede participar en la minería.

El proceso de minería consiste en compilar transacciones recientes en bloques y tratar de resolver un rompecabezas computacionalmente difícil.

El participante que resuelve primero el acertijo coloca el siguiente bloque en la cadena de bloques y reclama las recompensas.

Las recompensas, que incentivan la extracción, son tanto las tarifas de transacción asociadas con las transacciones compiladas en el bloque como el bitcoin recientemente lanzado.

Principales criptomonedas por capitalización de mercado

Criptomonedas en el mercado.

Conclusiones

La evolución de las monedas digitales y en especial de las criptomonedas, no se detendrá y podrían cambiar la manera en que el dinero, tanto real como virtual, es usado.

El desafío para los reguladores es el desarrollo de soluciones eficientes, que a su vez, no obstaculicen el crecimiento de nuevos mercados y empresas.

Los entes reguladores deben efectuar una continua supervisión de la evolución de estos esquemas para reevaluar los riesgos y tomar las contramedidas oportunamente.

Hay que buscar la unificación de criterios sobre las criptomonedas.

La capacitación del personal de AML. Deben entender a fondo el sistema de moneda virtual.

Es crucial que se desarrollen, comprendan y adopten las nuevas tecnologías (Blockchain).

Un país con un sistema de prevención de AML débil, pudiese ser colaborador, aún sin proponérselo, de lavado de dinero y actividades ilícitas a través del uso de criptomonedas.

Capítulo XIII
Narcotráfico

El narcotráfico es un comercio ilícito mundial que implica el cultivo, la fabricación, la distribución y la venta de sustancias que están sujetas a las leyes de prohibición de drogas.

Los tres principales tratados internacionales de fiscalización de drogas:

- La Convención Única de 1961 sobre Estupefacientes (enmendada en 1972).
- La Convención sobre Sustancias Sicotrópicas de 1971.
- La Convención de las Naciones Unidas contra el Tráfico Ilícito de Estupefacientes y Sustancias Sicotrópicas de 1988, que son mutuamente de apoyo complementario.

Un objetivo importante de los primeros dos tratados es codificar medidas de control aplicables a nivel internacional con el fin de garantizar la disponibilidad de estupefacientes y sustancias sicotrópicas para fines médicos y científicos, y para prevenir su desviación a canales ilícitos.

También incluyen disposiciones generales sobre el tráfico ilícito de drogas y el uso indebido de drogas.

La Convención de las Naciones Unidas de 1988 contra el Tráfico Ilícito de Estupefacientes y Sustancias Sicotrópicas extiende el régimen de control a los precursores y se centra en establecer medidas para combatir el tráfico ilícito de drogas y el lavado de dinero relacionado, así como fortalecer el marco de cooperación internacional en materia penal. incluyendo extradición y asistencia legal mutua.

¿Por qué es un gran negocio?

Precios de las siguientes materias primas a nivel mundial (cifras aproximadas)

Materia Prima	Precio
Azúcar	0.33 / Dólares el kilo
Trigo	0.22 / Dólares el kilo
Maíz	0.14 / Dólares el kilo
Arroz	0.42 / Dólares el kilo

Precio de la Cocaína por Menudeo (precio de la calle) según Estadísticas de UNODC 2015

País	Precio (US$ por gramo)
Italia	63 - 91 / Dólares el gramo
Reino Unido	44 - 177 / Dólares el gramo
España	64 / Dólares el gramo
Francia	65 - 82 / Dólares el gramo
EEUU	10 - 900 / Dólares el gramo
Luxemburgo	15 - 181 / Dólares el gramo

Precio de la Cocaína al Mayor (por kilo) según Estadísticas de UNODC 2015

País	Precio (US$ por kilo)
Italia	38,000 – 47.000 / Dólares el kilo
Reino Unido	51,000 – 63,000 / Dólares el kilo
España	37.602 / Dólares el kilo
Francia	32,000 – 43,000 / Dólares el kilo
Luxemburgo	31,451 / Dólares el kilo
EEUU	3,000 – 55,000 / Dólares el kilo

Consumo de drogas

Aproximadamente un cuarto de mil millones de personas, o alrededor del 5 por ciento de la población adulta mundial, consumió drogas al menos una vez en 2015.

Aún más preocupante es el hecho de que alrededor de 29,5 millones de esos usuarios de drogas, o el 0,6 por ciento de los adultos de la población, sufre de trastornos por consumo de drogas.

Esto significa que su consumo de drogas es dañino hasta el punto de que pueden experimentar dependencia a las drogas y requerir tratamiento.

Los opiáceos son el tipo de fármaco más dañino. Los opiáceos, incluida la heroína, siguen siendo el tipo de fármaco más dañino en términos de salud.

El uso de opioides está asociado con el riesgo de sobredosis fatal y no mortal.

El riesgo de contraer enfermedades infecciosas (como VIH o hepatitis C) a través de prácticas de inyección inseguras; y el riesgo de otras comorbilidades médicas y psiquiátricas.

El mercado de opiáceos

El cultivo global de opiáceos se aproxima a 304.800 hectáreas, lo que es igual a 427.000 campos de fútbol.

Un problema en muchos países es que el daño causado por los opioides es particularmente evidente en los Estados Unidos de América.

El uso indebido de los opiáceos farmacéuticos, junto con un aumento en el uso de heroína y fentanilo, ha resultado en una epidemia combinada e interrelacionada en los Estados Unidos, así como en un aumento de la morbilidad y la mortalidad relacionadas con los opioides.

Los Estados Unidos representan aproximadamente una cuarta parte del número estimado de muertes relacionadas con las drogas en todo el mundo, incluidas las muertes por sobredosis, que continúan aumentando.

Principalmente impulsados por los opiáceos, las muertes por sobredosis en los Estados Unidos se han más que triplicado durante el período 1999-2015, de 16.849 a 52.404 por año, y aumentaron en un 11,4% en el último año, para alcanzar el nivel más alto jamás registrado.

De hecho, cada año mueren muchas más personas por el uso indebido de opioides en los Estados Unidos, que por los accidentes de tráfico o la violencia.

El Mercado de la Cocaína

El caso de la cocaína refiere 156.500 hectáreas, equivalente a 219.000 campos de fútbol.17 millones de usuarios. 864 toneladas de decomisos.

Los trastornos por el consumo de cocaína aumentan. Aunque el número de consumidores de cocaína está disminuyendo o se está estabilizando en algunas partes de Europa, el análisis de wastewater sugiere que el consumo de cocaína en esa región puede estar aumentando.

Después de varios años de declive, también hay indicios de un aumento en el consumo de cocaína en América del Norte.

Además, los casos de sobredosis de drogas que involucran cocaína aumentaron marcadamente en los Estados Unidos entre 2012 y 2015.

Gran parte de ese aumento está relacionado, sin embargo, con el uso de cocaína en combinación con opioides.

A nivel mundial, los DALY'S (año de vida ajustado por discapacidad) atribuidos a los trastornos por consumo de cocaína aumentaron de 729.000 en 2005 a 999.000 en 2015.

Drogas sintéticas y metanfetaminas

El mercado de las metanfetaminas

La metanfetamina causa daños considerables Los trastornos relacionados con el uso de anfetaminas representan una parte considerable de la carga mundial de morbilidad atribuible a los trastornos por consumo de drogas, solo superada por los relacionados con el uso de opioides.

Los datos disponibles muestran que, entre las anfetaminas, la metanfetamina representa la mayor amenaza para la salud mundial.

El uso de metanfetamina se está extendiendo y cada vez más usuarios de metanfetamina buscan tratamiento.

Además del mercado establecido y en expansión para la metanfetamina en Asia oriental y sudoriental y Oceanía, existen preocupaciones crecientes sobre el uso de metanfetamina en América del Norte, Sudoeste de Asia y partes de Europa.

Han surgido nuevas sustancias psicoactivas NPS potencialmente más letales que otras drogas, pero el mercado aún es relativamente pequeño.

A pesar del gran número de NPS presentes en los mercados de drogas, el tamaño total del mercado para tales sustancias es aun relativamente pequeño en comparación con otros mercados de drogas.

Sin embargo, uno de los aspectos más preocupantes de NPS es que los usuarios desconocen el contenido y la dosificación de las sustancias psicoactivas contenidas en algunos NPS.

Esto potencialmente expone a los usuarios de NPS a riesgos de salud adicionales.

Existe poca o ninguna información científica disponible para determinar los efectos que estos productos pueden tener y la mejor manera de contrarrestarlos.

Varios NPS han sido implicados en muertes, mientras que la inyección de NPS con efectos estimulantes ha sido reportada entre grupos de personas de alto riesgo que usan drogas, agravando aún más los riesgos de salud a los que las personas en esos grupos están expuestas.

Cruce entre cannabinoides vegetales y sintéticos

Los cannabinoides sintéticos no son simplemente versiones sintéticas de las sustancias que se encuentran en el cannabis de hierbas, como pueden sugerir los nombres de las calles como "cannabis sintético" o "marihuana sintética".

Son un grupo diverso de potentes compuestos psicoactivos que son un sustituto del cannabis natural, del que también hay muchos productos nuevos en el mercado.

A pesar del predominio de cannabinoides sintéticos en el espectro de NPS, los usuarios de cannabis han informado que prefieren el cannabis natural.

Perciben que el uso de cannabinoides sintéticos se asocia con más efectos negativos generales que el uso de cannabis natural.

Existe un reconocimiento creciente del daño asociado con la intoxicación que resulta del uso de cannabinoides sintéticos.

Si bien, en general, estos daños a la salud no son diferentes a la intoxicación causada por el cannabis natural, el uso de productos que contienen ciertos cannabinoides sintéticos se ha asociado con graves eventos adversos para la salud, que incluyen hospitalizaciones y muertes.

Sin embargo, no se puede concluir que los efectos adversos o indeseables de los cannabinoides sintéticos limitarán su consumo o uso.

La industria de la marihuana en Estados Unidos

La industria de la marihuana en Estados Unidos alcanzó los 9.000 millones de dólares.

La marihuana recreativa es legal en 9 estados y en Washington.

La marihuana medicinal es legal en 30 estados, pero está prohibida por el gobierno federal.

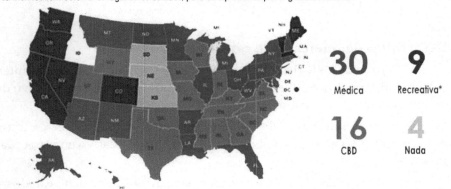

*Los estados donde el consumo recreativo es legal también están incluidos en la cifra de los 30 estados donde es legal el consumo con fines medicinales.

Niveles de alcance de la marihuana en EE.UU.

El rango de nuevas sustancias psicoactivas continúa creciendo, 60 nuevas sustancias psicoactivas en 2012, 483 nuevas sustancias psicoactivas en 2015.

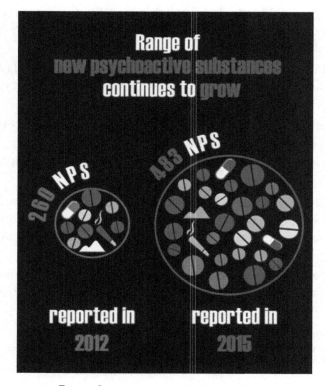

Rango de nuevas sustancias psicoactivas.

Desarrollos del mercado de cannabis

La mayoría de las jurisdicciones en los Estados Unidos ahora permiten el acceso al cannabis medicinal mientras que nueve permiten el cultivo de cannabis para uso recreativo.

Las últimas iniciativas de votantes en los Estados Unidos, en 2016, permitieron la legalización del cannabis para uso recreativo en otros cuatro estados.

El uso recreativo del cannabis ahora está permitido en ocho estados y el Distrito de Columbia.

De mayor importancia es que en esas jurisdicciones, con la excepción del Distrito de Columbia, ahora se otorgan licencias a compañías con fines de lucro para producir y vender una gama de productos para el uso médico y no médico del cannabis.

En las jurisdicciones donde ahora se permite el uso recreativo del cannabis, el consumo de cannabis ha aumentado entre la población adulta y sigue siendo superior al promedio nacional.

Esta tendencia precedió al cambio en la legislación en esas jurisdicciones. Es difícil cuantificar el impacto de la nueva legislación sobre el cannabis, ya que parece que una combinación de elementos ya estaba en el proceso de cambiar el mercado de uso de cannabis en esas jurisdicciones cuando se implementaron las medidas de legalización.

Corrupción y narcotráfico

La corrupción facilita los mercados de drogas ilícitas, que, a su vez, alimentan la corrupción.

Existe corrupción a lo largo de la cadena de suministro de medicamentos En cada etapa de la cadena de suministro de medicamentos, hay oportunidades para la corrupción.

A nivel de producción, los agricultores pueden sobornar a los equipos de erradicación, los productores pueden sobornar a jueces y policías, y los fabricantes pueden explotar a los trabajadores de las compañías químicas para conseguir.

Más adelante en la cadena, los traficantes sobornan a los funcionarios de aduanas y aprovechan las debilidades de las empresas de transporte.

A nivel del consumidor, los usuarios pueden obtener medicamentos a través de médicos y farmacéuticos corruptos.

La corrupción, el tráfico ilícito de drogas y la pobreza se refuerzan mutuamente.

Según un estudio del Banco Mundial, la corrupción afianza la pobreza al desalentar la inversión extranjera.

En una narcoeconomía, esto es doblemente cierto. Es poco probable que las firmas extranjeras, viendo el corrupto sistema de justicia y el lavado de dinero dominante que caracteriza a las narcoeconomías, realicen o aumenten las inversiones.

La corrupción también aumenta el nivel de desigualdad de ingresos, de acuerdo con la investigación del Fondo Monetario Internacional. Se sabe que niveles más altos de desigualdad de ingresos fomentan el narcotráfico y la corrupción.

De hecho, la industria de las drogas puede perpetuar y exacerbar la desigualdad de ingresos, lo que a su vez puede causar la expansión de la producción y el tráfico de drogas.

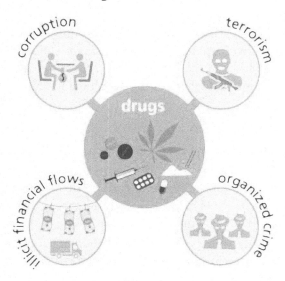

Evidencia de fuerte de participación de grupos de delincuencia organizada de las siguientes regiones

Organized crime groups active in illicit drug markets in Europe		
	Strong evidence of involvement of organized crime groups from specific countries/regions	Limited evidence of involvement of organized crime groups from specific countries/regions
Heroin	Albanian, Baikan, Turkish, African	Bulgarian, Romanian, other eastern European, British, Dutch, Italian mafias, other Italian, Lithuanian, motorcycle gangs, Middle Eastern, other Asian, North African
Cocaine	Colombian, African, Albanian, Italian ('Ndrangheta), Spanish	British, Finnish, French, other Italian, motorcycle gangs, other western European, Balkan, Bulgarian, Romanian, Russia/Georgian, Mexican, North African, South American
Cannabis	Albanian, Chinese, Dutch, Nort African, other Asian, Spanish	African, Russia/Georgian, Turkish, Italian mafias, British, Finnish, French, Irish, motorcycle gangs
Other illicit drugs	British, Dutch, Lithuanian, other eastern European	British, Finnish, motorcycle gangs, other western European, Albanian, Russian/Georgian, Turkish, Chinese, other Asian

Source: Ernesto U. Savona and Michele Riccardi, eds., From Ilegal Markets to Legitimate Business: The Portfolio of Organised Crime in Europe, Final Report of Project OCP - Organised Crime Portfolio (Trento, Transcrime, Università degli Studi di Trento, 2015).

Numerosos países se involucran en el tráfico de drogas.

Cómo el dinero de la droga afecta la economía

El dinero producto de las drogas ilícitas interfiere con el normal desarrollo de la economía mundial, afectando diversos aspectos, como por ejemplo:

- Distorsiona la asignación de recursos de inversiones de alto rendimiento a inversiones que corren un bajo riesgo de detección.
- Distorsiona los precios, incluso en el sector inmobiliario.
- Distorsiona las exportaciones y crea problemas potenciales con la inversión y la economía.
- Crea competencia desleal.
- Agrupa actividades lícitas y afecta negativamente la inversión extranjera directa.
- Profundiza la corrupción.
- Fortalece los ingresos asimétricos y la distribución de la riqueza.

Cárteles de Narcotráfico Mexicanos

| Joaquín Archivaldo Guzmán-Loera, alias El Chapo | Ismael Zambada-García, alias Mayo | Dámaso López-Núñez, alias El Licenciado | Rafael Caro-Quintero |

Cártel Sinaloa

Fuente: DEA

Áreas de influencia de las principales TCO mexicanas
(Source: DEA FDO - Division I DO - District Office I RO - Resident Office)

Distribución de influencia de cárteles mexicanos en EE.UU.

Cártel Sinaloa

El cártel de Sinaloa es una de las más antiguas y más establecidas organizaciones narcotraficantes en México.

Aunque su lugar de nacimiento y bastión es el estado mexicano de Sinaloa, el cártel de Sinaloa controla la actividad de tráfico de drogas en diversas regiones de México, particularmente a lo largo de la costa del Pacífico.

Además, mantiene la huella internacional más amplia en comparación con otras TCOsMexican.

Líderes del cártel de Sinaloa bajo el ala de Joaquín Guzmán Loera, Ismael Zambada García y Rafael Caro-Quintero mantienen jefes de célula en Phoenix, Arizona para supervisar la distribución de drogas ilegales en la región.

Jefes de célula también coordinan el transporte de drogas ilegales desde Phoenix a varias ciudades de Estados Unidos, donde jefes de células son responsables de recibir y distribuir los envíos en cada ciudad.

Jalisco Nueva Generación – CJNG

Nemesio Oseguera-Cervantes, alias Mencho   Abigael González-Valencia, alias El Cuini   Jorge Luis Mendoza-Cárdenas, alias La Garra

Cártel Jalisco Nueva Generación.

Fuente: DEA

Más recientemente formado por los seis TCOs, aunque una de las más potente y de más rápido crecimiento en México y los Estados Unidos.

En el 2016 NDTA, DEA informó de 26 investigaciones ligadas a la jerarquía CJNG, mientras que en el 2017, el número de investigaciones activadas aumentó a 46.

Basado en el estado de Jalisco, particularmente en su capital, la ciudad de Guadalajara, CJNG ha crecido rápidamente en importancia después de astillar el cártel de Sinaloa en julio de 2010.

Al igual que el cártel de Sinaloa, CJNG es un poli-tráfico organización narcotráfico por mayores cantidades principalmente de metanfetaminas, así como también cocaína, heroína y marihuana.

CJNG cruza drogas ilícitas a Estados Unidos accediendo a varios corredores de tráfico a lo largo de la SWB Tijuana, Juárez y Nuevo Laredo.

La rápida expansión del CJNG en sus actividades de tráfico de drogas se caracteriza por la voluntad de la organización de participar en violentos enfrentamientos con las fuerzas de seguridad del gobierno mexicano y los carteles de su rival.

CJNG tiene centros de distribución de droga en las ciudades estado-unidenses de Los Ángeles, Nueva York y Atlanta.

Los miembros CJNG exportan varios cientos de kilogramos de metanfetamina en California desde Guadalajara, México a través de puntos de cruce en Tijuana, destinados a centros de distribución en Los Ángeles y San José, California.

Cártel de Juárez

Jesús Salas Aguayo,
alias Chuyin

Carlos Arturo
Quintana-Quintana,
alias Ochenta

Julio César Olivas-Torres,
alias Sexto

Cártel de Juárez.

Fuente: DEA

El cártel de Juárez es uno de los más viejos y más tradicionales TCOs Mexicanos. El estado mexicano de Chihuahua, al sur oeste de Texas y Nuevo México, representa el área tradicional de operaciones del cártel de Juárez.

El cártel de Juárez sufrió una guerra del césped de varios años con el cártel de Sinaloa, que en su apogeo a mediados de 2010, resultó en muchos asesinatos relacionados con drogas en Chihuahua.

Aunque no tan extensa como su rival, el cártel de Sinaloa, el cártel de Juárez continúa afectando mercados de consumo de drogas de Estados Unidos sobre todo en El Paso, Denver, Chicago y Oklahoma City.

El cártel de Juárez principalmente trafica marihuana y cocaína, aunque recientemente se ha expandido a la distribución de heroína y metanfetamina en los Estados Unidos.

Informes recientes indican que el cultivo supervisado por el cártel de Juárez ha aumentado significativamente en el estado de Chihuahua desde 2013, superando el cultivo de marihuana en algunas regiones.

El cártel de Juárez cruza varios cientos de kilogramos de cocaína y cantidades de varias toneladas de marihuana mensualmente a través del área del Paso/Juárez y oeste de las regiones rurales a Palomas (al sur de Columbus, Nuevo México) y este a Ojinaga (al sur de Presidio, Texas) en el estado de Chihuahua, destinados a los Estados Unidos.

El Cártel del Golfo

| Juan Manuel Loza-Salinas, alias El Toro | José Antonio Romo-López, alias Don Chucho | José Alfredo Cárdenas-Martínez, alias Contador |

Cártel del Golfo.

Fuente: DEA

El cártel del Golfo es otro TCO mexicana que desde hace mucho tiempo ha estado en operación, aunque recientemente ha perdido fuerza y ha experimentado la rápida rotación de liderazgo.

Con una tradicional base de poder en el estado mexicano de Tamaulipas, el cártel del Golfo se concentra principalmente en la marihuana y el tráfico de cocaína pero también recientemente se ha ampliado en heroína y metanfetamina.

Debido a su influencia sobre áreas en el noreste de México, el cártel del Golfo cruza la mayoría de sus cargamentos de droga en el sur de Texas a través de la frontera entre el valle del río Grande y South Padre Island.

El cártel del Golfo tiene centros de distribución de claves en Houston, Detroit y Atlanta. Un ranking de miembros del Cártel del Golfo en Monterrey, México, coordina un embarque semanal de 100 kilogramos de cocaína a través del Valle de Río Grande a Houston, Texas, donde un pariente de los miembros, actuando en calidad de cabeza de la célula, asume la responsabilidad de su distribución.

Los Zetas

| Oscar Omar Treviño-Morales, alias Z-42 | Juan Francisco Treviño-Chávez, alias Kiko | Juan Gerardo Treviño-Chávez, alias Huevo |

Cártel Los Zetas.

Fuente: DEA

El grupo Los Zetas se formó como un cártel independiente a principios de 2010, cuando astilló oficialmente el cártel del Golfo.

Al momento de la ruptura, Los Zetas controlaban el narcotráfico en gran parte de las zonas oriental, central y sur de México.

Sin embargo, debido a la presión de los cárteles rivales, la aplicación de la ley mexicana y los conflictos internos, la influencia de Los Zetas ha disminuido significativamente en los últimos años.

Los Zetas se dividen actualmente en dos facciones rivales, el cártel del noreste (Cartel del Noreste, o CDN), que representa una forma ahora de los Zetas y los Zetas de Old School (Escuela Vieja o EV), que es un grupo disidente.

Los miembros de Los Zetas llevan el contrabando de la mayoría de sus drogas ilícitas a través de la zona fronteriza entre Del Rio y lago Falcon, Texas, con una base de poder en Nuevo Laredo, México.

Actualmente pasan el tráfico de cocaína, heroína, metanfetamina y marihuana a través de centros de distribución en Laredo, Dallas, Nueva Orleans y Atlanta.

Mientras que las detenciones de líderes de alto rango de Los Zetas disminuyen las operaciones de la organización en Laredo, actividades de narcotráfico por el corredor Nuevo Laredo, aumentaron.

Esto es probablemente debido a los traficantes independientes que toman ventaja de la reducida del comando y el control de Los Zetas en la zona debido a las luchas internas.

Cártel de Beltrán - Leyva

Fausto Isidro
Meza-Flores,
alias Chapo Isidro

Juan Francisco
Patrón-Sánchez,
alias H2

Jose Luis
Ruelas-Torres

Cártel Beltrán-Leyva.

Fuente: DEA

Beltrán-Leyva Organization (BLO) afirmó su independencia después de que los hermanos Beltrán Leyva (Alfredo Beltrán-Leyva, Arturo Beltrán-Leyva, Carlos Beltrán-Leyva y Héctor Beltrán-Leyva) y su red de asociados de tráfico droga partieron del cártel de Sinaloa en 2008.

Aunque todos los hermanos Beltrán-Leyva ahora están muertos o arrestados, restos de su organización continúan operando en varias partes de México, para incluir los Estados de Guerrero, Morelos, Nayarit y Sinaloa.

Mientras estos grupos separados funcionan autónomamente, todavía se miran como si estuvieran bajo el ojo general de BLO, aunque a menudo están en conflicto entre ellos.

Los más destacados de estos subgrupos son Los Rojos, Los Guerreros Unidos, la organización de Chapo Isidro y Los Mazatlecos.

Subgrupos BLO dependen de su alianza con CJNG, Cartel de Juárez y Los Zetas para el acceso a corredores a lo largo del SWB de contrabando de drogas.

Miembros del BLO, se mantienen principalmente en el tráfico de marihuana, cocaína, heroína y metanfetaminas, y poseen centros de distribución en Phoenix, Los Ángeles, Chicago y Atlanta.

Principales Cárteles Colombianos

El Clan del Golfo

El Clan del Golfo, también conocido como Los Urabeños, Clan del Golfo y Clan Úsuga, se ha convertido en el mayor BACRIM en Colombia con presencia nacional y coherente.

Donde otras TCOs operan como una coalición de varios grupos más pequeños que comparten un objetivo común, el Clan del Golfo funciona como una empresa criminal altamente estructurada y centralizada.

Dairo Antonio Úsuga-David, alias Otoniel   José Antonio Romo-LóCarlos Antonio Moreno-Tuberquia, alias Nicolás   Roberto Vargas Gutiérrez, alias Gavilán

Clan del Golfo

Fuente: DEA

Este cártel es una rama moderna de la ya desaparecida AUC, un grupo paramilitar formado en la década de 1990 para combatir la amenaza de la guerrilla marxista.

Similar al modelo de las AUC, el Clan del Golfo se basa en actividades de tráfico de drogas y un estilo militar marco para mantener la operatividad. Desde emergentes en el mid-2000s, ha ampliado su presencia en el norte de Colombia y otras regiones principalmente capitalizando la desaparición del rival BACRIMs.

Aunque mantiene un alcance nacional, la base de la energía del clan se encuentra en su región natal de Urabá en Colombia del noroeste. Desde esta ubicación estratégica, envía cantidades de varias toneladas de cocaína vía marítima, por transportes a Panamá y otros países en América Central sobre una base regular.

FARC

José Benito Cabrera-Cuevas, alias Fabián Ramírez

Milton Toncel-Redondo, alias Joaquín Gómez

Jaime Alberto Parra, alias Mauricio Jaramillo/ El Médico

FARC

Fuente: DEA

Desde 2014, las negociaciones de paz entre el gobierno de Colombia (GOC) y las fuerzas armadas revolucionarias de Colombia (FARC) a veces han exacerbado el problema de los cultivos ilícitos de coca en ese país.

Algunos elementos de las FARC alentaron a los cocaleros para plantar más coca, aparentemente motivados por la creencia de que el acuerdo de paz de la inversión y subsidios se centra en las áreas con las mayores cantidades de coca. Además, el GC facilitó las operaciones de erradicación en las zonas controladas por las FARC para disminuir el riesgo de conflictos armados durante las negociaciones de paz.

El acuerdo final de paz, firmado por ambas delegaciones el 24 de noviembre de 2016, incluye garantías de que las FARC pondrían fin a todas las operaciones del tráfico ilícito de drogas y establece un plan alternativo de desarrollos de cultivos y sustitución.

El GC mantiene el derecho a la erradicación de cultivos ilícitos, su plena aplicación llevará muchos años.

Algunos segmentos de antiguos combatientes de las FARC probablemente continuarán participando en el tráfico de drogas y otras actividades delictivas, pero el grado a que esto ocurra puede depender de la efectividad de la aplicación del acuerdo de paz.

Colaboración entre organizaciones de la delincuencia organizada (TCO) colombiano y mexicano

Muchos TCOs colombianos dependen de una alianza de trabajo con TCOs Mexicanos para exportar cocaína desde Colombia a los mercados de Estados Unidos.

Mientras TCOs colombianos controlan la producción y el envío de la mayoría de la cocaína destinada al consumo en Estados Unidos, TCOs mexicanos son responsables de su distribución en EE.UU. la exportación.

TCOs mexicanos trabajan directamente con Colombia con fuentes de suministro, a menudo enviando a representantes mexicanos a Colombia, Ecuador y Venezuela para coordinar envíos de cocaína.

Del mismo modo, TCOs colombianos mantienen delegados en México para servir como intermediarios para pedidos de suministro de cocaína o movimientos de dinero ilícito.

Además, se incluyen TCOs de América Central con México y Colombia en el movimiento hacia el norte y el flujo hacia el sur del tráfico ilícito de drogas.

Recorrido de drogas 1977-2015

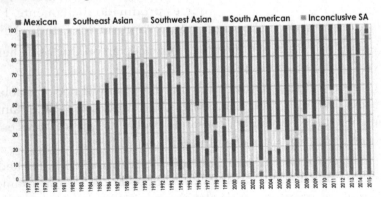

El negocio de la droga se disemina por todo el mundo.

Fuente: DEA

Fentanilo

Fentanilo es un programa de opioide sintético aprobado para su uso como analgésico y anestésico.

Las propiedades opioides extremadamente fuertes del medicamento como analgésico y eufórico, lo han convertido en un atractivo fármaco de abuso para los usuarios de opiáceos.

El farmacéutico fentanilo se desvía de los centros de salud, aunque generalmente a pequeña escala y para uso personal o venta de calle.

Un ranking de miembros del Cártel del Golfo en Monterrey, México, coordina un embarque semanal de 100 kilogramos de cocaína a través del Valle de Río Grande a Houston, Texas, donde un pariente de los miembros, actuando en calidad de cabeza de la célula, asume la responsabilidad de su distribución.

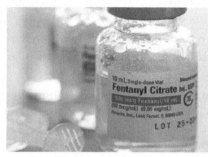

El fentanilo causa graves epidemias en EE.UU.

El fentanilo también es fabricado ilícitamente en laboratorios de China y probablemente México, antes de ser pasado de contrabando en los Estados Unidos y distribuido en los mercados de opiáceos.

Las cantidades relativamente pequeñas de fentanilo legal que se desvían, en comparación con el kilogramo de incautaciones de fentanilo ilícito, indica que es producido ilícitamente, lo cual es responsable de la actual epidemia de fentanilo en los Estados Unidos.

El fentanilo ilícito generalmente es mezclado en productos de heroína, o en medicamentos falsificados.

En marzo de 2015, la DEA emitió una alerta a nivel nacional sobre los peligros del fentanilo y sus compuestos, indicando que "El fentanilo es comúnmente atado en heroína, causando problemas importantes en todo el país, particularmente el aumento como uso de heroína"

Además, el Centro para el Control y Prevención de Enfermedades (CDC) emitió una alerta consultiva en octubre de 2015, a departamentos de salud pública, proveedores de atención médica, examinadores médicos y forenses, con relación a la oleada de muertes por sobredosis de fentanilo.

Metanfetamina

Muestras de compras de metanfetamina doméstica analizada por el sistema de laboratorio de la DEA indican desde enero de 2007 hasta marzo de 2015, que el precio del gramo puro de metanfetamina disminuyó 56,5 por ciento desde $152, $66, mientras que la pureza aumentó 63.8 por ciento de 56.4 a 92.4 por ciento.

A diferencia de otras principales drogas de abuso, la metanfetamina es una droga sintética y como tal, es fabricada en un laboratorio.

La metanfetamina no se basa en una planta como su fuente principal y no se ve afectada por la sequía, inundaciones, ciclos de crecimiento y otros elementos naturales que afectan la producción.

En su lugar de producción, la metanfetamina se basa en la capacidad de los traficantes para obtener otros productos químicos esenciales y precursores.

La metanfetamina puede ser producida utilizando diversas variaciones de múltiples rutas de producción sintética.

La mayoría de la metanfetamina de los Estados Unidos se produce en México y de contrabando en el South West Border SWB.

TCOs mexicano continuará para adaptarse a las restricciones de precursores en México y encontrar métodos alternativos para la fabricación de metanfetamina.

El transporte y la distribución de la metanfetamina en los Estados Unidos provienen principalmente de laboratorios clandestinos en México y es de contrabando en el SWB.

Los traficantes emplean diversos métodos y técnicas en el contrabando de metanfetamina, como mensajeros humanos, vuelos comerciales, servicios de paquetería y autobuses comerciales; sin embargo, los traficantes más comúnmente transportan metanfetamina en vehículos con compartimentos ocultos.

Cocaína

Colombia seguirá actuando como fuente para la mayoría de la cocaína incautada nacionalmente.

Según la DEA, en 2015 aproximadamente el 90 por ciento de muestras de cocaína analizadas eran de origen colombiano, 7 por ciento peruano y 2 por ciento de proveniencia desconocida.

Análisis forenses de cocaína procedentes de Perú indican que menos del 1% de estas muestras parecen haber sido directamente importadas a los Estados Unidos.

En cambio, la mayoría de las muestras peruanas dieron señales constantes con clorhidrato de cocaína (cocaína HCl o cocaína en polvo) dentro de Colombia.

Además, la pureza promedio para los ladrillos de cocaína probada fue de 74 por ciento, con sólo 7 por ciento de la prueba sin cortar los ladrillos.

El resto de los ladrillos analizados fueron cortados con diferentes diluyentes, con 93 por ciento de contenido de levamisol o sus mezclas con dexamisole.

Proveniencia de cocaína

El precio de venta promedio por gramo puro de cocaína en los Estados Unidos mantuvo niveles históricamente altos a través del primer trimestre de 2015, mientras que la pureza por gramo promedio se mantuvo en niveles históricamente bajos.

El análisis revela que el precio de venta promedio por gramo puro de cocaína aumentó en 149% entre enero de 2007 y marzo de 2015 ($98 a $244) y por gramo pureza al mismo tiempo disminuyó 35 por ciento (67.1% a 43,6%) en este tiempo.

Esto indica que los usuarios de cocaína continúan pagando más dinero por un producto menos puro.

En cuanto a la producción potencial de cocaína pura en Colombia, se estima que aumentó 67 por ciento entre 2014 y 2015, de 250 toneladas métricas (MT) a 420 MT.

La producción potencial de cocaína pura en Perú aumentó 13 por ciento entre 2014 y 2015, de 305 MT a 345 MT. Según estimaciones de 2015, el cultivo de coca en Colombia aumentó 42 por ciento en 2015.

La cocaína procedente de Colombia continuará dominando el mercado de Estados Unidos. Según CSP de la DEA, el 90 por ciento de las muestras en 2015, provienen de Colombia.

Por lo tanto, las estimaciones de producción para el Perú son menos importantes para el mercado de cocaína de Estados Unidos en comparación con las estimaciones de producción para Colombia.

Los TCOs colombiano siguen dominando el suministro de cocaína a Estados Unidos, debido a su experiencia y relaciones de trabajo de larga data con los traficantes del Caribe, América Central y México.

Los traficantes peruanos carecen de un vínculo histórico al mercado estadounidense y así tienen fuertes incentivos para establecerse en otros mercados internacionales, aprovechando los altos precios de la cocaína.

Producción de cocaína colombiana

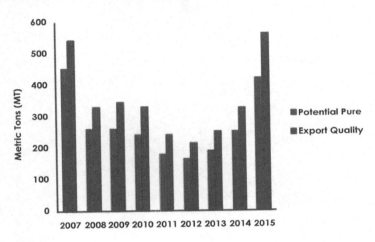

Fuente: U.S. Govemment Estimates

La cocaína que pasa por el Pacífico Oriental con destino a los Estados Unidos, normalmente transita México antes de ser llevada de contrabando en el SWB.

Después de transitar por el SWB, la cocaína es transbordada a ciudades principales en Arizona, California y Texas. Desde allí se lleva vía Interestatal por carreteras a otras ciudades del centro como Atlanta, Chicago y Nueva York.

Cultivo y producción con base a informes recibidos por los Estados miembros

La Cocaína en el continente, desde el corredor Caribe atraviesa Puerto Rico y República Dominicana antes de entrar a Miami o Nueva York.

Tratamientos para drogas

Hay fuertes indicios de que el cannabis sigue siendo la droga más amplia e ilícitamente producida en todo el mundo, tanto en términos de tamaño geográfico como extensión del área bajo cultivo y el volumen que realmente producen.

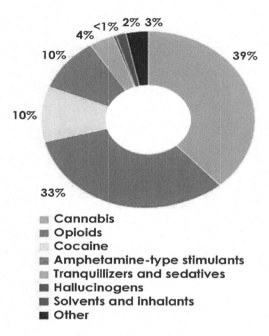

Fuente: UNODC, responses tu annual report questionnaire.

Note: Unweighted average of people in treatment for different drugs in different regions

Durante el período 2010-2015, el cultivo de cannabis fue reportado a la ONUDD, directa o indirectamente, por 135 países en todas las regiones, cubriendo 92 por ciento del total de la población global. Es casi el triple de los 49 países (sobre todo en Asia) donde el cultivo de opio de amapola podría tomar lugar y más de 16 veces el número de países (8, ubicados en las Américas) donde el cultivo del arbusto de coca podría existir.

El cultivo de la adormidera se mantiene en niveles altos, el área total mundial cultivada en 2016 fue aproximadamente dos veces el tamaño de la superficie total bajo cultivo de arbusto de coca.

Ello representa un aumento en tamaño de 60 por ciento durante el período 2010-2016, en gran parte como resultado del aumento de su cultivo en Afganistán, que es la segunda área total de cultivo de opio de amapola registrado en los últimos años (después del pico en 2014).

El 92 por ciento de la población global, casi el triple de los 49 países (sobre todo en Asia) donde el cultivo de opio de amapola podría tomar lugar y más de 16 veces el número de países (8, ubicados en las Américas) donde el cultivo del arbusto de coca podría existir.

Sin embargo, con la amapola no se realizaron encuestas en Myanmar, el país en segundo lugar con mayor producción de opio en el año 2015, o en República Democrática Popular Lao en 2016. Las estimaciones globales para el 2016 deben interpretarse con cautela mayormente vinculadas a una disminución en el cultivo de arbusto de coca en Colombia; el área mundial de cultivo de arbusto de coca estaba casi reducido a la mitad durante el período 2000-2013.

La zona mundial luego aumentó en 30 por ciento durante el periodo 2013-2015, principalmente porque el cultivo de arbusto de coca comenzó a subir otra vez en Colombia, que ha compensado la disminución en los niveles de cultivo de arbusto de coca registrados por Bolivia y Perú en los últimos años.

También la producción de opio mundial mostró un aumento del 30 por ciento en 2016, en comparación con el año anterior. Mayor que el aumento en el tamaño de la superficie cultivada, principalmente como resultado de mejores rendimientos en Afganistán, donde hubo una recuperación parcial de los muy bajos niveles registrados un año antes.

Sin embargo, en 6.380 toneladas, la producción de opio mundial total todavía era un 20% más bajo que el pico en 2014 y cerca de la media registrados en los últimos años.

La fabricación de la cocaína está en aumento otra vez, independientemente de los ratios de conversión usado para convertir la hoja de coca a clorhidrato de cocaína pura. La elaboración total de cocaína cayó durante el período 2006-2013, antes de aumentar nuevamente durante el periodo 2013-2015.

Basado en el "nuevo" ratios de conversión, la producción total de cocaína en el año 2015 fue 1.125 toneladas, que representa un aumento global del 25 por ciento en el periodo 2013-2015 y así volver a su nivel de 2008.

Conclusiones e implicaciones de política

Los opioides siguen causando el mayor impacto negativo en la salud, por lo que prevenir y tratar el uso de opiáceos siguen siendo una prioridad para abordar los desafíos específicos y necesidades de las personas que consumen drogas y sufren trastornos.

Esencial para acabar con la tuberculosis, o un tratamiento eficaz para la hepatitis C, clave para reducir la carga muy pesada de la enfermedad entre las personas que usaron drogas.

Debe mejorarse la cobertura de servicios de prevención y tratamiento basados en evidencias. Se necesita para detener el creciente número de nuevos casos de VIH entre personas que consumen drogas.

Alternativas al encarcelamiento por la posesión, compra o cultivo para consumo personal y casos de carácter menor: una respuesta penal eficaz basada en los derechos humanos y una política eficaz para prevenir la propagación de enfermedades infecciosas.

El monitoreo continuo del impacto de las nuevas políticas de cannabis proporciona una importante base de conocimiento para la comunidad internacional.

El uso médico del cannabis necesita un enfoque científico.

Beneficios de la cooperación regional e internacional y su papel en la lucha contra la droga narcotráfico.

Mejorar el acceso y la disponibilidad de opioides farmacéuticos para uso médico, abordando los principales impedimentos y colocando un marco legal y regulatorio adecuado.

La complejidad del mercado de drogas sintéticas exige potenciar la capacidad forense.

Una mejor comprensión de los daños a la salud causado por nuevas sustancias psicoactivas, requiere un sistema mundial de información en farmacología y toxicología.

El cambio tecnológico, incluido el tráfico sobre la darknet, requiere una nueva generación de intervenciones de aplicación de la ley.

Abordar el cultivo ilícito y el tráfico de drogas puede reducir el alcance de algunos grupos terroristas.

A gran escala y a largo plazo, las intervenciones de desarrollo sostenible con estrategias de control de drogas pueden revertir recientes aumentos de la adormidera y el cultivo del arbusto de coca.

Capítulo XIV
Terrorismo y su Financiamiento

La amenaza terrorista

El terrorismo continúa representando una grave amenaza para la paz y seguridad internacional y socava los valores fundamentales de las Naciones Unidas.

Además del devastador costo humano, sus ataques pretenden desestabilizar gobiernos y desestabilizar el desarrollo económico y social en el mundo entero.

Hacer frente a esta amenaza es mucho más difícil teniendo en cuenta el conjunto y naturaleza de la actividad terrorista en constante evolución.

Sus motivaciones, financiamiento, métodos de ataque y la elección de destino están en constante cambio. A menudo desafían las fronteras nacionales y un acto de terrorismo puede implicar actividades y actores de numerosos países.

Dada esta complejidad, la estrecha coordinación y cooperación dentro de los gobiernos nacionales y entre Estados y organizaciones a nivel regional e internacional, es fundamental para la eficaz lucha contra el terrorismo, para compartir las mejores prácticas y lecciones aprendidas y ayudar con la investigación y enjuiciamiento de casos de terrorismo.

En respuesta a este peligro, poco a poco y durante más de cinco décadas de trabajo, la comunidad internacional ha desarrollado un marco legal universal común contra ese terrible problema mundial.

Este marco está compuesto por los 19 instrumentos jurídicos universales contra el terrorismo, junto con las resoluciones pertinentes del Consejo de Seguridad de las Naciones Unidas.

UNODC y el terrorismo

La rama de prevención del terrorismo (TPB) de la oficina de las Naciones Unidas Contra la Droga y el Crimen (ONUDC) es la clave de la entidad con el mandato y la experiencia para ofrecer asistencia técnica legal de la lucha contra el terrorismo a los Estados miembros, para la ratificación, incorporación legislativa y la aplicación de los instrumentos jurídicos internacionales contra el terrorismo.

Desde su lanzamiento, en enero de 2003, el proyecto mundial sobre el fortalecimiento del régimen jurídico contra el terrorismo ha proporcionado un marco para la entrega de la subdivisión de prevención del terrorismo, de la asistencia técnica a los Estados miembros, requirente para el fortalecimiento nacional de la Justicia Penal como respuesta al terrorismo.

El proyecto Global funciona como un proyecto que es regularmente revisado y actualizado para asegurar su pertinencia y para incorporar nuevas iniciativas a nuevos requerimientos.

El Comité contra el Terrorismo del Consejo de Seguridad de la ONU

El Comité contra el Terrorismo, basándose en lo dispuesto en las resoluciones 1373 (2001) y 1624 (2005) del Consejo de Seguridad, trabaja para fortalecer las capacidades de los Estados miembros de las Naciones Unidas para combatir las actividades terroristas dentro de sus fronteras y en todas las regiones.

El Comité se creó tras los ataques terroristas perpetrados el 11 de septiembre en los Estados Unidos de Norteamérica.

La resolución 1373 (2001), aprobada de manera unánime el 28 de septiembre de 2001, insta a los Estados miembros a adoptar una serie de medidas destinadas a reforzar su capacidad jurídica e institucional para combatir las actividades terroristas, entre las que figuran las siguientes:

- Tipificar como delito la financiación del terrorismo.
- Congelar sin dilación, los fondos de las personas que participen en la comisión de actos de terrorismo.
- Denegar cualquier tipo de apoyo financiero a grupos terroristas.
- Intercambiar información con otros gobiernos en relación con cualquier grupo que cometa o se proponga cometer actos de terrorismo.
- Prohibir la provisión de refugio o de cualquier tipo de asistencia o apoyo a terroristas.
- Cooperar con otros gobiernos a fin de investigar, detectar, arrestar, extraditar y enjuiciar a personas que participen en la comisión de dichos actos.

- Tipificar como delito en la legislación nacional, el suministro de apoyo activo o pasivo a quienes cometan actos de terrorismo y enjuiciar a las personas culpables de ese delito.

Asimismo, la resolución exhorta a los Estados para que se adhieran, tan pronto como sea posible, a los instrumentos jurídicos internacionales pertinentes a la lucha contra el terrorismo.

La resolución 1624 (2005) aborda la incitación a la comisión de actos de terrorismo, y llama a los Estados miembros de las Naciones Unidas a que la prohíban por ley, impidan dicha conducta y denieguen cobijo a toda persona respecto de la cual se disponga de información fidedigna y pertinente por la que haya razones fundadas para considerar que es culpable de esa conducta, entre otras cosas.

El GAFI y el financiamiento al terrorismo

Asegurándose de que los marcos jurídicos e institucionales están en lugar, el GAFI y FSRBs (organizaciones regionales estilo GAFI) toman medidas adicionales para que todos los miembros tomen medidas hacia la congelación de fondos y detención de la financiación del terrorismo.

Como una prioridad, el GAFI inmediatamente revisará sí todos sus miembros han implementado medidas para cortar los flujos financieros relacionados con el terrorismo. De acuerdo a las recomendaciones de esta organización, todos los miembros están obligados a:

- Criminalizar el financiamiento de los terroristas y organizaciones terroristas.
- Congelar activos terroristas sin demora y poner en práctica las prohibiciones actuales.
- Establecer la capacidad para desarrollar propuestas de designación robusto en individuos que cumplen los criterios de designación de UN.

Propósito, alcance y objetivos del Informe del GAFI sobre financiamiento de organizaciones terroristas

- En octubre de 2014 el GAFI acordó lanzar un proyecto de cuatro meses para entender el financiamiento de la organización terrorista Estado Islámico de Irak y el Oriente Medio (en lo sucesivo ISIL).
- Este estudio identificó cómo los fondos se levantan, movidos y utilizados en última instancia por ISIL.

- El informe buscó entender cómo ISIL obtiene y movimientos de fondos con el fin de interrumpir los flujos financieros, privar a ISIL de sus recursos y evitar ISIL de abusar de los sectores económicos y financieros pertinentes.

- Dada la naturaleza diversificada de ISIL, la financiación y las operaciones, se consideró la cuestión más amplia de recursos para capturar con precisión las complejidades de esta organización terrorista.

Naturaleza y evolución de la amenaza terrorista Isil

Es el sucesor de Al-Qaida en Iraq (AQI). Ha socavado la estabilidad en Irak, Siria y el Medio Oriente a través de sus actos terroristas y crímenes contra la humanidad y plantea una amenaza inmediata para paz y seguridad internacionales.

Antes de la expansión de ISIL sobre el control territorial en partes de Irak y Siria, el grupo (y su predecesor, AQI) se beneficiaron de una red de asociados en Siria, que se utiliza para facilitar los viajes a Irak.

ISIL persigue a individuos y comunidades enteras sobre la base de su identidad y disidencia; secuestra a civiles, las fuerzas de desplazamiento de las comunidades y grupos minoritarios; mata y mutila a niños; comete violaciones a mujeres y otras formas de violencia sexual, junto con otras atrocidades.

ISIL presenta una amenaza terrorista global que ha reclutado a miles de FTFs (Combatientes Terroristas Extranjeros) a Irak y Siria, desde varios países en todo el mundo y aprovecha la tecnología y otros recursos para difundir su violencia y para incitar a actos terroristas.

El ISIL obtiene la gran mayoría de sus ingresos a través de actividades locales de delincuencia y extorsión en el territorio donde opera, lo cual presenta desafíos únicos para la comunidad internacional pero también una base de ingresos decreciente para sí mismo, si no puede encontrar fuentes alternativas o tomar territorio adicional.

A diferencia del núcleo Al Qaeda, actualmente el ISIL obtiene una parte relativamente pequeña de sus fondos de los donantes (en relación con sus otras fuentes de ingresos) y, por lo tanto, no depende principalmente de la transferencia de dinero a través de las fronteras internacionales para este fin.

La investigación disponible sobre la estructura organizativa del ISIL sugiere que está organizada jerárquicamente y que el ISIL recrea su estructura de liderazgo de alto rango a nivel provincial del grupo.

Fuentes de financiamiento

El ISIL obtiene ingresos principalmente de cinco fuentes, enumeradas en orden de magnitud:

1. El producto ilícito de la ocupación del territorio, como el saqueo bancario, la extorsión, el control de yacimientos petrolíferos y refinerías, el robo de activos económicos y la imposición ilícita de bienes y efectivo que transitan por el territorio donde opera el ISIL.
2. Secuestros para pedir rescate.
3. Donaciones a través de organizaciones sin fines de lucro.
4. Material de apoyo, como soporte asociado con FTF (Combatientes Terroristas Extranjeros)
5. Recaudación de fondos a través de redes de comunicación modernas.

Estos flujos de ingresos son inconsistentes y cambian en función de la disponibilidad de recursos económicos y del progreso de los esfuerzos militares de la coalición contra el ISIL.

Herramientas de lucha contra el terrorismo

INTERPOL circula alertas y advertencias sobre los terroristas, delincuentes peligrosos y amenazas de armas, a la policía en los países miembros.

Alertas Rojas son emitidas a todos los países para los individuos buscados por las autoridades nacionales, que procuran su detención provisional con miras a la extradición.

Se emiten alertas azules para recoger información adicional sobre la identidad de una persona, lugar o actividades en relación con un delito.

Las alertas de INTERPOL

Las alertas verdes proporcionan advertencias y la inteligencia acerca de personas que han cometido un delito, mientras que Alertas Amarillas de Avisos ayuda a localizar a personas desaparecidas.

Además, las alertas del Consejo de seguridad INTERPOL-Naciones Unidas se utilizan para prevenir a los países miembros sobre individuos y entidades asociadas Al Qaeda y los talibanes, según la lista del Comité 1267 del Consejo de seguridad de las Naciones Unidas, y ayudar a los países a aplicar la congelación de activos, las prohibiciones de viaje y los embargos.

En septiembre de 2014, el Consejo de Seguridad de las Naciones Unidas aprobó por unanimidad la resolución 2178, reconociendo el papel global de la INTERPOL contra la amenaza de combatientes terroristas extranjeros.

En el caso de un ataque terrorista, los países miembros pueden solicitar la asistencia del equipo de respuesta de un incidente de INTERPOL (IRT).

Expertos pueden desplegarse rápidamente al sitio del incidente para proporcionar una gama de servicios de apoyo investigativo y analítico, en coordinación con la Secretaría General.

Drogas y ataques terroristas

Unas 170,000 personas perdieron la vida en ataques terroristas entre 2000 y 2015, incluyendo 30,000 sólo en 2015, según la Base de Datos Global de Terrorismo, la mayor colección sistemática de información de código abierto sobre actos de terrorismo en todo el mundo.

La base de datos, que contiene información sobre 163 países desde 1970, utiliza el término general "terrorismo" para referirse a los ataques de terroristas, grupos armados no estatales, rebeldes e insurgentes.

Grupos armados terroristas, insurgentes y no estatales

Si bien no existe una definición universalmente aceptada de terrorismo, el Consejo de Seguridad de las Naciones Unidas, las organizaciones regionales y los gobiernos de los Estados miembros, han designado numerosos grupos armados como grupos "terroristas" y los tratados internacionales definen los delitos de terrorismo.

El Consejo de Seguridad ha impuesto sanciones a unos 80 grupos y más de 380 personas vinculadas a los talibanes, Al Qaeda y el Estado Islámico en Iraq y el Levante (ISIL), por participar en actividades terroristas o apoyar esas actividades.

Los talibanes, Al Qaeda, el ISIL y su filial BokoHaram, fueron responsables del 74% de todas las muertes causadas por grupos armados terroristas, insurgentes y no estatales en 2015.

La evidencia más completa que vincula a los grupos terroristas sobre los cuales el Consejo de Seguridad ha impuesto sanciones en relación con el tráfico de drogas, se relaciona con los talibanes, que ha, gravado a las entidades involucradas en la producción, fabricación y tráfico de drogas ilícitas.

También ha estado directamente involucrado en el tráfico de drogas.

Algunas pruebas sugieren que Al Qaeda en el Magreb Islámico, que opera principalmente en África del Norte y Occidental, ha participado en el tráfico de cannabis y cocaína, o al menos en proteger a los traficantes, aunque los ingresos globales del grupo del sector de drogas parecen haber sido bastante modestos.

Los comandantes individuales del Movimiento por la Unidad y la Jihad en África Occidental, que se separó de Al-Qaida en el Magreb Islámico, parecen estar actualmente involucrados directamente en la droga.[17]

La ONUDD estimó que los grupos terroristas e insurgentes recaudaron alrededor de 150 millones de dólares en 2016, del comercio afgano de opiáceos, en impuestos aplicados al cultivo de la adormidera y el tráfico de opiáceos.

Sin embargo, sus ingresos generales relacionados con las drogas pueden ser mayores.

La Lista de Sanciones del Consejo de Seguridad Consolidado presenta a varios líderes talibanes acusados no sólo de gravar el negocio de las drogas, sino también de participar directamente en el tráfico.

El Comité del Consejo establecido en virtud de la resolución 1988 (2011), calculó que las ganancias totales anuales de los talibanes de todas las fuentes ascendían a alrededor de 400 millones de dólares, la mitad de los cuales probablemente provenían de la economía ilícita de los estupefacientes.

En Colombia, las FARC parecen haber dependido en gran medida de los aportes relacionados con la coca / cocaína, particularmente al comienzo del nuevo milenio.

A pesar de una caída en los ingresos a medida que el sector colombiano de coca / cocaína comenzó a reducirse, los ingresos relacionados con las drogas también parecen haber sido una importante fuente de ingresos en los años subsiguientes.

---

[17] https://www.unodc.org/wdr2017/field/Booklet_5_NEXUS.pdf

Como resultado del proceso de paz y el Acuerdo de Paz firmado en 2016, ahora existe el convenio de que las FARC deben detener su participación en el negocio de las drogas a medida que se convierte en una fuerza política legal.

Las estimaciones de los ingresos generados por el tráfico ilícito de drogas deben considerarse desde la perspectiva del aporte general de los grupos terroristas, insurgentes y otros grupos armados no estatales, para los cuales hay muy poca información fidedigna.

Por ejemplo, Forbes International intentó valorar los 10 terroristas más ricos del mundo y otros grupos, con un ingreso total combinado estimado de $ 4.9 mil millones en 2014.

Sin embargo, la distribución reportada parece haber sido muy sesgada, oscilando entre $ 25 millones a $ 2,000 millones entre las 10 organizaciones más ricas. Más de la mitad de los ingresos se atribuyen a grupos reconocidos oficialmente por las Naciones Unidas como organizaciones terroristas (ISIL, talibanes, Al Qaeda, Al-Shabaab y BokoHaram).

Se estima que ISIL es el grupo terrorista más rico en 2014, con una facturación de aproximadamente $ 2 mil millones.

Sin embargo, el ISIL sufrió pérdidas territoriales y, por lo tanto, obtuvo menores cobros tributarios y por petróleo y menos posibilidades de saqueo y confiscación.

Como resultado, según se informa, los ingresos del grupo disminuyeron en más de la mitad en 2016.

Aunque es probable que sus gastos también hayan disminuido drásticamente, ya que ya no controlaban tantas ciudades y pueblos como antes.

Cultivo e insurgencia de adormidera en Afganistán

Afganistán, que representa cerca del 13% de todas las muertes relacionadas con el terrorismo en todo el mundo entre 2000 y 2015, ofrece una gran idea del posible vínculo entre la producción de drogas y el terrorismo.

Los talibanes fueron responsables del 73% de todas las muertes relacionadas con el terrorismo en Afganistán durante el período 2000-2015, y del 84% de esas muertes en 2015.

Esto fue seguido por ISIL, que representó el 4 por ciento del total en 2015.

Los altos niveles de inseguridad en Afganistán se han relacionado con una serie de eventos: conflictos, disputas y actividades terroristas.

También se han asociado con el cultivo de adormidera; sin embargo, es sólo a partir de 2010 que los altos y crecientes niveles de cultivo de opio han mostrado una correlación más estrecha con los ataques terroristas.

Las razones de esto son complejas, pero a los grupos armados les ha resultado cada vez más difícil acceder a fuentes de financiación "tradicionales", lo que puede haber dado lugar a una mayor dependencia de la financiación "alternativa", como el tráfico de drogas. Vincula a los grupos terroristas sobre los cuales el Consejo de Seguridad ha impuesto sanciones en relación con el tráfico de drogas.

Se relaciona con los talibanes, que ha gravado a las entidades involucradas en la producción, fabricación y tráfico de drogas ilícitas. También ha estado directamente involucrado en el tráfico de drogas.

Aunque algunos de los fondos utilizados para financiar el terrorismo han venido de no lavar fondos donados a organizaciones benéficas de doble finalidad, a través del sector financiero formal, la cantidad que ha sido bloqueada a nivel mundial en el sector formal es menos de $ 170 millones de dólares.

A pesar de que las instituciones internacionales argumentan que terroristas financieros emplean "nuevas modalidades", de hecho, lo opuesto es cierto.

Terroristas financieros están volviendo a las formas tradicionales como la hawala, comercio basado en el blanqueo de dinero y correos de efectivo, particularmente en países con nula o débil lavado de dinero nacional, como sistemas para mover sus fondos para financiar sus actividades terroristas.

La Convención de las Naciones Unidas Contra la Corrupción enmarca la responsabilidad de Estado

La corrupción plantea graves problemas y amenazas para la estabilidad y seguridad de las sociedades, al socavar las instituciones y los valores de la democracia, la ética y la justicia; que comprometen el desarrollo sostenible y el imperio de la Ley.

Ha dejado de ser un problema local para convertirse en un fenómeno transnacional que afecta a todas las sociedades y economías.

Su prevención y erradicación son responsabilidad de todos los Estados que deben cooperar entre sí, con el apoyo y la participación de personas y grupos de la sociedad civil, las organizaciones no gubernamentales y las organizaciones de base comunitaria, para que sus esfuerzos sean eficaces.

Un maníaco salpicó con veneno un fajo de dinero y lo donó a un orfanato... Murieron 12 diputados, 2 alcaldes y un ministro...

Ningún niño fue afectado.

Un chiste que refleja que la corrupción no tiene límites.

La Corrupción

La falta de investigación, persecución, procesamiento y sanción ejemplar a los corruptos, genera que otras personas tentadas por la corrupción, se integren al sentirse seguras de que no serán identificadas ni sancionadas por su accionar.

El vínculo entre corrupción y lavado de dinero

La corrupción y el lavado de dinero están ligados.

Similar a otros delitos graves, delitos de corrupción como cohecho y robo de fondos públicos, son generalmente comprometidos con el propósito de obtener ganancias privadas.

Lavando las ganancias exitosamente de un delito de corrupción, se pueden disfrutar sin temor de ser confiscadas.

El GAFI reconoce el vínculo entre corrupción y lavado de dinero, incluyendo como medidas de ALD/CFT a combatir la corrupción.

Países más corruptos del mundo según Transparencia Internacional

Los países de menor clasificación del índice de Transparencia Internacional están plagados de instituciones públicas poco confiables y que funcionan mal, como la policía y la judicatura.

Incluso donde las leyes anticorrupción están en los libros, en la práctica a menudo son eludidas o ignoradas.

Con frecuencia, las personas enfrentan situaciones de soborno y extorsión, se basan en servicios básicos que se han visto socavados por la apropiación indebida de fondos y se enfrentan a la indiferencia oficial cuando solicitan reparación a las autoridades que están en la mira.

Países menos corruptos del mundo

Los países con una clasificación más alta tienden a tener mayores grados de libertad de prensa, acceso a la información sobre el gasto público, estándares de integridad más fuertes para los funcionarios públicos y sistemas judiciales independientes.

Pero los países de alto puntaje tampoco pueden darse el lujo de ser complacientes.

Si bien las formas más obvias de corrupción pueden no afectar la vida cotidiana de los ciudadanos en todos estos lugares, los países mejor clasificados no son inmunes a acuerdos a puertas cerradas, conflictos de interés, financiamiento ilícito y aplicación de leyes desiguales que pueden distorsionar las políticas públicas y agravar la corrupción en el hogar y en el extranjero.

Los factores de riesgo relevantes a la corrupción

Hay una serie de factores que influyen en el nivel de riesgo de lavado de dinero asociado a una relación comercial o transacción, incluyendo riesgo cliente, país o geográfico y producto, y del instrumento financiero.

Las personas políticamente expuestas disfrazan la propiedad y procedencia de los fondos corruptos.

- Es esencial para los funcionarios corruptos y donantes del soborno disfrazar la titularidad y la procedencia de los fondos para poder colocar el producto ilícito en el sistema financiero y disfrutar de sus beneficios.

- En algunas jurisdicciones, Peps está sujetos a requisitos de divulgación de activos, reglas con respecto a participar en transacciones en el exterior para prevenir conflicto de intereses y una gama de otros códigos de conducta y prohibiciones éticas.

- Estas medidas aumentan la necesidad de funcionarios corruptos de disfrazar su propiedad de los fondos derivados de la corrupción, bienes adquiridos con esos fondos, o la propiedad de las empresas que se utilizan en esquemas de corrupción.

Profesiones o negocios no financieros designados (DNFBPs en inglés)

Otro factor de riesgo es la participación de los DNFBPs que no han podido implementar prácticas efectivas de AML/CFT, o provienen de jurisdicciones no reguladas o de alto riesgo.

Porteros a sabiendas o sin saberlo, utilizan esquemas de lavado de ganancias derivadas de la corrupción por su capacidad para establecer estructuras jurídicas complejas y realizar transacciones de manera eficiente y para evitar la detección.

El Informe del GAFI de casos ilustra la variedad de formas en que los porteros, particularmente abogados, se utilizan para lavar los ingresos derivados de corrupción.

DNFBPs se han utilizado para abrir cuentas de banco, transferencias de ingresos, comprar propiedades, efectivo de courier y tomar otros medios para evitar controles de ALD/FT.

El uso de efectivo

El informe de revisión de casos de la FATF, demuestran también la participación de grandes cantidades de dinero en efectivo inexplicable en casos importantes de corrupción.

Esto puede realizarse mediante el uso de miembros de la familia y allegados, como los abogados, que actúan como mensajeros a depositar cantidades significativas de dinero en efectivo en instituciones financieras en otra jurisdicción.

Aunque el efectivo basado en las transacciones permite a PEP corrupto romper la cadena de registros bancarios, también requieren de PEP correr el guante de los requisitos de ALD/LFT para combatir la colocación de derivados ilegalmente de dinero en efectivo en el sistema financiero.

Control sobre las instituciones financieras y entidades públicas

Un PEP corrupto puede tener los medios y recursos, debido a sus conexiones y el estado, para capturar y controlar una institución financiera, ya sea dentro de su país de origen o en el extranjero.

Esto es de especial preocupación ya que el control sobre un banco proporcionará al oficial corrupto la capacidad de mover y ocultar fondos sin el miedo de la detección.

Autoridades competentes deben estar alertas al riesgo de captura de la institución financiera, especialmente al examinar las de jurisdicciones que plantean un alto nivel de riesgo de corrupción o tiene débiles controles de ALD/LFT.

Una supervisión efectiva de las instituciones financieras para garantizar el cumplimiento de requisitos en relaciones bancarias correspondientes, también es esencial para mitigar estos riesgos.

Las agencias gubernamentales claves deben tener suficiente independencia operativa y autonomía para garantizar la libertad de interferencia o influencia indebida. Esto reduce la posibilidad de que caiga bajo la influencia o control de personas corruptas.

Asimismo, organismos de gobierno claves deben proporcionarse recursos presupuestarios suficientes para ejercer plena y eficazmente sus funciones. La falta de una compensación adecuada por personal puede aumentar los incentivos para involucrarse en actividades corruptas.

Sectores Económicos

El sector económico en el que se encuentra un cliente o las transacciones involucradas, afectan el nivel de riesgo.

Si bien la corrupción puede ocurrir en cualquier industria, parece que, sobre la base de los casos revisados por el FATF21, varios sectores son más vulnerables a la corrupción.

Los vínculos entre corrupción y sectores económicos no se analizan en este documento, sin embargo el GAFI reconoce cierta correlación entre la extracción de recursos naturales, los altos riesgos de corrupción y la incidencia de la gran corrupción, particularmente cuando los ingresos significativos de las industrias extractivas se combinan con débiles sistemas de gobierno.

Las actividades de contratación pública

Las actividades de contratación pública, incluidas las financiadas por instituciones internacionales, también son vulnerables a la corrupción debido al gran alcance de los proyectos gubernamentales y la naturaleza a menudo especializada de los contratos en cuestión.

Además, en muchos países, las actividades de contratación pública no son transparentes y son altamente competitivas, lo que puede llevar a una actividad colusoria.

Factores que pueden conducir a un mayor riesgo de corrupción en el campo de la contratación de defensa.

Un análisis de los casos de lavado de dinero que involucran ganancias derivadas de la corrupción ha demostrado que una serie de factores puede conducir a un mayor riesgo de corrupción en el campo de la contratación de defensa.

La falta de intercambio de información entre los países

Como el lavado de dinero es un problema global, la comunicación entre los Estados es un elemento clave para mejorar la efectividad de las medidas ALD / CFT. La falta de intercambio efectivo de información entre los países puede obstaculizar las investigaciones, incluso con respecto a la corrupción.

Los funcionarios corruptos tratan de sacar sus ganancias ilícitas del país donde ocurrió la ofensa de corrupción tan pronto como sea posible para evitar su detección.

Dichos funcionarios también se sienten atraídos por la idea de mantener sus ganancias y activos ilícitos comprados con ellos, en jurisdicciones estables que poseen estructuras e instituciones económicas sólidas.

Por ejemplo, individuos corruptos pueden realizar compras significativas (como bienes) en el extranjero para evitar recibir atención que tal compra puede atraer en su país de origen.

Una comunicación mejorada entre las jurisdicciones involucradas puede mejorar las probabilidades de recuperar activos derivados ilícitamente.

Riesgos Jurisdiccionales

Un factor para evaluar el riesgo de lavado de dinero relacionado con la corrupción implica una consideración de los riesgos geográficos, como la participación de jurisdicciones con niveles más altos de corrupción.

Las instituciones financieras y las APNFD deben considerar si las fuentes creíbles que participan en los tratos de un cliente, han sido identificadas por niveles considerables de corrupción.

Uno de los muchos factores al considerar el riesgo planteado por una jurisdicción es el nivel de implementación de los estándares ALA / CFT, relevantes e internacionalmente reconocidos, incluidas las Recomendaciones del GAFI y los instrumentos e iniciativas de CA, como la CNUCC, la Convención de la OCDE para Combatir el Soborno, Funcionarios Públicos Extranjeros en Transacciones Comerciales Internacionales y el Grupo de Estados contra la Corrupción del Consejo de Europa (GRECO).

Muchos de estos instrumentos e iniciativas, incluidos los enumerados anteriormente, contienen su propio mecanismo de evaluación por pares del progreso de un país en la implementación de las disposiciones del instrumento aplicable.

Gran parte de estos informes están a disposición del público y pueden ser un recurso útil para considerar los riesgos de corrupción que plantea una jurisdicción.

Varias medidas de corrupción de fuentes creíbles también pueden proporcionar un recurso para considerar los riesgos relacionados con la jurisdicción, asociados con el lavado de activos.

Si bien los informes y los índices de evaluación pueden ser uno de muchos indicadores útiles, deben aplicarse cuidadosa y críticamente en cada caso, y no deben formar la base exclusiva de la evaluación de riesgos relacionada con la corrupción de un país.

Los Peps

Se entiende como Personas Expuestas Políticamente (PEP's) a aquellas personas naturales que son, o fueron, figura política de alto nivel de confianza o afines, o sus familiares más cercanos o su círculo de colaboradores inmediatos, por ocupar cargos como funcionarios importantes de un órgano ejecutivo, legislativo, judicial o militar de un gobierno nacional o extranjero.

Son consideradas clientes de alto riesgo en el sistema financiero.

A nivel internacional existen más de 2.600 personas identificadas como Peps y más de 605 militares.

En la legislación internacional no existe un tiempo determinado para desclasificar un Pep.

Mejores prácticas para la cooperación entre AML/CFT y los expertos anticorrupción

Las medidas de ALD/FT que soportan esfuerzos de anticorrupción y los factores de riesgo asociados a corrupción relacionadas con lavado de dinero, ilustran la importancia de la cooperación entre expertos de anticorrupción y ALD/LFT.

Parte del documento identifica los principales organismos involucrados en la lucha contra el lavado de dinero y corrupción y describe las mejores prácticas para la cooperación entre ellos.

Coordinación entre las autoridades y la comprensión de funciones

Los esfuerzos para combatir el lavado de dinero y la corrupción están intrínsecamente ligados y tienen el potencial para reforzarse mutuamente.

Sin embargo, el compromiso y la colaboración de todos los actores involucrados es necesaria para alcanzar este objetivo, incluyendo las legislaturas, los órganos de control, aplicación de la ley, unidades de inteligencia financiera y el sector privado.

Agencias de Cumplimiento de Ley

Muchos países han establecido unidades especializadas, dedicadas, como organismos distintos o dentro de los organismos policiales, para investigar cualquiera de los dos delitos de blanqueo o corrupción.

Estas unidades deben estar libres de influencia política indebida y cuando existan, pueden ser muy útiles en los esfuerzos de lucha contra la corrupción.

Los países podrían considerar investigaciones financieras conjuntas sobre la corrupción, por ejemplo mediante el establecimiento de grupos de trabajo interinstitucional según sea necesario.

Además de expertos de Anti Corrupción, las investigaciones conjuntas deben incluir investigadores de agencias del orden público o la UIF.

Autoridades reguladoras

Las autoridades de supervisión de ALD/FT juegan un papel esencial para asegurar el cumplimiento, la aplicación efectiva del sector privado de sus requisitos legales y reglamentarios ALD/LFT, incluyendo requerimientos de Pep.

Las autoridades reguladoras deben garantizar que su personal entiende los riesgos de corrupción en sus jurisdicciones y que entienden completamente los requerimientos de Pep.

En aquellas jurisdicciones donde existe un mayor riesgo de lavado de dinero de ingresos derivados de la corrupción, las autoridades reguladoras deben proporcionar una formación adecuada a su personal y garantizar que haya suficiente enfoque en evaluar la adecuación de dinero de situaciones de riesgo (incluyendo requisitos de PEPs), al llevar a cabo inspecciones in situ y base de mesa, bancos y otras instituciones financieras DNFBPs que tienen un mayor nivel de exposición a riesgos relacionados con la corrupción.

Unidades de Inteligencia Financiera

Informes de transacciones sospechosas por las instituciones financieras y profesiones o negocios no financieros designados, juegan un papel fundamental en la lucha contra la corrupción y el lavado de dinero.

Un Informe de transacciones sospechosas puede ser el primer signo de actividad sospechosa de un cliente y es una importante fuente de información disponible para los investigadores.

Transacciones sospechosas han descubierto actividad de corrupción, desencadenando las investigaciones de corrupción y han sido utilizadas para apoyar investigaciones financieras de la actividad corrupta.

Cooperación internacional

Oportuna y efectiva, la cooperación internacional es esencial para la detección, congelamiento y confiscación de bienes relacionados con la corrupción.

Dada la complejidad en casos de corrupción que involucran un aspecto transfronterizo, las autoridades AC y AML/FT deben trabajar juntos para explorar todas las oportunidades de cooperación internacional y los que pueden tener con las oficinas de investigación de las instituciones financieras internacionales, en su caso.

Esto incluye a las autoridades anticorrupción prestando atención al uso de redes internacionales establecidas por su respectiva UIF para obtener información financiera de sus contrapartes internacionales.

Enfoques proactivos son particularmente útiles como intercambio de información espontáneo entre las autoridades competentes y hacer uso eficaz de la información de la UIF, canales de transmisión y cambio de mecanismos, de acuerdo con marcos jurídicos nacionales.

Convención de la Naciones Unidas Contra la Corrupción

Artículo 1. Finalidad

«La finalidad de la presente Convención es: a) Promover y fortalecer las medidas para prevenir y combatir más eficaz y eficientemente la corrupción; b) Promover, facilitar y apoyar la cooperación internacional y la asistencia técnica en la prevención y la lucha contra la corrupción, INCLUIDA LA RECUPERACIÓN DE ACTIVOS; c) Promover la integridad, la obligación de rendir cuentas y la debida gestión de los asuntos y bienes públicos».

La iniciativa de recuperación activos robados (StAR)

La iniciativa de recuperación activos robados es una alianza entre el grupo del Banco Mundial y la oficina de las Naciones Unidas contra la droga y el delito (UNODC) que apoya los esfuerzos internacionales para poner fin a los refugios seguros para los fondos corruptos.

StAR trabaja con los países en desarrollo y centros financieros para evitar el blanqueo del producto de la corrupción y facilitar la más sistemática y oportuna devolución de activos robados.

StAR proporciona plataformas de diálogo y colaboración y también facilita el contacto entre las diferentes jurisdicciones involucradas en la recuperación de activos.

Desde su creación hace diez años, StAR ha ayudado a muchos países en el desarrollo de marcos legales, conocimientos institucionales y las habilidades necesarias para localizar y devolver los bienes robados.

StAR trabaja con socios alrededor del mundo en el desarrollo de las herramientas más eficaces para combatir y prevenir el robo de activos, en apoyo conjunto con organizaciones globales, incluyendo las Conferencia de Estados partes en la CNUCC, el G8, el G20 y el Grupo de Acción Financiera, para influir y servir de enlace con las autoridades.

A petición, StAR proporciona asistencia técnica a los países que participan operativamente en casos de recuperación de activos.

Trabajando con todas las instituciones pertinentes, incluyendo los centros financieros y agencias de lucha contra la corrupción, StAR agrega valor, ofreciendo asesoramiento técnico y las mejores prácticas en el desarrollo de la estrategia del caso, así como en la identificación y movilización de la herramienta de investigación más apropiadas, como la asistencia judicial recíproca, confiscación de activos y ayudar en la aceleración de la cooperación internacional.

StAR interpreta el papel de un presidente neutral o facilitador entre las partes, en el proceso de recuperación de activos internacionales, para promover la "diplomacia tranquila" efectiva.

Recuperación de bienes

Investigación y localización de bienes de origen ilícito
Etapas del proceso de recuperación de activos

LOCALIZACIÓN · INCAUTACIÓN · PROCESO JUDICIAL · REPATRIACIÓN

COOPERACIÓN ADMINISTRATIVA

COOPERACIÓN JUDICIAL INTERNACIONAL

La UIF es importante para localizar bienes ilegales en el exterior

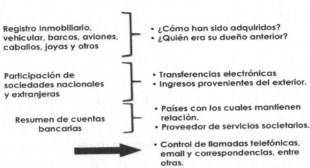

¿Cómo localizar los bienes ilegales?
Investigación patrimonial

Registro Inmobiliario, vehicular, barcos, aviones, caballos, joyas y otros

- ¿Cómo han sido adquiridos?
- ¿Quién era su dueño anterior?

Participación de sociedades nacionales y extranjeras

- Transferencias electrónicas
- Ingresos provenientes del exterior.

Resumen de cuentas bancarias

- Países con los cuales mantienen relación.
- Proveedor de servicios societarios.
- Control de llamadas telefónicas, email y correspondencias, entre otras.

¿Cómo usar el sistema financiero para la recuperación de activos?

– Identificar a los Sujetos Obligados en el caso

El investigador penal de un hecho de corrupción debe inicialmente identificar los sujetos obligados que pudieran tener información en el caso concreto.

– Verificar en coordinación con la UIF, si han reportado operaciones sospechosas

Una vez identificados, en cooperación con los organismos de supervisión y la Unidad de Información Financiera, se debe verificar si han reportado transacciones sospechosas relativas al caso bajo investigación.

– Investigar el posible lavado de dinero conjuntamente con el delito precedente

Es necesario que la Unidad de Inteligencia Financiera aumente la cooperación entre los organismos en casos de recuperación de activos de corrupción, para aumentar las acciones contra los sujetos en la localización de los bienes.

Proceso para recuperación de bienes

Proceso para recuperación de activos

Acción Penal

Con Condena

Sin Condena

1. Comisión delictiva
2. Recopilación probatoria
3. Rastreo de activos
4. Inmovilización
5. Proceso judicial
6. Devolución

Acción Civil

Nacional

Internacional

INTENCIÓN
1. Inmovilizar y recuperar activos
2. Reclamar daños y perjuicios

Organismos internacionales para la recuperación de bienes

- Centro Internacional para la Recuperación de Activos del Instituto de Basilea Sobre la Gobernanza
- Grupo de Trabajo Intergubernamental de Composición Abierta sobre Recuperación de Activos
- Consejo de la Unión Europea
- Red de Recuperación de Activos de GAFISUD (RRAG)

La ley de prácticas corruptas en el extranjero (FCPA)

Es una ley federal promulgada en 1977 por los Estados Unidos de América, prohibiendo el pago de sobornos a funcionarios extranjeros y personalidades políticas.

Hay dos disposiciones principales de la ley de prácticas corruptas en el extranjero:

- Prohibición contra el soborno y la disposición "de libros y registros" que obliga a las empresas a conservar libros exactos, una contabilidad interna y un sistema de control.

El Departamento de justicia es responsable de medidas penales de observancia de las disposiciones y la Securities and Exchange Commission (SEC) es responsable de la ejecución civil.

Las siguientes entidades específicamente se encuentran prohibidas de hacer pagos inapropiados.

- Emisores
- Preocupaciones domésticas
- Empresas y ciudadanos extranjeros
- Empresas de terceros y agentes

Ley de Prácticas Corruptas en el Extranjero (FCPA).

Emisores

Las empresas que tienen valores registrados en los Estados Unidos o están obligados a presentar informes con la Securities and Exchange Commission, se consideran emisores (SEC).

Preocupaciones nacionales

Cualquier entidad comercial, con su lugar principal de negocios en los Estados Unidos u organizada bajo las leyes de los Estados Unidos, así como los nacionales y residentes de los Estados Unidos, se consideran a preocupaciones nacionales.

Ambos, emisores y preocupaciones nacionales, pueden ser responsables por cualquier acto que promueva un soborno, usando el correo o cualquier medio o instrumento de comercio interestatal o para un acto, que se produce fuera de los Estados Unidos. Esto también incluye filiales en el extranjero de entidades de Estados Unidos.

Empresas y ciudadanos extranjeros

Puede ser considerado responsable por cualquier acto que promueva un pago corrupto dentro de los Estados Unidos.

A diferencia de las dos primeras entidades, empresas y ciudadanos extranjeros no son responsables por los actos cometidos fuera de Estados Unidos o afecta la información financiera de un emisor de Estados Unidos.

Empresas de terceros y agentes

Algún tercero o agente actuando en nombre de un emisor, preocupación nacional o empresas y ciudadanos extranjeros, es responsable bajo las mismas condiciones que el emisor, preocupación nacional o empresas y ciudadanos extranjeros.

Ejemplos de terceros pueden ser agentes, distribuidores, revendedores, contratista, subcontratista y proveedores, proveedores en la cadena de suministro, dependiendo de los servicios que realizan para una empresa.

Compañía de telecomunicaciones paga $ 965 millones por violaciones a la FCPA

Washington DC, 21 de septiembre de 2017

El proveedor de telecomunicaciones con sede en Suecia Telia Company AB acordó pagar $ 965 millones en un acuerdo global con la Securities and Exchange Commission, el Departamento de Justicia de los EE.UU. Y las autoridades neerlandesas y suecas para resolver los cargos relacionados con violaciones de la Ley de Prácticas Corruptas en el Extranjero para ganar negocios en Uzbekistán.

De acuerdo con la orden de la SEC, Telia ingresó al mercado de telecomunicaciones uzbeko ofreciendo y pagando al menos $ 330 millones en sobornos a una compañía ficticia bajo el pretexto de pagos por cabildeo y servicios de consultoría que en realidad nunca ocurrieron.

La compañía pantalla estaba controlada por un funcionario del gobierno uzbeko que era miembro de la familia del presidente de Uzbekistán y estaba en posición de ejercer una influencia significativa sobre otros funcionarios uzbekos, lo que provocó que tomarán medidas oficiales para beneficiar los negocios de Telia en Uzbekistán.

Telia dio su consentimiento a la orden de la SEC que exige que la compañía pague $ 457 millones en devolución, y la compañía también aceptó pagar una multa penal de más de $ 508 millones impuesta por el Departamento de Justicia.

Algunas partes de cada importe podrían compensarse con pagos efectuados en asentamientos o procedimientos en el extranjero presentados por el Dutch Openbaar Ministerie o el sueco Åklagarmyndigheten.

El pago total de Telia a las cuatro agencias debe ser de al menos $ 965 millones.

Halliburton paga $ 29.2 millones para resolver violaciones de la FCPA
Washington DC, 27 de julio de 2017

La Comisión de Bolsa y Valores acusó hoy a Halliburton Company de violar los libros y registros y las disposiciones de control contable interno de la Ley de Prácticas Corruptas en el Extranjero (FCPA) al seleccionar y realizar pagos a una compañía local en Angola en el transcurso de ganar lucrativos contratos de servicios petroleros.

Halliburton, que se benefició de aproximadamente $ 14 millones de los acuerdos, acordó pagar más de $ 29.2 millones para resolver el caso de la SEC.

La compañía también acordó obtener un consultor de cumplimiento independiente para supervisar sus políticas y procedimientos anticorrupción en África.

El ex vicepresidente de Halliburton, Jeannot Lorenz, aceptó pagar una multa de $ 75.000 por causar las infracciones de la compañía, eludir los controles contables internos y falsificar libros y registros

Según la orden de la SEC, los funcionarios de la petrolera estatal de Angola, Sonangol, aconsejaron a la gerencia de Halliburton en 2008 que era necesario asociarse con más empresas locales angoleñas para cumplir con las regulaciones de contenido que operan en Angola. Halliburton encargó a Lorenz encabezar estos esfuerzos. local para las empresas extranjeras

Cuando surgió una nueva ronda de proyectos de compañías petroleras, Lorenz comenzó un largo esfuerzo para retener a una compañía local angoleña propiedad de un ex empleado de Halliburton que era amigo y vecino del funcionario de Sonangol y que finalmente aprobaría la adjudicación de los contratos.

Tardó tres intentos, pero finalmente Halliburton sub contrató más de $ 13 millones en negocios a la compañía angoleña local.

HALLIBURTON

La Securities and Exchange Commission anunció que JPMorgan Chase & Co. acordó pagar más de $ 130 millones para pagar los cargos de la SEC porque ganó negocios de clientes e influenció corruptamente a funcionarios gubernamentales en la región Asia-Pacífico al otorgar empleos y pasantías a sus parientes y amigos en violación de la Ley de Prácticas Corruptas en el Extranjero (FCPA).

También se espera que JPMorgan pague $ 72 millones al Departamento de Justicia y $ 61.9 millones a la Junta de Gobernadores de la Reserva Federal por un total de más de $ 264 millones en sanciones resultantes de las prácticas de contratación de referencia de la firma.

Según una orden de la SEC emitida, los banqueros de inversión de la subsidiaria de JPMorgan en Asia crearon un programa de contratación de clientes que eludió el proceso normal de contratación de la firma y recompensó a los candidatos de trabajo remitidos por ejecutivos clientes y funcionarios gubernamentales influyentes por un empleo JPMorgan bien remunerado.

Durante un período de siete años, JPMorgan contrató aproximadamente a 100 pasantes y empleados de tiempo completo a pedido de funcionarios gubernamentales extranjeros, lo que permitió a la empresa ganar o retener negocios, lo que generó más de $ 100 millones en ingresos para JPMorgan.

JPMORGAN
CHASE & CO.

Embraer paga $ 205 millones para liquidar los cargos de la FCPA

24 de octubre de 2016

La Comisión de Bolsa y Valores anunció hoy un acuerdo global junto con el Departamento de Justicia de Estados Unidos y las autoridades brasileñas que requiere que el fabricante de aviones Embraer SA pague más de $ 205 millones para resolver presuntas violaciones de la Ley de Prácticas Corruptas en el Extranjero (FCPA).

La demanda de la SEC alega que Embraer obtuvo más de $ 83 millones en ganancias como resultado de pagos de sobornos de su subsidiaria con sede en los Estados Unidos a través de agentes externos a funcionarios gubernamentales extranjeros en la República Dominicana, Arabia Saudita y Mozambique.

Embraer presuntamente creó libros y registros falsos para ocultar los pagos ilícitos, y también participó en un supuesto plan de contabilidad en la India.

Según la demanda de la SEC, se pagaron $ 3,52 millones en sobornos a un funcionario de la fuerza aérea de la República Dominicana para asegurar un contrato de aviones militares en ese país, y $ 1,65 millones en sobornos fueron enviados a un funcionario en Arabia Saudita para ganar negocios allí.

Se realizó un presunto pago de $ 800,000 a pedido de un funcionario del gobierno de Mozambique como condición para obtener un contrato con una aerolínea estatal en ese país.

Aproximadamente $ 5,76 millones fueron supuestamente pagados a un agente en India en relación con la venta de tres aviones militares altamente especializados para la fuerza aérea india, y los pagos fueron registrados falsamente en los libros y registros de Embraer como parte de un acuerdo de consultoría que no era legítimo.

TevaPharmaceutical paga $ 519 millones para liquidar los cargos de la FCPA

22 de diciembre de 2016

La Comisión de Bolsa y Valores anunció hoy que Teva Pharmaceutical Industries Limited acordó pagar más de $ 519 millones para resolver los cargos civiles y penales paralelos que violaron la Ley de Prácticas Corruptas en el Extranjero al pagar sobornos a funcionarios del gobierno extranjero en Rusia, Ucrania y México.

La demanda de la SEC alega que Teva obtuvo más de $ 214 millones en ganancias ilícitas al realizar los pagos influyentes para aumentar su cuota de mercado y obtener aprobaciones regulatorias y de formulario, así como decisiones favorables de compra y venta de medicamentos.

"Como se alega en nuestra demanda, Teva no pudo diseñar y mantener controles contables internos adecuados para evitar que la compañía pague sobornos para ganar negocios en ciertas regiones del mundo", dijo Stephanie Avakian, directora adjunta de la División de aplicación de la SEC.

Eric I. Bustillo, Director de la Oficina Regional de la SEC en Miami, agregó: "Como alegamos en nuestra demanda, muchos de estos sobornos fueron ocultados como pagos legítimos a los distribuidores.

Si bien los distribuidores pueden ayudar a las empresas a navegar en entornos regulatorios complejos y proporcionar relaciones valiosas con la industria, también pueden crear riesgos de corrupción significativos para las empresas".

En virtud del acuerdo, Teva debe pagar más de $ 236 millones en restitución e intereses a la SEC más una multa de $ 283 millones en un acuerdo de enjuiciamiento diferido con el Departamento de Justicia de los EE. UU.

Teva debe conservar un monitor corporativo independiente durante al menos tres años.

Caso Petrobras-Brasil

El gobierno de Dilma Rouseff se vio involucrado en corrupción.[18]

La red de corrupción empresarial y política en la primera empresa del país puso en jaque a la economía brasileña y con ello al Gobierno de Dilma Rousseff.

La operación Lava Jato, ha detectado corrupción por el orden de aproximadamente 5 mil millones.

---

[18] https://www.theguardian.com/world/2017/jun/01/brazil-operation-car-wash-is-this-the-biggest-corruption-scandal-in-history

Ricardo Martinelli-Panamá

Contrato de 13.5 millones de dólares para interceptar comunicaciones, peculado y corrupción en la compra de comida deshidratada para las escuelas públicas por 45 millones de dólares.

Gastó 285 millones de dólares en consultorías para mejorar imagen política.

92,1 millones de dólares fueron usados por el Ministerio de la Presidencia, Ministerio de Economía y Finanzas (MEF) de Panamá gastó unos 73,7 millones de dólares, respectivamente.

Ex presidente Martinelli investigado por corrupción.

Martinelli estaría acusado de ser partícipe en el esquema de corrupción de la constructora brasileña Odebrecht.

Gobierno de México también investigado por corrupción.

Enrique Peña Nieto - México

Se dice que encubre a su esposa en la compra de la mansión donde viven actualmente: Presuntamente ha sido adquirida con extorsión y sobornos.

La "Casa Blanca", una lujosa casa por un valor superior a los 86 millones de pesos reveló un nexo estrecho entre Grupo Higa, principales favorecidos por la administración de Peña Nieto, desde 2005-2011.

La casa no está registrada a nombre de Enrique Peña Nieto, ni de Angélica Rivera ni de sus hijos y tiene un valor aproximado de 7 a 8 millones de dólares. Afirman que es propiedad de Ingeniería Inmobiliaria del Centro, una empresa que pertenece al Grupo Higa.

Durante la presidencia de Peña Nieto, la firma del San Román ganó en contratos, más de 40 millones de dólares con negocios en varios estados de México.

Escándalo en la FIFA

Escándalo por corrupción dentro de la FIFA.

El 27 de mayo de 2018 estalló uno de los mayores escándalos en la historia de la FIFA con la detención en Suiza, de dirigentes por cargos de corrupción por parte del departamento de justicia de los Estados Unidos.

Confiscaron datos de la sede de la FIFA para investigar las copas mundiales del 2018 y 2022.

4 personas fueron procesadas y siete miembros detenidos por sospechas de corrupción, lavado de dinero y sobornos.

Los detenidos: Jeffrey Webb, Eduardo Li, Julio Rocha, Costas Takkas, Eugenio Figueredo, Rafael Esquivel y José María Marín.

Renuncia Joseph Blatter como presidente de la FIFA.

Caso Michelle Bachalet - Chile

La polémica se generó luego de que se conociera una petición crediticia al Banco de Chile, de 6.500 millones de pesos, realizada por la esposa de Sebastián Dávalos, hijo de la presidenta de Chile.

La empresa Exportadora y Gestión Caval Limitada, donde la esposa de Dávalos es dueña del 50%, pidió el dinero para comprar tres terrenos en Machalí.

Chile no ha escapado de señalamientos por corrupción.

Durante la solicitud del crédito, Dávalos y su señora se reunieron con el dueño y vicepresidente del Banco de Chile, AndrónicoLuksic, días antes de las elecciones presidenciales de Chile, obteniendo una firme promesa de venta de los terrenos por $9.500 millones.

Liberty Reserve-Costa Rica

Esta compañía utilizaba un esquema de moneda virtual estilo bitcoins, para realizar transferencias anónimas de dinero entre diversos países con controles escasos de debida diligencia.

Liberty Reserve fue cerrada en mayo del 2013, cuando en un operativo conjunto entre Costa Rica, Estados Unidos, España y Holanda, se le acusó de lavar $6.000 millones.

Arthur Budovsky, el creador de la empresa, fue sentenciado a 20 años de prisión por lavado de dinero.

Mark Marmilev, exjefe de virtual Liberty Reserve, gestó desde Costa Rica lavado de dinero.

Fue sentenciado a cinco años de prisión por el delito de asociación ilícita para trasladar fondos a Estados Unidos.

Los Sobornos de Odebrecht

El caso de los sobornos de Odebrecht ha recibido la penalización más alta de la historia del país por un caso extranjero de sobornos.

El monto por sobornos desembolsado por la compañía era cifrado entonces en más de 785 millones de dólares desde 2001.

El grueso del pago irá a Brasil y el resto a EE.UU. y Suiza, los tres países que investigaron inicialmente a la empresa.

Pero la penalización final supone casi la mitad de la planteada el pasado diciembre por la Fiscalía estadounidense, cuando llegó a un acuerdo de culpabilidad con Odebrecht, la cual alegó entonces que sólo podía pagar 2.600 millones de los 4.500 millones reclamados por EE.UU.

El Gobierno norteamericano aceptó el argumento de la compañía y pidió al juez, que le impusiera una multa por esa cantidad rebajada, junto a la creación de un supervisor contable independiente durante tres años y una serie de obligaciones de comunicación con las autoridades.

PANAMÁ

Panamá multa a Odebrecht con 220 millones de dólares por el caso de sobornos

El Ministerio Público de Panamá impuso una multa de 220 millones de dólares a la constructora brasileña Odebrecht por el caso de los sobornos a funcionarios del país, tras un acuerdo de colaboración con la empresa.

El acuerdo de la empresa con el Ministerio Público panameño parte del reconocimiento de responsabilidad por todos los actos ilícitos de empleados, administradores, dirigentes o terceros contratados, informó la fiscalía en un comunicado.

http://cnnespanol.cnn.com/2017/08/02/panama-multa-a-odebrecht-con-220-millones-de-dolares-por-el-caso-de-sobornos/

"Con el acuerdo de colaboración eficaz, la empresa se compromete al pago de una sanción económica por el orden de los 220 millones de dólares americanos".

En el caso de Panamá, la cifra por parte de Odebrecht asciende a 59 millones de dólares en sobornos a funcionarios del país entre 2010 y 2014, según el Departamento de Justicia de EE.UU.

ANGOLA: Odebrecht admitió haber pagado 50 millones de dólares en sobornos entre 2006 y 2013.

ARGENTINA: Sobornos por 35 millones de dólares, pagados entre 2007 y 2014, en un periodo que cae entre los Gobiernos de Néstor Kirchner y Cristina Fernández de Kirchner.

BRASIL: Odebrecht está acusada de pagar al menos 349 millones de dólares en sobornos a políticos de varios partidos desde 2003 hasta 2016. Parte de las acusaciones están vinculadas con la investigación judicial en la petrolera estatal Petrobras, bautizada como "Lava Jato" ("Lavado de coches").

COLOMBIA: El monto de los sobornos pagados presuntamente entre 2009 y 2014, asciende a los 11 millones de dólares.

REPÚBLICA DOMINICANA: Odebrecht admitió haber pagado sobornos por 92 millones de dólares entre 2001 y 2014.

ECUADOR: El monto de los pagos irregulares a funcionarios estatales es cifrado en 33,5 millones de dólares entre 2007 y 2016.

GUATEMALA: Los presuntos sobornos por valor de 18 millones de dólares, fueron pagados entre 2013 y 2015.

MÉXICO: Odebrecht es acusada de haber desembolsado 10,5 millones de dólares para sobornos pagados entre 2010 y 2014, durante los Gobiernos de Felipe Calderón y Enrique Peña Nieto.

MOZAMBIQUE: Los pagos de los presuntos sobornos ascienden a los 900.000 dólares entre 2011 y 2014.

PANAMÁ: La constructora brasileña reconoció haber pagado 59 millones de dólares en sobornos entre 2010 y 2014 en el istmo centroamericano.

PERÚ: El monto de los presuntos sobornos es de 29 millones de dólares, pagados entre 2005 y 2014, en un periodo que abarca a tres gobiernos distintos (Alejandro Toledo, Alan García y Ollanta Humala).

VENEZUELA: Odebrecht desembolsó 98 millones de dólares en sobornos para asegurarse contratos de obras públicas entre 2006 y 2015.

Capítulo XVI
Lavado de Dinero

Concepto de Lavado de Dinero

El CICAD, organismo dependiente de la Organización de los Estados Americanos (OEA), dentro del «Reglamento Modelo sobre Delitos de Lavado», relacionado con el tráfico Ilícito de Drogas y Delitos Conexos en su Artículo 2º, lo define así:

> **Artículo 2:** Comete el delito de lavado la persona que convierta, transfiera, adquiera, posea, tenga, utilice, oculte, encubra o impida la determinación real de bienes, a sabiendas, debiendo saber o con ignorancia intencional que tales bienes son producto de un delito de tráfico ilícito o delitos conexos.

Al respecto, el Grupo de Acción Financiera Internacional, ha emitido esta definición de trabajo de lavado de dinero: «La conversión o transferencia de propiedad, a sabiendas de que deriva de un delito criminal, con el propósito de esconder o disfrazar su procedencia ilegal o ayudar a cualquier persona involucrada en la comisión del delito a evadir las consecuencias legales de su accionar. Ocultar o disfrazar la naturaleza real, fuente, ubicación, disposición, movimiento, derechos con respecto a, o propiedad de, bienes a sabiendas de que derivan de ofensa criminal. La adquisición, posesión o uso de bienes, sabiendo al momento en que se reciben, que deriva de una ofensa criminal o de la participación en algún delito». La Red de Control de Crímenes Financieros (FinCEN), del Departamento del Tesoro de EE.UU. que es la principal agencia reguladora en EE.UU. sobre el lavado de dinero, define lavado de dinero como: «Disfrazar activos para ser utilizados sin que se detecte la actividad ilegal que los produjo»

Lavado de dinero transnacional

"El objetivo de un gran número de actos criminales es generar un beneficio para el individuo o grupo que lleva a cabo el acto.

El lavado de dinero es el procesamiento de estos productos criminales para disfrazar su origen ilegal.

Este proceso es de vital importancia, ya que permite al criminal disfrutar de estos beneficios sin poner en peligro su fuente."[19]

PANAMÁ	COSTA RICA	CUBA
Blanqueo de Capitales	Legitimación de Capitales procedentes del narcotráfico	Lavado de Dinero

BRASIL — Lavado de Bienes, Derechos y Valores

COLOMBIA — Lavado de Activos

MÉXICO — Operaciones con recursos de procedencia ilícitas (Lavado de Dinero)

NICARAGUA — Lavado de Dinero y Activos de Actividades ilícitas

BOLIVIA — Legitimación de ganancias ilícitas

CHILE — Lavado de Dinero

URUGUAY — Blanqueo de Dinero

ARGENTINA — Lavado de Activos

EEUU — Lavado de Dinero

GUATEMALA — Transacciones de Inversiones ilícitas (Blanqueo de Dinero)

EL SALVADOR — Lavado de Activos

VENEZUELA — LEGITIMACIÓN DE CAPITALES

Etapas del lavado de dinero

Primera etapa: Colocación

Durante esta etapa inicial se introducen las ganancias ilegales en el sistema financiero por medio de la colocación en circulación de los fondos a través de instituciones financieras y no financieras, casinos, negocios, casas de cambio y otros comercios, tanto a nivel nacional como internacional.

Segunda etapa: Estratificación, ocultamiento, procesamiento o transformación

Esta consiste en separar, transformar y específicamente disfrazar esa masa de dinero ilícito, a través de complejas transacciones para que se pierda su rastro y se dificulte la verificación contable del mismo.

Esto se lleva a cabo mediante giros a cuentas anónimas en países donde los lavadores de dinero pueden ampararse en el secreto bancario, o cuentas de firmas pantalla.

Tercera etapa: Integración

En esta etapa se busca insertar nuevamente esos fondos en la economía para crear percepción de legitimidad.

---

[19] http://www.fatf-gafi.org/faq/moneylaundering/

En ese momento es muy difícil distinguir la riqueza ilegal de la legal. El sujeto podría elegir invertir los fondos en bienes raíces, activos de lujo, inversiones comerciales, u otros medios.

Características del lavado de dinero

- Los antecedentes comerciales del cliente son difusos, inconsistentes o inexistentes.

- Se realizan transferencias cablegráficas frecuentes o por montos altos y las mismas son extraídas inmediatamente.

- El cliente tiene un comportamiento nervioso inusual.

- El cliente discute su mantenimiento de registros u obligaciones de reportar con la aparente intención de evadirlas.

- El cliente sugiere la entrega de un pago o regalo a un empleado de la institución.

- El cliente aparenta tener intenciones ocultas o se comporta anormalmente, como dejar pasar la oportunidad de obtener una tasa más alta de interés sobre un saldo importante en la cuenta.

- La cuenta muestra una alta velocidad en el movimiento de fondos, pero mantiene bajos saldos y finales diarios.

- La transacción se presenta con características inusuales para las necesidades usuales del cliente.

Cifras a nivel mundial del dinero producto del delito y su ingreso al sistema financiero para su blanqueo

DINERO PRODUCTO DEL DELITO	LAVADO DE DINERO
$2.1 Trillones	$1.6 Trillones
3.6% del PIB mundial	2.7% del PIB mundial
Rango de (2.3%-5.5%)	Rango de (2.1%-4%)

Fuente: Reporte de estimación de los flujos financieros ilícitos provenientes del tráfico de drogas y otros crímenes organizados transnacionales, correspondiente al año 2011, emanado de UNODC.

El GAFI y sus 40 recomendaciones

El documento base del GAFI, las 40 Recomendaciones para Prevención del Lavado de Dinero, fue diseñado en 1990.

Las Recomendaciones han sido revisadas en cuatro oportunidades desde que se produjeron en 1990.

En 1996 se hizo la primera revisión, luego fueron modificadas en 2001 (adición de la lucha contra el financiamiento del terrorismo) y en 2003.

La última revisión fue en febrero de 2012.

A. Políticas y coordinación ALA/CFT

1. Evaluación de riesgos y aplicación de un enfoque basado en riesgo.

   Los países deben identificar, evaluar y entender sus riesgos de lavado de activos/financiamiento del terrorismo, y deben tomar medidas, incluyendo la designación de una autoridad o mecanismo para coordinar acciones para evaluar los riesgos, y aplicar recursos encaminados a asegurar que se mitiguen eficazmente los riesgos.

   Con base en esa evaluación, los países deben aplicar un enfoque basado en riesgo (EBR EBR) a fin de asegurar que las medidas para prevenir o mitigar el lavado de activos y el financiamiento del terrorismo sean proporcionales a los riesgos identificados.

   Este enfoque debe constituir un fundamento esencial para la asignación eficaz de recursos en todo el régimen antilavado de activos y contra el financiamiento del terrorismo (ALA/CFT) y la implementación de medidas basadas en riesgo en todas las Recomendaciones del GAFI.

   Cuando los países identifiquen riesgos mayores, éstos deben asegurar que sus respectivos regímenes ALA/CFT aborden adecuadamente tales riesgos.

   Cuando los países identifiquen riesgos menores, éstos pueden optar por permitir medidas simplificadas para algunas Recomendaciones del GAFI bajo determinadas condiciones. Los países deben exigir a las instituciones financieras y actividades y profesiones no financieras designadas (APNFD) que identifiquen, evalúen y tomen una acción eficaz para mitigar sus riesgos de lavado de activos y financiamiento del terrorismo.

2. Cooperación y coordinación nacional

    Los países deben contar con políticas ALA/CFT a escala nacional, que tomen en cuenta los riesgos identificados, las cuales deben ser sometidas a revisión periódicamente, y deben designar a una autoridad o contar con un mecanismo de coordinación o de otro tipo que sea responsable de dichas políticas.

    Los países deben asegurar que, las autoridades que hacen las políticas, la Unidad de Inteligencia Financiera (UIF), las autoridades del orden público, los supervisores y otras autoridades competentes relevantes, tanto a nivel de formulación de políticas como operativo, cuenten con mecanismos eficaces establecidos que les permita cooperar y, cuando corresponda, entablar entre sí una coordinación a nivel interno en el desarrollo e implementación de políticas y actividades para combatir el lavado de activos, el financiamiento del terrorismo y el financiamiento de la proliferación de armas de destrucción masiva.

B. Lavado de activos y decomiso

3. Delito de lavado de activos

    Los países deben tipificar el lavado de activos con base en la Convención de Viena y la Convención de Palermo. Los países deben aplicar el delito de lavado de activos a todos los delitos graves, con la finalidad de incluir la mayor gama posible de delitos determinantes.

4. Decomiso y medidas provisionales

    Los países deben adoptar medidas similares a las establecidas en la Convención de Viena, la Convención de Palermo y el Convenio Internacional para la Represión de la Financiación del Terrorismo, incluyendo medidas legislativas, que permitan a sus autoridades competentes congelar o incautar y decomisar lo siguiente, sin perjuicio de los derechos de terceros de buena fe:

    a) Bienes lavados.

    b) Producto de, o instrumentos utilizados en, o destinados al uso en, delitos de lavado de activos o delitos determinantes.

    c) Bienes que son el producto de, o fueron utilizados en, o que se pretendía utilizar o asignar para ser utilizados en el financiamiento del terrorismo, actos terroristas u organizaciones terroristas.

    d) Bienes de valor equivalente.

Estas medidas deben incluir la autoridad para:

a) Identificar, rastrear y evaluar bienes que están sujetos a decomiso.

b) Ejecutar medidas provisionales, como congelamiento y embargo, para prevenir manejos, transferencias o disposición de dichos bienes.

c) Adoptar medidas que impidan o anulen acciones que perjudiquen la capacidad del Estado para congelar o embargar o recuperar los bienes sujetos a decomiso.

d) Tomar las medidas de investigación apropiadas.

Los países deben considerar la adopción de medidas que permitan que tales productos o instrumentos sean decomisados sin que se requiera de una condena penal (decomiso sin condena), o que exijan que el imputado demuestre el origen lícito de los bienes en cuestión que están sujetos a decomiso, en la medida en que este requisito sea compatible con los principios de sus legislaciones nacionales.

C. Financiamiento del terrorismo y financiamiento de la proliferación

5. Delito de financiamiento del terrorismo

Los países deben tipificar el financiamiento del terrorismo en base al Convenio Internacional para la Represión de la Financiación del Terrorismo, y deben tipificar no sólo el financiamiento de actos terroristas, sino también el financiamiento de organizaciones terroristas y terroristas individuales, aún en ausencia de un vínculo con un acto o actos terroristas específicos.

Los países deben asegurar que tales delitos sean designados como delitos determinantes del lavado de activos.

6. Sanciones financieras dirigidas relacionadas al terrorismo y al financiamiento del terrorismo.

Los países deben implementar regímenes de sanciones financieras para cumplir con las Resoluciones del Consejo de Seguridad de las Naciones Unidas relativas a la prevención y represión del terrorismo y el financiamiento del terrorismo.

Las Resoluciones exigen a los países que congelen sin demora los fondos u otros activos de, y que aseguren que ningún fondo u otro activo se ponga a disposición, directa o indirectamente, de o para, el beneficio de alguna persona o entidad, ya sea (i) designada por, o bajo la autoridad de, el Consejo de Seguridad de las Naciones Unidas dentro del Capítulo VII de la Carta de las Naciones Unidas, incluyendo, de conformidad con la resolución 1267 (1999) y sus resoluciones sucesoras; o (ii) designada por ese país en virtud de la resolución 1373 (2001).

7. Sanciones financieras dirigidas relacionadas a la proliferación

Los países deben implementar sanciones financieras dirigidas para cumplir con las resoluciones del Consejo de Seguridad de las Naciones Unidas relativas a la prevención, represión e interrupción de la proliferación de armas de destrucción masiva y su financiamiento.

Estas resoluciones exigen a los países que congelen sin demora los fondos u otros activos de, y que aseguren que ningún fondo u otro activo se ponga a disposición, directa o indirectamente, de o para el beneficio de, alguna persona o entidad designada por o bajo la autoridad de, el Consejo de Seguridad de las Naciones Unidas dentro del Capítulo VII de la Carta de las Naciones Unidas.

8. Organizaciones sin fines de lucro

Los países deben revisar la idoneidad de las leyes y regulaciones relativas a las entidades que pueden ser utilizadas indebidamente para el financiamiento del terrorismo.

Las organizaciones sin fines de lucro son particularmente vulnerables, y los países deben asegurar que éstas no sean utilizadas indebidamente:

a) Por organizaciones terroristas que se presenten como entidades legítimas.

b) Para explotar entidades legítimas como conductos para el financiamiento del terrorismo, incluyendo el propósito de escapar a medidas de congelamiento de activos.

c) Para esconder u ocultar el desvío clandestino de fondos, destinados a propósitos legítimos, de las organizaciones terroristas.

9. Leyes sobre el secreto de las instituciones financieras

Los países deben asegurar que las leyes sobre el secreto de la institución financiera no impidan la implementación de las recomendaciones del GAFI.

D. Debida Diligencia y Mantenimiento de Registros

10. Debida diligencia del cliente

Debe prohibirse a las instituciones financieras que mantengan cuentas anónimas o cuentas con nombres obviamente ficticios.

Debe exigirse a las instituciones financieras que emprendan medidas de Debida Diligencia del Cliente (DDC) cuando:

i) Establecen relaciones comerciales.

ii) Realizan transacciones ocasionales: (i) por encima del umbral aplicable designado (USD/EUR 15,000).

ii) Están ante transferencias electrónicas en las circunstancias que aborda la Nota Interpretativa de la Recomendación 16.

iii) Existe una sospecha de lavado de activos o financiamiento del terrorismo.

iv) La institución financiera tiene dudas sobre la veracidad o idoneidad de los datos de identificación sobre el cliente obtenidos previamente.

El principio de que las instituciones financieras deben llevar a cabo la DDC debe plasmarse en ley.

Cada país puede determinar cómo impone obligaciones específicas de DDC, ya sea mediante ley o medios coercitivos. Las medidas de DDC a tomar son las siguientes:

a) Identificar al cliente y verificar la identidad del cliente utilizando documentos, datos o información confiable, de fuentes independientes.

b) Identificar al beneficiario final y tomar medidas razonables para verificar la identidad del beneficiario final, de manera tal que la institución financiera esté convencida de que conoce quién es el beneficiario final. Para las personas jurídicas y otras estructuras jurídicas, esto debe incluir que las instituciones financieras entiendan la estructura de titularidad y de control del cliente.

c) Entender, y cuando corresponda, obtener información sobre el propósito y el carácter que se pretende dar a la relación comercial.

d) Realizar una debida diligencia continua de la relación comercial y examinar las transacciones llevadas a cabo a lo largo de esa relación para asegurar que las transacciones que se realicen sean consistentes con el conocimiento que tiene la institución sobre el cliente, su actividad comercial y el perfil de riesgo, incluyendo, cuando sea necesario, la fuente de los fondos. Debe exigirse a las instituciones financieras que apliquen cada una de las medidas de DDC bajo los párrafos a) al d) anteriores, pero deben determinar el alcance de tales medidas utilizando un enfoque basado en riesgo (EBR) de conformidad con las Notas Interpretativas de esta Recomendación.

1. Debe exigirse a las instituciones financieras que verifiquen la identidad del cliente y del beneficiario final antes o durante el curso del establecimiento de una relación comercial o al realizar transacciones para clientes ocasionales.

Los países pueden permitir a las instituciones financieras que completen la verificación tan pronto como sea razonablemente práctico luego del establecimiento de la relación, cuando los riesgos de lavado de activos y financiamiento del terrorismo se manejen con eficacia y cuando resulte esencial para no interrumpir el curso normal de la actividad.

Si la institución financiera no pudiera cumplir con los requisitos aplicables en los párrafos a) al d) anteriores (sujeto a la modificación acorde al alcance de las medidas partiendo de un enfoque basado en riesgo), se le debe exigir a ésta que no abra la cuenta, comience relaciones comerciales o realice la transacción; o se le debe exigir que termine la relación comercial; y debe considerar hacer un reporte de transacciones sospechosas sobre el cliente.

Estos requisitos se deben aplicar a todos los clientes nuevos, aunque las instituciones financieras deben aplicar también esta Recomendación a los clientes existentes atendiendo a la importancia relativa y al riesgo, y deben llevar a cabo una debida diligencia sobre dichas relaciones existentes en los momentos apropiados.

11. Mantenimiento de registros

Debe exigirse a las instituciones financieras que mantengan, por un período de al menos cinco años, todos los registros necesarios sobre las transacciones, tanto locales como internacionales, para que éstas puedan cumplir con rapidez con las peticiones de información solicitadas por las autoridades competentes.

Estos registros tienen que ser suficientes para permitir la reconstrucción de transacciones individuales (incluyendo los montos y tipos de moneda involucrada, de haber alguna) de manera tal que se ofrezca evidencia, de ser necesario, para el enjuiciamiento de una actividad criminal.

Debe exigirse a las instituciones financieras que conserven todos los registros obtenidos a través de medidas de DDC (ej.: copias o registros de documentos oficiales de identificación como pasaportes, tarjetas de identidad, licencias de conducción o documentos similares), expedientes de cuentas y correspondencia comercial, incluyendo los resultados de los análisis que se hayan realizado (ej.: investigaciones preliminares para establecer los antecedentes y el propósito de transacciones complejas, inusualmente grandes), por un período de al menos cinco años luego de terminada la relación comercial o después de la fecha de efectuada la transacción ocasional.

Debe exigirse a las instituciones financieras, por ley, que mantengan los registros sobre las transacciones y la información obtenida mediante las medidas de DDC.

La información de DDC y los registros de transacciones deben estar a disposición de las autoridades competentes locales con la debida autorización.

Medidas adicionales para clientes y actividades específicas

12. Personas expuestas políticamente

    Debe exigirse a las instituciones financieras, con respecto a las personas expuestas políticamente (PEP) extranjeras (ya sea un cliente o beneficiario final), además de ejecutar medidas normales de debida diligencia del cliente, que:

    a) Cuenten con sistemas apropiados de gestión de riesgo para determinar si el cliente o el beneficiario final es una persona expuesta políticamente.

    b) Obtengan la aprobación de la alta gerencia para establecer (o continuar, en el caso de los clientes existentes) dichas relaciones comerciales.

    c) Tomen medidas razonables para establecer la fuente de riqueza y la fuente de los fondos.

    d) Lleven a cabo un monitoreo continuo intensificado de la relación comercial.

    Debe exigirse a las instituciones financieras que tomen medidas razonables para determinar si un cliente o beneficiario final es una

PEP local o una persona que tiene o a quien se le ha confiado una función prominente en una organización internacional.

En los casos de una relación comercial de mayor riesgo con dichas personas, debe exigirse a las instituciones financieras que apliquen las medidas a las que se hace referencia en los párrafos b), c) y d). Los requisitos para todos los tipos de PEP deben aplicarse también a los miembros de la familia o asociados cercanos de dichas PEP.

13. Banca corresponsal

Debe exigirse a las instituciones financieras, con respecto a la banca corresponsal transfronteriza y otras relaciones similares, que además de ejecutar medidas normales de debida diligencia del cliente, que:

a) Reúnan información suficiente sobre la institución representada que les permita comprender cabalmente la naturaleza de los negocios del receptor y determinar, a partir de la información disponible públicamente, la reputación de la institución y la calidad de la supervisión, incluyendo si ha sido objeto o no a una investigación sobre lavado de activos o financiamiento del terrorismo o a una acción regulatoria.

b) Evalúen los controles ALA/CFT de la institución representada.

c) Obtengan la aprobación de la alta gerencia antes de establecer nuevas relaciones corresponsales.

d) Entiendan claramente las respectivas responsabilidades de cada institución.

e) Con respecto a las "cuentas de transferencias de pagos en otras plazas", estén convencidas de que el banco representado ha llevado a cabo la DDC sobre los clientes que tienen acceso directo a las cuentas del banco corresponsal, y que es capaz de suministrar la información relevante en materia de DDC cuando el banco corresponsal lo solicite.

Debe prohibirse a las instituciones financieras entrar en, o continuar, una relación de banca corresponsal con bancos pantalla. Debe exigirse a las instituciones financieras que estén convencidas de que las instituciones representadas no permitan que sus cuentas sean utilizadas por bancos pantalla.

14. Servicios de transferencia de dinero o valores

    Los países deben tomar medidas para asegurar que las personas naturales o jurídicas que prestan servicios de transferencia de dinero o valores (STDV) tengan licencia o estén registradas, y que estén sujetas a sistemas eficaces para el monitoreo y para asegurar el cumplimiento con las medidas establecidas en las Recomendaciones del GAFI.

    Los países deben tomar medidas para identificar a las personas naturales o jurídicas que prestan STDV sin contar con una licencia o sin estar registradas, y aplicar las sanciones debidas.

    Toda persona natural o jurídica que trabaje como agente debe también tener licencia o estar registrada ante una autoridad competente, o los proveedores de STDV deben mantener una lista actualizada de sus agentes, a la cual tengan acceso las autoridades competentes en los países en los que opera el proveedor de STDV y sus agentes.

    Los países deben tomar medidas para asegurar que los proveedores de STDV que utilizan agentes, incluyan a los mismos en sus programas ALA/CFT y supervisar el cumplimiento de dichos programas.

15. Nuevas tecnologías

    Los países y las instituciones financieras deben identificar y evaluar los riesgos de lavado de activos o financiamiento del terrorismo que pudieran surgir con respecto a (a) el desarrollo de nuevos productos y nuevas prácticas comerciales, incluyendo nuevos mecanismos de envío, y (b) el uso de nuevas tecnologías o tecnologías en desarrollo para productos tanto nuevos como los existentes. En el caso de las instituciones financieras, esta evaluación del riesgo debe hacerse antes del lanzamiento de los nuevos productos, prácticas comerciales o el uso de tecnologías nuevas o en desarrollo. Los países y las instituciones financieras deben tomar medidas apropiadas para administrar y mitigar esos riesgos.

16. Transferencias electrónicas

    Los países deben asegurar que las instituciones financieras incluyan la información sobre el originador que se requiere, y que ésta sea precisa, así como la información requerida sobre el beneficiario, en las transferencias electrónicas y mensajes relacionados, y que la información permanezca con la transferencia electrónica o mensaje relacionado a lo largo de toda la cadena de pago.

Los países deben asegurar que las instituciones financieras monitoreen las transferencias electrónicas con el propósito de detectar aquellas que carezcan de la información requerida sobre el originador y/o beneficiario, y tomar las medidas apropiadas. Los países deben asegurar que, en el contexto del procesamiento de las transferencias electrónicas, las instituciones financieras tomen medidas para congelar y deben prohibir la realización de transacciones con personas y entidades designadas, según las obligaciones plasmadas en las resoluciones pertinentes del Consejo de Seguridad de las Naciones Unidas, como la Resolución 1267 (1999) y sus resoluciones sucesoras, y la Resolución 1373(2001), relativa a la prevención y represión del terrorismo y el financiamiento del terrorismo.

Dependencia, controles y grupos financieros

17. Dependencia en terceros

Los países pueden permitir a las instituciones financieras que deleguen en terceros para que realicen los elementos (a)-(c) de las medidas de DDC plasmadas en la Recomendación 10 o introducir negocios, siempre que se cumplan los criterios definidos más abajo. Cuando esta dependencia se permita, la responsabilidad final en cuanto a las medidas de DDC permanece en la institución financiera que depende del tercero. Los criterios que se deben cumplir son los siguientes:

a) Una institución financiera que dependa de un tercero debe obtener inmediatamente la información necesaria sobre los elementos (a)-(c) de las medidas de DDC plasmadas en la Recomendación 10.

a) b) Las instituciones financieras deben tomar medidas adecuadas para asegurarse de que el tercero suministrará, cuando se le solicite y sin demora, copias de los datos de identificación y demás documentación pertinente relativa a los requisitos sobre la DDC.

a) c) La institución financiera debe convencerse de que el tercero está regulado, es supervisado o monitoreado en cuanto a los requisitos sobre la DDC y el mantenimiento de registros, y que cuenta con medidas establecidas para el cumplimiento de los mismos, de acuerdo con las Recomendaciones 10 y 11.

a) d) Al determinar en qué países puede radicar el tercero que cumple con las condiciones, los países deben tomar en cuenta la información disponible sobre el nivel de riesgo de ese país.

Cuando una institución financiera depende de un tercero que forma parte del mismo grupo financiero, y (i) ese grupo aplica requisitos de DDC y mantenimiento de registros, de acuerdo con las Recomendaciones 10, 11 y 12, así como programas contra el lavado de activos y el financiamiento del terrorismo, en concordancia con la Recomendación 18; y ii) cuando la implementación eficaz de esos requisitos de DDC y mantenimiento de registros, así como de los programas ALA/CFT, es supervisada a nivel de grupo por una autoridad competente, las autoridades competentes correspondientes pueden entonces considerar que la institución financiera aplica medidas dentro de los incisos b) y c) anteriores mediante su programa de grupo, y puede tomar la decisión de que el inciso d) no es una precondición necesaria para la delegación cuando el mayor riesgo de un país se mitiga adecuadamente mediante las políticas ALA/CFT del grupo.

18. Controles internos y filiales y subsidiarias.

Que se apliquen medidas ALA/CFT de acuerdo con los requisitos del país de procedencia para la implementación de las Recomendaciones del GAFI, mediante los programas a nivel de grupo contra el lavado de activos y el financiamiento del terrorismo.

Debe exigirse a las instituciones financieras que implementen programas contra el lavado de activos y el financiamiento del terrorismo. Debe exigirse a los grupos financieros que implementen a nivel de todo el grupo programas contra el lavado de activos y el financiamiento del terrorismo, incluyendo políticas y procedimientos para intercambiar información dentro del grupo para propósitos ALA/CFT. Debe exigirse a las instituciones financieras que aseguren que sus sucursales y filiales extranjeras de propiedad mayoritaria

19. Países de mayor riesgo

Debe exigirse a las instituciones financieras que apliquen medidas de debida diligencia intensificada a las relaciones comerciales y transacciones con personas naturales y jurídicas, e instituciones financieras, procedentes de países para los cuales el GAFI hace un llamado en este sentido. El tipo de medidas de debida diligencia intensificada que se aplique debe ser eficaz y proporcional a los riesgos.

Los países deben ser capaces de aplicar contramedidas apropiadas cuando el GAFI haga un llamado para hacerlo. Los países deben ser capaces también de aplicar contramedidas independientemente de algún llamado emitido por el GAFI en este sentido. Tales contramedidas deben ser eficaces y proporcionales a los riesgos.

Reporte de operaciones sospechosas

20. Reporte de operaciones sospechosas

Si una institución financiera sospecha o tiene motivos razonables para sospechar que los fondos son producto de una actividad criminal, o están relacionados al financiamiento del terrorismo, a ésta se le debe exigir, por ley, que reporte con prontitud sus sospechas a la Unidad de Inteligencia Financiera (UIF).

21. Revelación (tipping-off) y confidencialidad

Las instituciones financieras, sus directores, funcionarios y empleados deben:

a) Estar protegidos por la ley frente a la responsabilidad penal y civil por violación de alguna restricción sobre la revelación de información impuesta mediante contrato o mediante alguna disposición legislativa, normativa o administrativa, si éstos reportan sus sospechas de buena fe a la UIF, aun cuando no conozcan precisamente cuál era la actividad criminal subyacente, e independientemente de si la actividad ilegal realmente ocurrió o no.

b) Tener prohibido por ley revelar ("tipping-off") el hecho de que se está entregando a la UIF un reporte de operación sospechosa (ROS) o información relacionada.

Actividades y profesiones no financieras designadas

22. APNFD: debida diligencia del cliente

Los requisitos de debida diligencia del cliente y el mantenimiento de registros establecidos en las Recomendaciones 10, 11, 12, 15 y 17, se aplican a las Actividades y Profesiones No Financieras Designadas (APNFD) en las siguientes situaciones:

a) Casinos – cuando los clientes se involucran en transacciones financieras por un monto igual o mayor al umbral designado aplicable.

b) Agentes inmobiliarios – cuando éstos se involucran en transacciones para sus clientes, concerniente a la compra y venta de bienes inmobiliarios.

c) Comerciantes de metales preciosos y comerciantes de piedras preciosas – cuando éstos se involucran en alguna transacción en efectivo con un cliente por un monto igual o mayor al del umbral designado aplicable.

d) Abogados, notarios, otros profesionales jurídicos independientes y contadores – cuando se disponen a realizar transacciones o realizan transacciones para sus clientes sobre las siguientes actividades: en compra y venta de bienes inmuebles; n administración del dinero, valores u otros activos del cliente; en administración de las cuentas bancarias, de ahorros o valores; n organización de contribuciones para la creación, operación o administración de empresas; en creación, operación o administración de personas jurídicas u otras estructuras jurídicas, y compra y venta de entidades comerciales.

e) Proveedores de servicios societarios y fideicomisos cuando se disponen a realizar transacciones o realizan transacciones para un cliente sobre las siguientes actividades: n actuación como agente de creación de personas jurídicas; n actuación (o arreglo para que otra persona actúe como) como director o apoderado de una sociedad mercantil, un socio de una sociedad o una posición similar con relación a otras personas jurídicas; n provisión de un domicilio registrado, domicilio comercial o espacio físico, domicilio postal o administrativo para una sociedad mercantil, sociedad o cualquier otra persona jurídica o estructura jurídica; en actuación (o arreglo para que otra persona actúe) como fiduciario de un fideicomiso expreso o que desempeñe la función equivalente para otra forma de estructura jurídica en actuación (o arreglo para que otra persona actúe) como un accionista nominal para otra persona.

23. APNFD: Otras medidas

Los requisitos plasmados en las Recomendaciones 18 a la 21 se aplican a todas las actividades y profesiones no financieras designadas, sujetos a los siguientes requisitos:

a) Debe exigirse a los abogados, notarios, otros profesionales jurídicos independientes y contadores que reporten las operaciones sospechosas cuando, en nombre de un cliente o por un cliente, se involucran en una transacción financiera con relación a las actividades descritas en el párrafo d) de la Recomendación 22. Se exhorta firmemente a los países que extiendan el requisito de reporte al resto de las actividades profesionales de los contadores, incluyendo la auditoría.

b) Debe exigirse a los comerciantes de metales preciosos y comerciantes de piedras preciosas que reporten las operaciones sospechosas cuando se involucran en alguna transacción en efectivo con un cliente por un monto igual o mayor al umbral designado aplicable.

c) Debe exigirse a los proveedores de servicios societarios y de fideicomisos que reporten operaciones sospechosas por un cliente cuando, en nombre del cliente o por el cliente, se involucran en una transacción con relación a las actividades a las que se hace referencia en el párrafo (e) de la Recomendación 22.

E. Transparencia y beneficiario final de personas jurídicas y otras estructuras jurídicas

24. Transparencia y beneficiario final de las personas jurídicas

Los países deben tomar medidas para impedir el uso indebido de las personas jurídicas para el lavado de activos o el financiamiento del terrorismo.

Los países deben asegurar que exista información adecuada, precisa y oportuna sobre el beneficiario final y el control de las personas jurídicas, que las autoridades competentes puedan obtener o a la que puedan tener acceso oportunamente.

En particular, los países que tengan personas jurídicas que puedan emitir acciones al portador o certificados de acciones al portador, o que permitan accionistas nominales o directores nominales, deben tomar medidas eficaces para asegurar que éstas no sean utilizadas indebidamente para el lavado de activos o el financiamiento del terrorismo.

Los países deben considerar medidas para facilitar el acceso a la información sobre el beneficiario final y el control por las instituciones financieras y las APNFD que ejecutan los requisitos plasmados en las Recomendaciones 10 y 22.

25. Transparencia y beneficiario final de otras estructuras jurídicas

Los países deben tomar medidas para prevenir el uso indebido de otras estructuras jurídicas para el lavado de activos o el financiamiento del terrorismo. En particular, los países deben asegurar que exista información adecuada, precisa y oportuna sobre los fideicomisos expresos, incluyendo información sobre el fideicomitente, fiduciario y los beneficiarios, que las autoridades competentes puedan obtener o a la que puedan tener acceso oportunamente. Los países deben considerar medidas para facilitar el acceso a la información sobre el beneficiario final y el control por las instituciones financieras y las APNFD que ejecutan los requisitos establecidos en las Recomendaciones 10 y 22.

F. Facultades y responsabilidades de autoridades competentes y otras medidas institucionales, regulación y supervisión

26. Regulación y supervisión de las instituciones financieras

Los países deben asegurar que las instituciones financieras estén sujetas a una regulación y supervisión adecuadas y que implementen eficazmente las Recomendaciones del GAFI.

Las autoridades competentes deben tomar las medidas legales o normativas necesarias para prevenir que los criminales o sus cómplices tengan, o sean el beneficiario final de, o que tengan una participación significativa o mayoritaria en, o que ostenten una función administrativa en una institución financiera.

Los países no deben aprobar el establecimiento u operación continuada de bancos pantalla.

En el caso de las instituciones financieras sujetas a los Principios Centrales, las medidas de regulación y supervisión que se aplican para propósitos prudenciales y que son relevantes también para el lavado de activos y el financiamiento del terrorismo, deben aplicarse de una forma similar para propósitos ALA/CFT.

Esto debe incluir la aplicación de una supervisión de grupo consolidada para propósitos ALA/CFT.

Las demás instituciones financieras deben recibir licencia o ser registradas y reguladas apropiadamente, y estar sujetas a la supervisión o vigilancia para propósitos ALA/CFT, teniendo en cuenta el riesgo de lavado de activos o de financiamiento del terrorismo en ese sector.

Como mínimo, los negocios que presten un servicio de transferencia de dinero o valores, o de cambio de dinero o moneda, deben recibir licencia o ser registrados, y estar sujetos a sistemas eficaces de monitoreo y asegurar el cumplimiento con los requisitos nacionales ALA/CFT.

27. Facultades de los supervisores

Los supervisores deben contar con facultades adecuadas para supervisar o monitorear las instituciones financieras y asegurar el cumplimiento por parte de éstas con los requisitos para combatir el lavado de activos y el financiamiento del terrorismo, incluyendo autorización para realizar inspecciones. Deben estar autorizados para requerir la presentación de información por las instituciones financieras que sea relevante para el monitoreo de dicho cumplimiento, e imponer sanciones, de acuerdo con la Recomendación 35, por incumplimiento con dichos requisitos. Los supervisores deben tener la facultad para imponer una gama de sanciones disciplinarias y financieras, y potestad para retirar, restringir o suspender la licencia de la institución financiera, donde corresponda.

28. Regulación y supervisión de las APNFD

Las Actividades y Profesiones No Financieras Designadas deben estar sujetas a medidas de regulación y supervisión de la forma que se define a continuación:

a) Los casinos deben estar sujetos a un amplio régimen de regulación y supervisión que asegure que éstos hayan implementado con eficacia las medidas ALA/CFT necesarias. Como mínimo: en los casinos deben recibir licencia; las autoridades competentes deben tomar las medidas legales o normativas necesarias para prevenir que los criminales o sus cómplices tengan, o sean el beneficiario final de, o que tengan una participación significativa o mayoritaria en, o que ostenten una función administrativa en, o que sean un operador de, un casino; y las autoridades competentes deben asegurar que los casinos estén supervisados eficazmente en cuanto al cumplimiento con los requisitos ALA/CFT.

b) Los países deben asegurar que las demás categorías de APNFD estén sujetas a sistemas eficaces para el monitoreo y asegurar el cumplimiento con los requisitos ALA/CFT. Esto debe hacerse de acuerdo al riesgo. Ello puede ser ejecutado por a) un supervisor o por b) un organismo autorregulador (OAR) apropiado, siempre que dicho organismo pueda asegurar que sus miembros cumplan con sus obligaciones para combatir el lavado de activos y el financiamiento del terrorismo. El supervisor o el OAR deben también a) tomar las medidas legales o normativas necesarias para prevenir que los criminales o sus asociados tengan, o sean el beneficiario final de, o que tengan una participación significativa o mayoritaria en, o que ostenten una función administrativa, por ejemplo evaluando a las personas con base en un examen de capacidad e idoneidad "fit and proper"; y b) tener sanciones efectivas, adecuadas y disuasivas de acuerdo con la Recomendación 35 para contrarrestar el incumplimiento de los requerimientos de ALA/CFT.

Operativo y orden público

29. Unidades de inteligencia financiera

Los países deben establecer una Unidad de Inteligencia Financiera (UIF) que sirva como un centro nacional para la recepción y análisis de:

a) Reportes de transacciones sospechosas.

b) Otra información relevante al lavado de activos, delitos determinantes asociados y el financiamiento del terrorismo, y para la comunicación de los resultados de ese análisis. La UIF debe ser capaz de obtener información adicional de los sujetos obligados, y debe tener acceso oportuno a la información financiera, administrativa y del orden público que requiera para desempeñar sus funciones apropiadamente.

30. Responsabilidades de las autoridades de orden público e investigativas

Los países deben asegurar que las autoridades del orden público designadas tengan responsabilidad para desarrollar las investigaciones sobre lavado de activos y financiamiento del terrorismo dentro del marco de las políticas nacionales ALA/CFT. Al menos en todos los casos relacionados a delitos que produzcan gran volumen de activos, las autoridades del orden público designadas deben desarrollar una investigación financiera de manera proactiva en paralelo a la persecución del lavado de activos, delitos determinantes asociados y el financiamiento del terrorismo. Ello debe incluir casos en los que el delito determinante asociado ocurre fuera de sus jurisdicciones.

Los países deben asegurar que las autoridades competentes tengan responsabilidad en la rápida identificación, rastreo e inicio de acciones para congelar y embargar bienes que están, o puedan ser o estar, sujetos a decomiso, o que se sospecha que son producto del crimen. Los países deben utilizar también, cuando sea necesario, grupos multidisciplinarios permanentes o temporales especializados en investigaciones financieras o de activos. Los países deben asegurar que, cuando sea necesario, se lleven a cabo investigaciones cooperativas con las autoridades competentes apropiadas en otros países.

31. Facultades de las autoridades de orden público e investigativas

Al efectuar investigaciones de lavado de activos, delitos determinantes asociados y el financiamiento del terrorismo, las autoridades competentes deben ser capaces de obtener acceso a todos los documentos e información necesaria para utilizarla en esas investigaciones, así como en procesos judiciales y acciones relacionadas. Ello debe incluir la facultad para exigir la presentación de los registros en poder de las instituciones financieras, las APNFD y otras personas naturales o jurídicas, para la búsqueda de personas y lugares, para la toma de declaraciones de testigos, y para el embargo y obtención de evidencia.

Los países deben asegurar que las autoridades competentes que realizan investigaciones sean capaces de utilizar una amplia gama de técnicas investigativas pertinentes para la investigación de lavado de activos, delitos determinantes asociados y el financiamiento del terrorismo. Estas técnicas investigativas incluyen: operaciones encubiertas, intercepción de comunicaciones, acceso a sistemas computarizados y entregas vigiladas.

Además, los países deben contar con mecanismos eficaces establecidos para identificar, oportunamente, si las personas naturales o jurídicas tienen cuentas o controlan cuentas. Deben asimismo poseer mecanismos para asegurar que las autoridades competentes cuenten con un proceso para identificar activos sin notificación previa al propietario. Al realizar investigaciones de lavado de activos, delitos determinantes asociados y financiamiento del terrorismo, las autoridades competentes deben ser capaces de pedir toda la información relevante en poder de la UIF.

32. Transporte de efectivo

Los países deben contar con medidas establecidas para detectar el transporte físico transfronterizo de moneda e instrumentos negociables, incluyendo a través de un sistema de declaración y/o revelación. Los países deben asegurar que sus autoridades competentes cuenten con la autoridad legal para detener o restringir moneda o instrumentos negociables al portador sobre los que se sospecha una relación con el financiamiento del terrorismo, el lavado de activos o delitos determinantes, o que son declarados o revelados falsamente.

Los países deben asegurar que se disponga de sanciones eficaces, proporcionales y disuasivas para tratar a las personas que hacen una declaración(es) o revelación(es) falsa(s). En los casos en los que la moneda o los instrumentos negociables al portador estén relacionados al financiamiento del terrorismo, el lavado de activos o delitos determinantes, los países deben además adoptar medidas, incluyendo medidas legislativas, de acuerdo con la Recomendación 4, que permitan el decomiso de dicha moneda o instrumentos.

Requisitos generales

33. Estadísticas

Los países deben mantener amplias estadísticas sobre los asuntos relevantes a la eficacia y eficiencia de sus sistemas ALA/CFT. Esto debe incluir estadísticas sobre los ROS recibidos y divulgados; acerca de las investigaciones, procesos y condenas de lavado de activos y financiamiento del terrorismo; sobre los bienes congelados, incautados y decomisados; y acerca de la asistencia legal mutua u otras solicitudes internacionales de cooperación.

34. Guía y retroalimentación

Las autoridades competentes y los OAR deben establecer directrices y ofrecer retroalimentación que ayude a las instituciones financieras y actividades y profesiones no financieras designadas en la aplicación de medidas nacionales para combatir el lavado de activos y el financiamiento del terrorismo, y, en particular, en la detección y reporte de transacciones sospechosas.

Sanciones

35. Sanciones

Los países deben asegurar que exista una gama de sanciones eficaces, proporcionales y disuasivas, sean penales, civiles o administrativas, que estén disponibles para tratar a las personas naturales o jurídicas cubiertas en las Recomendaciones 6 y 8 a la 23, que incumplan con los requisitos ALA/CFT. Las sanciones deben ser aplicables no sólo a las instituciones financieras y a las APNFD, sino también a sus directores y la alta gerencia.

G. Cooperación internacional

36. Instrumentos internacionales

Los países deben tomar medidas inmediatas para ser parte de, e implementar a plenitud, la Convención de Viena, 1988; la Convención de Palermo, 2000; la Convención de las Naciones Unidas contra la Corrupción, 2003; y el Convenio Internacional para la Represión de la Financiación del Terrorismo, 1999.

Cuando corresponda, se exhorta también a los países a ratificar e implementar otras convenciones internacionales relevantes, como la Convención del Consejo de Europa sobre el Crimen Cibernético, 2001; la Convención Interamericana contra el Terrorismo, 2002; y el Convenio del Consejo de Europa sobre Blanqueo, Detección, Embargo y Decomiso de los Productos de un Delito y sobre el Financiamiento del Terrorismo, 2005.

37. Asistencia legal mutua

Los países deben prestar rápida, constructiva y eficazmente, el mayor rango posible de asistencia legal mutua con relación a investigaciones, procedimientos judiciales y procesos relacionados con el lavado de activos, delitos determinantes asociados y el financiamiento del terrorismo.

Los países deben contar con una base jurídica adecuada para prestar asistencia y, cuando corresponda, deben tener establecidos tratados, acuerdos u otros mecanismos para mejorar la cooperación. En particular, los países deben:

a) No prohibir, o dar lugar a condiciones restrictivas poco razonables o indebidas, en la prestación de asistencia legal mutua.

b) Asegurar que cuenten con procesos claros y eficaces para la priorización y ejecución oportuna de solicitudes de asistencia legal mutua. Los países deben también utilizar una autoridad central u otro mecanismo oficial establecido, para la transmisión y ejecución eficaz de las solicitudes. Para monitorear el progreso de las peticiones, debe mantenerse un sistema de administración de casos.

c) No negarse a ejecutar una solicitud de asistencia legal mutua por el único motivo de que se considera que el delito involucra también asuntos fiscales.

d) No negarse a ejecutar una solicitud de asistencia legal mutua basándose en que las leyes exigen a las instituciones financieras que mantengan el secreto o la confidencialidad.

e) Mantener la confidencialidad de las solicitudes de asistencia legal mutua que reciben y la información en ellas contenida, sujeto a los principios fundamentales de derecho interno, con el objeto de proteger la integridad de la investigación o la investigación preliminar.

f) Todas las que estén relacionadas a la presentación, búsqueda e incautación de información, documentos o evidencia (incluyendo registros financieros) de las instituciones financieras u otras personas, y la toma de declaraciones de testigos.

g) Una amplia gama de otras facultades y técnicas investigativas; estén también disponibles para ser usadas en respuesta a peticiones de asistencia legal mutua, y, si son compatibles con sus respectivos marcos, para responder a solicitudes directas emanadas de autoridades judiciales o del orden público extranjeras dirigidas a contrapartes nacionales.

Para evitar conflictos de jurisdicción, debe considerarse el diseño y aplicación de mecanismos para determinar el mejor lugar para el enjuiciamiento de los imputados en interés de la justicia en casos que estén sujetos a proceso en más de un país.

Al emitir solicitudes de asistencia legal mutua, los países deben hacer los mayores esfuerzos para ofrecer información completa de los hechos y legal que permita la ejecución oportuna y eficiente de las peticiones, incluyendo alguna necesidad de urgencia, y deben enviar las solicitudes utilizando medios expeditos.

Los países deben, antes de enviar las peticiones, hacer sus mejores esfuerzos para precisar los requisitos y las formalidades legales a fin de obtener la asistencia. Las autoridades responsables de la asistencia legal mutua (ej.: una Autoridad Central) deben recibir los adecuados recursos financieros, humanos y técnicos. Los países deben tener establecidos procesos para asegurar que el personal de dichas autoridades mantenga elevados estándares profesionales, incluyendo estándares sobre la confidencialidad, y que tengan una elevada integridad y cuenten con las habilidades apropiadas.

38. Asistencia legal mutua: congelamiento y decomiso

Los países deben asegurar que cuenten con la autoridad para tomar una acción rápida en respuesta a solicitudes extranjeras para identificar, congelar, embargar y decomisar bienes lavados; productos del lavado de activos, de los delitos determinantes y del financiamiento del terrorismo; instrumentos utilizados en, o destinados para ser usados en, la comisión de estos delitos; o bienes de valor equivalente. Esta autoridad debe incluir, ser capaz de responder a solicitudes emitidas partiendo de procesos de decomiso sin la base de una condena y medidas provisionales relacionadas, a menos que ello no se corresponda con los principios fundamentales de sus leyes internas.

Los países deben contar también con mecanismos eficaces para administrar dichos bienes, instrumentos o bienes de valor equivalente, así como acuerdos para coordinar procesos de embargo y decomiso, lo cual debe incluir la repartición de activos decomisados.

39. Extradición

Los países deben ejecutar constructiva y eficazmente, las solicitudes de extradición con relación al lavado de activos y el financiamiento del terrorismo, sin una demora indebida. Los países deben también tomar todas las medidas posibles para asegurar que no ofrezcan refugio seguro a individuos acusados de financiamiento del terrorismo, actos terroristas o a organizaciones terroristas. En particular, los países deben:

a) Asegurar que el lavado de activos y el financiamiento del terrorismo sean delitos extraditables.

b) Asegurar que cuenten con procesos claros y eficientes para la ejecución oportuna de peticiones de extradición, incluyendo la priorización, cuando corresponda. Para monitorear el progreso de las peticiones, debe mantenerse un sistema de administración de casos.

c) No dar lugar a condiciones restrictivas poco razonables o indebidas, en la ejecución de solicitudes.

d) Asegurar que cuenten con un marco jurídico adecuado para la extradición.

Cada país debe extraditar a sus propios nacionales o, cuando un país no lo haga solamente por el motivo de la nacionalidad, ese país debe, a petición del país que persigue la extradición, presentar el caso, sin una demora indebida, a sus autoridades competentes con el propósito de procesar los delitos plasmados en la petición.

Esas autoridades deben tomar su decisión y llevar a cabo sus procesos de la misma forma en que procede para cualquier otro delito de carácter grave dentro de la ley interna de ese país. Los países involucrados deben cooperar entre sí, en particular en los aspectos de procedimiento y de las pruebas, para asegurar la eficiencia de tales procesos judiciales.

Cuando se requiera la doble incriminación para la extradición, debe considerarse como cumplido ese requisito independientemente de si ambos países colocan el delito dentro de la misma categoría de delito o denominan el delito utilizando la misma terminología, siempre que ambos países tipifiquen la conducta que subyace en el delito.

De acuerdo con los principios fundamentales de derecho interno, los países deben poseer mecanismos simplificados de extradición, como el permitir la transmisión directa de solicitudes para la realización de detención provisionales entre las autoridades apropiadas, extradición de personas sobre la base sólo de órdenes de detención o juicios, o introducción de una extradición simplificada de personas que lo consienten y que renuncian a los procesos formales de extradición.

Las autoridades responsables de la extradición deben contar con los adecuados recursos financieros, humanos y técnicos. Los países deben tener establecidos procesos para asegurar que el personal de dichas autoridades mantenga elevados estándares profesionales, incluyendo estándares sobre la confidencialidad, y que tengan una elevada integridad y cuenten con las habilidades apropiadas.

40. Otras formas de cooperación internacional

Los países deben asegurar que sus autoridades competentes puedan, rápidas, constructiva y eficazmente, prestar el mayor rango de cooperación internacional con relación al lavado de activos, delitos determinantes asociados y el financiamiento del terrorismo.

Los países deben hacerlo espontáneamente y siguiendo una solicitud, y debe existir una base legal para prestar la cooperación. Los países deben autorizar a sus autoridades competentes a utilizar los medios más eficientes para cooperar. Si una autoridad competente necesita acuerdos o arreglos bilaterales o multilaterales, como un Memorando de Entendimiento (MOU), éstos deben negociarse y firmarse a tiempo, con una amplia gama de contrapartes extranjeras.

Las autoridades competentes deben utilizar canales o mecanismos claros para la transmisión y ejecución eficaz de solicitudes de información u otros tipos de asistencia. Las autoridades competentes deben contar con procesos claros y eficientes para la priorización y ejecución oportuna de solicitudes, y para la salvaguarda de la información recibida.

Para entender la problemática de la Delincuencia Organizada y poder abordarla bajo el punto de vista preventivo y sancionatorio, es necesario lograr establecer un enfoque antilavado, donde pueda comprenderse que esta ruta puede encontrar fórmulas para disminuir estos delitos. Dicho aporte lo hacemos con la intención de colocar en el debate, el estudio de esta actividad ilícita, para llevarla a la práctica diaria.

Preventivo: Prevenir, anticipar y lograr una política de disminución de riesgos es vital para cualquier organización. En la disuasión para lograr sensibilizar a los ciudadanos en la cultura antilavado y contra el financiamiento al terrorismo, bajo el punto de vista preventivo, se debe administrar los riesgos aplicando las normas y regulaciones en la materia.

Sancionatorio: La detección de operaciones de lavado de dinero por parte de las unidades de prevención. Le corresponderá a los oficiales de cumplimento reportar dichas actividades a las unidades de inteligencia financiera, quienes a su vez deberán evaluar si corresponde seguir valorando un caso específico o remitir a las autoridades competentes para continuar en el proceso penal previa evaluación del mismo y que termine en un juicio penal para sancionar a los responsables del lavado de dinero.

Enfoque Dr. Alejandro Rebolledo

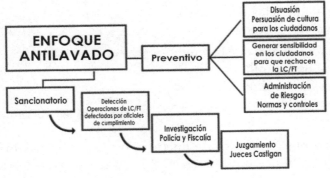

Creación Dr. Alejandro Rebolledo.

Actividades vulnerables

- Chatarrería o comercio de metales.
- Fabricantes o comercializadoras de armas.
- Abogados, Contadores Públicos y Auditores.
- Corredores u Operadores de la bolsa.
- Concesionarios de vehículos.
- Operadores cambiarios fronterizos.
- Organizaciones de caridad.
- Personas Jurídicas cuya actividad económica sea prestar servicios de encomiendas electrónicas, distintas de Bancos e Instituciones Financieras.

Los casinos suelen ser tendencias para delitos.

Casinos y otros negocios relacionados con el juego.

- Empresas domiciliadas en países con jurisdicciones de baja imposición fiscal (paraísos fiscales) o países no cooperadores.
- Tiendas de artículos de piel o cuero.
- Comerciantes de joyas y piedras preciosas.

Comercio De Diamantes

- Se tiene conocimiento que actualmente se están usando nuevas tendencias de financiamiento al terrorismo.

Por ejemplo se dice que la red de Al-Qaeda ha hecho millones de dólares con las minas de diamantes, ya sea comerciando los diamantes o utilizándolos para lavar dinero.

El comercio de piedras preciosas como financiamiento al terrorismo.

- Hay información acerca de que grupos de terroristas locales han vendido millones de dólares en diamantes a la red terrorista Al-Qaeda.

- También se conoce que grupos radicales transfirieron a sus organizaciones millones de dólares obtenidos de las ventas de diamantes congoleses.

ONG / Asociaciones sin Fines de Lucro

- El financiamiento de grupos terroristas como Al Qaeda a través de ONG y organizaciones de beneficencia, presenta un reto difícil de salvar para la rama de ejecución de la ley, y es en estos momentos un foco primario de las investigaciones sobre el financiamiento del terrorismo.
- Los grupos terroristas fundamentalistas radicales internacionales han utilizado cada vez más a las ONG como mecanismos de recaudación de fondos para sus actividades terroristas.

Debilidades y fortalezas frente a esta problemática

Debilidades:

- Limitación en la información.
- Inaplicabilidad o desconocimiento de las políticas: "Conozca su cliente"; "Conozca su proveedor" y "Conozca al proveedor de su proveedor".
- Debida diligencia.
- Falta de prevención frente al riesgo de lavado de dinero.
- Exceso de confianza en las instituciones públicas.

Fortalezas:

- Instituciones sólidas y descentralizadas.
- Leyes proteccionistas frente al Lavado de Dinero.
- Control y vigilancia permanente para detectar cualquier operación sospechosa.
- Adaptabilidad a estándares internacionales.
- Cooperación mutua internacional.

Debida diligencia

Son todas aquellas acciones destinadas a conocer adecuadamente a los clientes, pues una efectiva y completa debida diligencia nos brindará la información que nos permitirá salvaguardarse (como individuos y como organización) desde un principio para garantizar legitimidad a niveles básicos.

Métodos de lavado de dinero

"Consiste en las Técnicas o Procedimientos adoptados por los delincuentes para transformar el capital y bienes con apariencia de legítimos, a través de la realización de operaciones que involucran al sector financiero o cualquier otro sector económico".

Mecanismos de lavado de dinero

Se define como un negocio o empresa financiera que facilita el lavado de dinero con o sin su conocimiento o consentimiento, legitimando las ganancias a través de una compañía bancaria o aseguradora.

Mecanismos más utilizados

- Bancos
- Corredores de Bolsa
- Casas de Cambio
- Casinos o casas de juego
- Agencias de Viaje
- Compañías Inmobiliarias
- Compañías de Seguros
- Entidades de Ahorro y Préstamo
- Joyerías
- Empresas remisoras de dinero
- Prestamistas
- Empresas Off- Shore

Técnicas de lavado de dinero

Es un procedimiento individual o paso en la legitimación de fondos ilegales, similar o que intenta parecer una operación comercial legítima, realizada para confundir o disimular la intención de legitimar capitales o bienes provenientes de actividades ilícitas.

Instrumentos de lavado de dinero

Los instrumentos que más se utilizan para el lavado de dinero son:

1. Cheques y Cheques de gerencia
2. Títulos Valores

3. Transferencias

4. Empresas

5. Dinero en circulación.

6. Giros

Señales de alerta

Revelación o muestra de las conductas particulares de los clientes y las situaciones atípicas que presentan sus operaciones y que pueden encubrir operaciones de lavado de dinero.

- Operaciones
- Perfil del Cliente
- Información del Cliente
- Operaciones Internacionales

Frente al Perfil del Cliente

- Operaciones que no están de acuerdo con la capacidad económica del cliente.
- El cliente ofrece pagar grandes comisiones, sin justificativo lógico.
- Clientes cuyos estados financieros reflejan resultados muy diferentes frente a otras empresas del mismo sector o actividad similar.

Operaciones

- Depositar dinero en efectivo con billetes sucios o mohosos.
- Compras de Cheques, órdenes de pagos, etc., con grandes volúmenes de dinero en efectivo.
- Cambios significativos en los patrones de envío de dinero entre bancos corresponsales.

Información del cliente

- Solicitud de ser incluido en la lista de excepciones de no reporte de transacciones en efectivo, sin causa aparente o justificada.
- Rehusar dar información para calificación en el otorgamiento de créditos u otros servicios financieros.

Operaciones internacionales

- Frecuente envío o recepción de grandes volúmenes de transferencias electrónicas de o hacia instituciones "off-shore".
- Transferencias de dinero o ganancias de depósitos a otro país sin cambiar el tipo de moneda.
- Recibo de transferencias y adquisición inmediata de instrumentos monetarios a favor de terceros.

Tipos de métodos de lavado de dinero

1. Estructurar o hacer trabajo de pitufos o trabajo de hormiga
   Múltiples transacciones con capital ilegal.
2. Complicidad de un funcionario u organización
   Aceptación de grandes cantidades de dinero sin solicitar la información necesaria sobre la procedencia de los fondos.
3. Mezclar
   Combinar productos ilícitos con productos legítimos de una empresa.
4. Compañías de fachada
   Empresas que hacer ver que están en negocios legítimos para poder lavar dinero.
5. Compras de bienes o instrumentos monetarios con productos en efectivo
   El legitimador compra bienes tangibles con capital ilícitos. Estos bienes los usan como transporte o depósito para continuar sus operaciones delictivas.
6. Contrabando de efectivo
   Transporte o traslado físico de efectivo obtenido de una actividad criminal.
7. Transferencias telegráficas o electrónicas
   Movimiento de Fondos entre cuenta ya sean a nivel de bancos o de empresas.
8. Cambiar la forma de productos ilícitos por medio de compras de bienes o instrumentos monetarios
   Cambiar productos ilícitos de una forma a otra.

9. Venta o exportación de bienes

   Se venden los bienes que son adquiridos mediante dinero proveniente de negocios ilícitos para borrar el rastro al verdadero dueño.

10. Ventas Fraudulentas de bienes inmuebles

    Obtención de Bienes por debajo del valor real para revender por el valor real.

11. Establecimiento de Compañías de portafolio o nominales

    Empresas que no tienen ningún registro legal. No existen

12. Sociedad Anónima en Reserva (Compañía portafolio)

    La nueva compañía es registrada por asociados y no tiene relación con los verdaderos dueños.

13. Complicidad de la banca extranjera

    Se proporciona una información de los fondos que no puede ser confirmada, contribuyendo de esta manera con los legitimadores de capitales.

14. Transferencia inalámbricas o entre corresponsales

    La empresa que lava dinero tiene filiales en otros países. Haciendo este dinero disponible en otro país con la misma moneda o una diferente.

15. Falsas facturas de importación / exportación o doble facturación

    Se sobre-declara el valor de articulo o bien a exportar o importar.

16. Garantías de préstamos

    El legitimador utiliza fondos provenientes de actividades criminales para solicitar créditos que sean legales y con ellos obtener bienes.

17. Venta de valores a través de falsos intermediarios

    El legitimador se vende a sí mismo valores a través de un falso intermediario.

18. Prestanombre

    Utilizan nombres de terceras personas para apertura y movimientos de cuentas.

19. Money Mules

    El legitimador contacta a personas en búsqueda de empleos, le solicitan dos cuentas; una personal y una que ellos puedan utilizar para transferir dinero ilícito a otras cuentas.

20. Compra de premios:

Se usa en juegos de loterías o casinos. El legitimador le ofrece una cantidad de dinero en efectivo mayor del premio al ganador: El legitimador se queda con el cheque emitido por la empresa.

Conocer los métodos y detectar las señales de alerta, podemos decir, que es un deber de todos, pero fundamentalmente del sector financiero, para prevenir que las entidades financieras se involucren en operaciones de lavado de dinero.

¿Cómo detectar los métodos de lavado de dinero?

- Conocer al Cliente.
- Conocer al Empleado.
- Evaluar movimientos u operaciones bancarias constantes del cliente.
- Evaluar pagos de sumas importantes de dinero de hipotecas o préstamos.
- Conocimiento del mercado financiero.
- Grupos de Intereses o grupo de personas o empresas que tienen relación directa con los clientes

Métodos más Utilizados para Legitimar Capitales

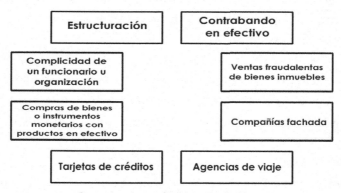

Investigaciones financieras: Delitos

¿Qué se investiga?

- Perfil del cliente con el cual se pretende contratar.
- Vínculos con otros individuos u organizaciones.
- Situación financiera.

Beneficiario final

El beneficiario final se refiere a la(s) persona(s) natural(es) que finalmente poseen o controlan a un cliente y/o la persona natural en cuyo nombre se realiza una transacción. Incluye también a las personas que ejercen el control efectivo final sobre una persona jurídica u otra estructura jurídica.

Debida diligencia

Se refiere al cuidado que una persona razonable debe tomar antes de ejecutar una función asignada. Es una manera de prevenir un daño innecesario a las partes involucradas en el desarrollo de dicha actividad.

Es la ejecución de las medidas posibles para salvaguardar la imagen y la reputación de la institución.

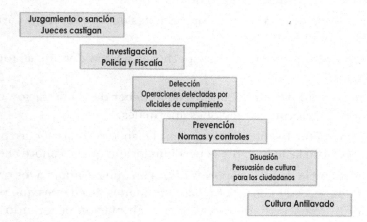

Política Conozca a su Cliente

Una política efectiva de Conocimiento del cliente puede servir:

- De base para una exitosa gestión comercial y de administración del riesgo.
- Para conocer las características del cliente como consumidor de servicios financieros, para ofrecer productos adicionales o novedosos.
- Para personalizar y mejorar el servicio.
- No solo para prever y controlar la ocurrencia de las operaciones de Lavado de dinero. Una entidad bien informada sobre la actividad económica de su cliente puede evitar otros delitos contra la entidad como el fraude.

Factores a tomar en cuenta

- Realizar una entrevista personal con el cliente antes de abrir la cuenta.
- Establecer registros individuales de cada cliente.
- Identificar plenamente al cliente, autorizados, representante o apoderados.
- Elaborar una Ficha de Identificación del Cliente, ya sea una persona natural o jurídica, en la cual se registrará toda la información personal, comercial y financiera del cliente.
- Verificar los datos aportados.
- Colocar la huella dactilar del cliente, en la documentación de retiro de efectivo.

Reporte de actividades sospechosas

Es el registro de una o varias operaciones de un cliente en particular catalogadas como sospechosas.

Los reportes de actividades sospechosas no son denuncias formales de la actividad.

El reporte sólo permite cumplir con el deber de colaboración con las autoridades de informar situaciones anormales.

Se informa sobre las inconsistencias en el manejo de una cuenta o producto con respecto de la actividad y el perfil financiero que le conoce al cliente.

La importancia de estos reportes radica en que permiten a los organismos reguladores estar alerta sobre las actividades de clientes que puedan derivar a futuro en verdaderos casos de legitimación generando consecuencias graves para la entidad financiera

Señales de Alerta

Las señales de alerta son comportamientos particulares de clientes, de igual forma pueden ser situaciones atípicas que presentan las operaciones de dichas personas que pueden servir para encubrir operaciones de lavado de activos.

Ejemplos de señales de alerta

1. Empleados con un estilo de vida que no corresponde con sus ingresos mensuales.
2. Empleados renuentes a disfrutar vacaciones.

3. Empleados que rehúsan aceptar cambios de su actividad o promociones que impliquen no continuar ejecutando las mismas actividades.

4. Empleados que con frecuencia permanecen en la oficina más allá de la hora de cierre o concurren a ella por fuera del horario habitual.

5. Empleados con ausencias del lugar de trabajo frecuentes e injustificadas.

Instituto de Basilea

El Instituto de Basilea sobre Gobernanza, a través de su Centro Internacional para la Recuperación de Activos (ICAR) ha desarrollado un Índice sobre riesgos de lavado de dinero que evalúa los niveles de riesgo de los países en relación al lavado de dinero y al financiamiento del terrorismo.

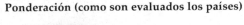

Ponderación (como son evaluados los países)

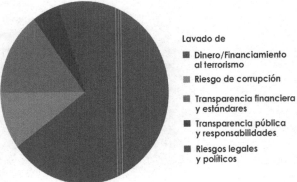

Lavado de

■ Dinero/Financiamiento al terrorismo

■ Riesgo de corrupción

■ Transparencia financiera y estándares

■ Transparencia pública y responsabilidades

■ Riesgos legales y políticos

El ranking se basa en la adhesión a los estándares internacionales de los países en el análisis y a otras categorías de riesgo como son:

- El nivel de percepción de la corrupción
- La transparencia financiera
- La financiación de los partidos políticos
- La fortaleza del sistema judicial y otras categorías relevantes.

El índice de Basilea AML mide el riesgo de lavado de dinero y financiación del terrorismo de los países basados en fuentes accesibles al público. Se agregan un total de 14 indicadores que tratan de ALD/LFT regulaciones, la corrupción, normas financieras, divulgación política y estado de derecho en la calificación de un riesgo general.

Mediante la combinación de estas diferentes fuentes de datos, la puntuación total de riesgo representa una evaluación holística de abordar estructuralmente, así como los elementos funcionales en el marco de ALD/LFT.

Como no existen datos cuantitativos disponibles, el índice de Basilea AML no mide la existencia real de la actividad de lavado de dinero o cantidad de dinero ilícito financiero dentro de un país, pero está diseñado para indicar el nivel de riesgo, es decir, las vulnerabilidades de dinero blanqueo de capitales y financiación del terrorismo dentro del país.

Ponderación. ¿Cómo son evaluados los países?

Country	Ranking	Overall Score	Risk
Paraguay	16	7.53	
Haití	17	7.5	
Bolivia	23	7.17	
Panamá	30	7.01	
Trinidad and Tobago	35	6.8	
Argentina	41	6.69	
Dominica Republic	42	6.69	
Nicaragua	45	6.64	
Jamaica	47	6.6	
Venezuela	50	6.53	
Ecuador	55	6.37	
Guyana	63	6.24	
Brasil	66	6.2	
Guatemala	67	6.17	
Granada	73	6.04	
Honduras	75	5.97	
St. Vincent and The Granadines	76	5.96	

Composición de la Fuente

Es importante destacar los casos y tipologías que se desarrollan en el lavado de dinero y cómo los profesionales de este delito logran sus objetivos contando con diferentes actores: testaferros, abogados, contadores, empresas fachadas y establecimientos de comercio legalmente constituidos para poder avanzar en el objetivo que es lavar el dinero producto de las actividades ilícitas. Los métodos y mecanismos utilizados son los que constantemente se repiten en el blanqueo de capitales y que los organismos del mundo que se dedican al combate de la delincuencia organizada, continúan monitoreando a diario.

Riesgo de Lavado de Dinero y Financiamiento al Terrorismo	• GAFI Rec. 1-40 sobre Antilavado de Dinero. • GAFI R.E. 1-9 contra el Financiamiento al Terrorismo. • Red de Justicia Fiscal (TJN) - Índice de Secreto Financiero. • Informe internacional sobre la Estrategia de Control de Narcotráficos de Estados Unidos (INCSR) - Volumen II sobre Lavado de Dinero.
Riesgo de Corrupción	• Red de Justicia Fiscal (TJN) - Índice de Secreto Financiero.
Transparencia Financiera &Estándares	• Banco Mundial (WB) Haciendo Negocio - Revelación de Negocios. • Foro Económico Mundial (WEF) Informe de Competitivida Global (GCR) - Fortaleza de la auditoría & la presentación de reportes. • Foro Económico Mundial (WEF) Informe de Competitividad Global (GCR) - Regulación de Valores. • Banco Mundial, Asociación de Desarrollo Internacional (IDA) Índice de Asignación de Recursos (IRAI) - Sector Financiero.
Transparencia Pública & Contabilidad	• Instituto Internacional de Democracia y Asistencia Electoral (IDEA) - Base de datos del Financiemiento Público. • Asociación Internacional de Presupuesto - Índice de Presupuesto Abierto. • BM ADI IAR - Transparencia, cuentas & corrupción.
Riesgo Público & Legal	• Freedom House - Libertad de Prensa & Libertad en el Mundo. • Foro Económico Mundial (WEF) Informe de Competitividad Global (GCR) - Fortaleza Institucional. • World Justice Project - Rule of Law.

Casos y tipologías

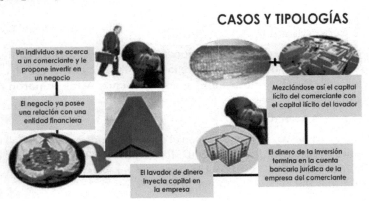

CASOS Y TIPOLOGÍAS

Casos

2001-2007: HSBC oculta operaciones con Irán por 16 mil millones de dólares.

2002: Autoridades detectan debilidades del banco en controles anti-lavado.

2007: En el informe de auditoría se reveló que se detectaron en HSBC México cuatro mil 890 cuentas con operaciones inusuales.

2007-2008: HSBC México envió 7,000 millones de dólares en efectivo hacia EU.

2008: Reportan 60 mil cuentas con activos por 2 mil 100 millones de dólares en Islas Caimán.[20]

2009: Cierran 9 mil cuentas en Islas Caimán.

18 de Julio: HSBC México inició el proceso de cierre de 20 mil cuentas que todavía mantiene en Islas Caimán.

19 de Julio: La Comisión Nacional para la Protección y Defensa de los Usuarios de Servicios Financieros (Condusef) informó que ha recibido llamadas de preocupación por parte de algunos clientes de HSBC México sobre la situación de sus ahorros, derivado del caso de lavado de dinero en el que está inmerso el banco.

25 de Julio: Comisión Nacional Bancaria y de Valores (CNBV) dio a conocer que impuso a HSBC México mil 855 multas, en el ámbito administrativo por haber incurrido en diversos incumplimientos a la normatividad de Prevención de Lavado de Dinero (PLD).

La AFIP allanó tres sedes del banco HSBC por lavado y evasión

13 de Agosto de 2014

El banco ya tuvo varias investigaciones que incluyeron el allanamiento a la casa central del HSBC, y varias sucursales, con secuestro de documentación. Las multas aplicadas en Buenos Aires sumaron casi 100 millones de pesos.

Standard Chartered

Un banco británico se confabuló con el gobierno iraní para lavar 250.000 millones de dólares de 2001 a 2007, lo cual dejó al sistema financiero de Estados Unidos "vulnerable ante los terroristas", afirman las autoridades del estado de Nueva York.

En esencia, el Departamento de Servicios Financieros del estado de Nueva York dice que Standard Chartered pasó casi una década ocultando miles de millones de dólares en transacciones financieras iraníes.

Las transacciones en dólares se originaron y terminaron en bancos europeos en el Reino Unido y el Medio Oriente, y fueron procesadas a través de la sucursal de Nueva York, dice la demanda.

---

[20] https://www.clarin.com/mundo/hsbc-operaciones-iran-us-millones_0_S1DUT6-2w7e.html

Standard Chartered y sus conexiones con Irán

Redacción
BBC Mundo
Miércoles, 15 de agosto de 2012

El banco británico Standard Chartered (STB) alcanzó un acuerdo con los reguladores financieros de Nueva York, en Estados Unidos, que le permitirá mantener sus operaciones en el estado, clave para el sistema bancario internacional.

El STB pagará una multa de US$340 millones y aceptará que se establezca un monitoreo permanente de las transacciones que se realizan en su filial neoyorquina.

Lea: Standard Chartered pagará una multa

La semana pasada los reguladores del estado de Nueva York acusaron al STB de esconder miles de millones de dólares en transacciones con Irán, penalizadas por la ley estadounidense.

El Departamento de Servicios del estado dijo que el banco lavó hasta US$250 mil millones durante casi una década.

La entidad admitió que algunas transacciones violaron el régimen de sanciones que Washington impuso a Teherán, aunque discute el número de ellas y el monto involucrado.

Aunque las operaciones del STB se centran en Asia, necesita mantener representación en EE.UU. para sus operaciones internacionales.

Las autoridades alegan que el banco ocultó transacciones ilegales con Irán.

Contenido relacionado

Standard Chartered Bank pagará multa por transacciones con Irán

Si es ley en EE.UU., es ley en todo el mundo

Historias de narcos, bancos y cuentas fantasma

Multan a Banco Británico por $300 millones.

20 de Agosto de 2014

El banco británico Standard Chartered aceptó pagar $300 millones de dólares al regulador bancario de Nueva York por no mejorar sus controles para detectar lavado de dinero.

En 2012, Nueva York sentenció al banco a pagar $340 millones de dólares violar el embargo de transacciones con clientes iraníes y le ordenó mejorar su sistema de detección de transacciones sospechosas, algo que la institución financiera no cumplió.

Al no haber mejorado sus mecanismos de control de lavado de dinero, el banco deberá pagar $300 millones de dólares adicionales.

Recomendaciones para prevenir que su empresa sea utilizada para lavado de dinero

- Fijar políticas específicas y claras de prevención de lavado de dinero.

- Los países deberán prestar especial atención a las amenazas de lavado de dinero inherentes a las nuevas tecnologías.

- Reporten pronta y oportunamente a las autoridades competentes si hay razones de peso para sospechar del origen de los fondos.

- La capacitación del personal de las empresas que entran dentro de la figura de sujetos obligados.

- Monitoreo que permita el seguimiento del comportamiento de cada cliente.

- Supervisión debida por parte de los entes reguladores.

- Actualizar la base de datos de los clientes de la institución.

- Definir el perfil del cliente, cumplir con la debida diligencia.

¿Cómo operan los lavadores de dinero profesionales?

Siendo una parte importante dentro de la agenda de la delincuencia organizada, el blanqueo de capitales se ha convertido en toda una profesión delictiva en la que incluso existen diferentes tipos de personas que prestan este "servicio" a las organizaciones criminales. Y es que, sin ellos, sería muy difícil para los delincuentes darle apariencia de legalidad a todo el dinero de dudosa procedencia que han recaudado.

Un reciente informe del Grupo de Acción Financiera Internacional (GAFI), titulado "Lavado de Dinero Profesional", analiza las técnicas y herramientas utilizadas por estos criminales expertos.

Este texto identifica las características clave del lavado de dinero profesional individual, la organización profesional encargada de lavar dinero y la red profesional de asociados y contactos que trabajan en conjunto para facilitar el lavado de dinero.

Estos expertos en el blanqueo de capitales pueden proporcionar toda una infraestructura para esquemas de lavado complejos, a los que denomina como un "servicio completo", o construir esquemas únicos adaptados a las necesidades específicas de un cliente que desea blanquear sus recursos de origen ilegal.

Los lavadores de dinero profesionales usan una variedad de herramientas y técnicas, como el lavado de dinero a través del comercio, mecanismos de administración de cuentas, banca clandestina y plataformas bancarias alternativas. Para dar un barniz de legitimidad a sus actividades, pudiendo trabajar con personas corruptas que se especializan en la prestación de servicios legítimos (por ejemplo, banqueros, abogados, contadores), además de su actividad criminal de lavado de dinero.

De acuerdo con el informe del GAFI, el cual ayuda a comprender cómo operan los lavadores profesionales, explica que éstos a menudo trabajan para más de un delincuente u organización criminal.

De allí que un enjuiciamiento exitoso de un lavador profesional de dinero puede tener un impacto en la actividad de un gran número de "clientes".

¿Quiénes son?

El profesional del blanqueo actúa como un subconjunto del lavado de dinero de terceros. Es decir, la legitimación de ganancias por una persona que no estuvo involucrada en la comisión del delito, según GAFI.

Lo que hace único al lavador profesional es la provisión de servicios de blanqueo de activos a cambio de una comisión, tarifa u otro tipo de beneficio.

Aunque la especialización en la prestación de servicios de lavado de dinero es una característica clave de los lavadores profesionales, esto no quiere decir que ellos no estén involucrados en otras actividades; ni tampoco que solo laven exclusivamente ganancias ilícitas. Por el contrario, estos personajes pueden utilizar conocimientos y experiencias especializadas para explotar las lagunas legales; encontrar oportunidades para los delincuentes; y ayudar a los criminales a retener y legitimar el producto del crimen.

Como son lavadores de terceros, suele suceder que no están familiarizados con el delito que le dio origen al capital y generalmente ni se preocupan por saber de dónde viene ese dinero que mueven. Pero sí saben que no es legítimo.

En cualquier caso, estos profesionales son utilizados por los clientes para crear distancia entre los que perpetran el crimen y los ingresos ilícitos que generan como ganancia, o porque el criminal o los clientes no tienen el conocimiento requerido para lavar de manera confiable el dinero sin detección policial. GAFI, hace hincapié en que este término no incluye a intermediarios involuntarios o pasivos que son explotados para facilitar un esquema de legitimación de capitales. Además, estos expertos podrían operar a gran escala y con frecuencia conducen esquemas de naturaleza transnacional.

¿Cómo se clasifican?

El Grupo de Acción Financiera Internacional divide en tres categorías a los profesionales del lavado de dinero: individuo, organizaciones y redes.

El primero de ellos, se trataría de una persona que posee habilidades especializadas o experiencia en la colocación, traslado y lavado de fondos, es decir, se especializan en la prestación de servicios de lavado de dinero, que también se pueden realizar mientras se desempeña en una ocupación profesional legítima. Estos servicios pueden incluir, entre otros, los siguientes: servicios contables, asesoramiento financiero o legal, y la formación de compañías y acuerdos legales.

Estos profesionales del blanqueo a menudo distribuyen sus riesgos en diversos productos y realizan actividades comerciales con varios especialistas y corredores financieros.

Mientras que las organizaciones o PMLO (por sus siglas en inglés), consisten en dos o más personas que actúan como un grupo estructurado y autónomo que se especializa en brindar servicios o asesoría para legitimar capitales para delincuentes u otros grupos criminales.

Los fondos de lavado pueden ser la actividad principal de la organización, pero no necesariamente la única actividad. En su mayoría, estas organizaciones tienen una estructura jerárquica estricta y cada miembro actúa como un profesional especializado que es responsable de elementos particulares del ciclo de lavado de dinero.

Por último, GAFI destaca a la red profesional de lavado de dinero o PMLN (por sus siglas en inglés), el cual es un conjunto de asociados o contactos que trabajan en grupo para facilitar los esquemas de blanqueo profesional y/o subcontratar sus servicios para tareas específicas.

Estas redes generalmente operan globalmente, y pueden incluir dos o más organizaciones de lavado profesional que trabajan en conjunto. También pueden operar como redes informales de personas que brindan al cliente delictivo una gama de servicios de Lavado de Dinero. Estas relaciones interpersonales no siempre están organizadas y, a menudo, son de naturaleza flexible.

Estas extensas redes de lavado profesional pueden satisfacer las demandas del cliente abriendo cuentas en bancos extranjeros, estableciendo o comprando compañías extranjeras y utilizando la infraestructura existente que está controlada por otros profesionales del blanqueo. Además, la colaboración entre estos especialistas también diversifican los canales mediante los cuales pueden pasar los ingresos ilícitos, reduciendo así el riesgo de detección e incautación.

Las organizaciones profesionales del lavado trabajan con grupos criminales de todas las nacionalidades, actuando regularmente como una empresa trasnacional. El mismo lavador profesional se puede usar para facilitar las operaciones de blanqueo en nombre de varios grupos criminales, el caso de Altaf Khanani es un claro ejemplo, en el que se evidencia que los mismos blanqueadores de capital brindaron servicios tanto a los grupos de crimen organizado como a terroristas.

Estando compuesto por individuos y entidades que operaban bajo la supervisión de Khanani, la organización blanqueó ganancias ilícitas para otros grupos de crimen organizado, organizaciones de narcotraficantes y grupos terroristas designados en todo el mundo.

Esta red facilitó movimientos de dinero ilícitos entre Pakistán, Emiratos Árabes Unidos, Estados Unidos, Reino Unido, Canadá, Australia y otros países; y fue responsable de lavar miles de millones de dólares en ganancias criminales anualmente.

La organización ofreció servicios de legitimación de capitales a una clientela muy diversa, incluidos bandas criminales chinos, colombianos y mexicanos, así como a individuos asociados con grupos terroristas como talibanes, Lashkar-e-Tayyiba, Dawood Ibrahim, Al Qaeda y Jaish-e-Mohammed.

Khanani era responsable de depositar los ingresos por narcotráfico a través de transferencias bancarias desde una cuenta de una empresa extranjera, para poder ocultar la naturaleza, la fuente, la propiedad y el control de los fondos. Realizando transacciones, que involucraron múltiples transferencias bancarias de varias compañías de comercio general, narra el especialista. La comisión de esta organización para lavar fondos era del 3% del valor total de los fondos lavados.

Los ciclos del lavado

Si los esquemas son analizados con atención se puede notar que en la comisión de este delito existen ciertos patrones que se ven repetidos varias veces, o al menos esa es la percepción del GAFI en su reporte.

Los lavadores de dinero profesionales siguen un guión de tres etapas en su proceso ilícito, enmarcadas por los momentos clave que definen el blanqueo de dinero: la transferencia o recaudación de fondos, la estratificación realizada por individuos o redes y la devolución.

En este primer ciclo la forma precisa de introducción de los fondos en el esquema de blanqueo varía dependiendo de los tipos de delitos y la forma en que se generó el producto del delito (por ejemplo, efectivo, fondos bancarios, moneda virtual, etc.).

En ese sentido, el dinero sucio en efectivo normalmente es llevado a un colector, el cual tiene como fin depositarlo en una cuenta bancaria. Y es común que lo delincuentes utilicen negocios que muevan altos montos en efectivo o casinos para introducirlos en el sistema financiero.

Mientras que el capital negro recibido en cuentas bancarias (normalmente proveniente de actos ilícitos como la estafa y el fraude fiscal) suele ser transferido por entidades ficticias de los clientes a las cuentas controladas por los profesionales del blanqueo. Al tiempo que las ganancias ilegales obtenidas en monedas virtuales se manejan mediante plataformas y carteras en línea, las cuales pueden ser administradas por los especialistas del lavado.

Luego de esto, los expertos en este delito entran en la etapa de la estratificación, la cual consiste en el movimiento de dinero por diferentes cuentas o puntos, que permiten crear una serie de "capas" detrás de los fondos, con el fin de hacer el rastreo de las transacciones más difícil y difuminar el origen ilícito. Este ciclo es administrado por individuos responsables de la coordinación de las transacciones financieras.

Y tal y como sucede con la recaudación de fondos, esta etapa depende de cómo fue obtenido y en qué estado se encuentra el capital. En tanto con el dinero en efectivo, según el GAFI, "los mecanismos son comúnmente lavado basado en el comercio, comercio ficticio, liquidación de cuentas y banca clandestina".

Por su parte, el dinero sucio en cuentas bancarias es movido por los lavadores profesionales a través de complejos sistemas de transacciones a otras cuentas de compañías falsas, tanto dentro como fuera del país, incluso mezclando los fondos de diferentes clientes. De manera similar, el dinero virtual es transferido entre distintas carteras virtuales permitiendo a los lavadores crear una estructura de total opacidad en relación a los fondos. Además, existen servicios en línea destinados a lavar monedas virtuales llamados "mixers" (mezcladores), los cuales unen fondos de diferentes orígenes en una "piscina" común, diluyendo el rastro de origen.

Para finalizar, los expertos del blanqueo transfieren los fondos a las cuentas de sus clientes (o las de sus asociados, terceros relacionados, etc.), o simplemente las invierten en nombre de estos sujetos en bienes raíces, productos de lujo y negocios en el exterior. El texto de GAFI insiste en que también está la posibilidad de que el dinero puede ser gastado en bienes que son transportados a otros países o, de ser el caso, al territorio de origen de los fondos.

GLOSARIO

Y

ACRÓNIMOS

A

Actividad Sospechosa: "Aquella operación inusual, no convencional, compleja, en tránsito o estructurada, que después de analizada, se presuma que involucra fondos derivados de una actividad ilegal, o se ha conducido o intentado efectuar con el propósito de esconder o disimular fondos o bienes derivados de actividades ilegales para violar una ley o reglamento contra la Legitimación de Capitales, o evitar los requisitos de reporte a la Unidad Nacional de Inteligencia Financiera. Además de operaciones financieras, incluye también las actividades realizadas o intentos de realizarla por parte de los clientes, sobre las cuales el sujeto obligado, después de examinar los hechos, antecedentes y su posible propósito, no tiene una explicación razonable que la justifique."

Agentes de operaciones encubiertas: "Funcionarios de unidades especiales que asumen una identidad diferente a la normalmente desempeñada en los órganos de policía con el objeto de infiltrarse en las organizaciones o grupos de Delincuencia Organizada para obtener evidencias sobre la comisión de alguno de los delitos previstos en la Ley. Queda entendido que estas operaciones son de carácter excepcional y se efectuarán bajo la dirección del fiscal del Ministerio Público competente previa autorización del juez de control, siempre que parezca difícil el esclarecimiento del delito investigado o para efectuar los decomisos o confiscaciones a que hubiera lugar."

ALD: Antilavado de dinero.

Ardid piramidal o Ardid de Cadenas referenciada: Mercadeo Fraudulento, en los cuales las personas compran el derecho a otros a vender un producto, y está basado en declaraciones falsas sobre la capacidad de los inversores para recuperar sus inversiones iniciales.

ASF: Autoridad de Servicios Financieros del Reino Unido. Cuerpo independiente, instituido por la Ley de Servicios y Mercados Financieros del 2000, con facultades para reducir los delitos financieros y financiamiento al terrorismo: Así como, establecer regulaciones sobre el delito de Legitimación de Capitales.

AUSTRAL (AustralianTransactionReports and Analysis Center) Unidad de Inteligencia Financiera de Australia.

B

Banca Internet: Operaciones o negocios bancarios que se ejecutan en Internet.

Banca Offshore: Operaciones y establecimiento de bancos extranjeros y otras Instituciones en paraísos fiscales Offshore.

BM: Banco Mundial.

Banco Offshore: Banco u otra Institución Financiera que se encuentra fuera del país donde vive el cliente o usuario, por lo que efectúa operaciones bancarias offshore en un país que no vive.

Banco de Pantalla: Banco constituido en un país en el que no tiene presencia física y que no es filial de un grupo financiero regulado. Es decir, cumple con las formalidades en su constitución, existe en papeles, pero no tiene presencia física en ningún país. Dicho escenario permite evadir los controles bancarios.

Bancos Pantalla Extranjeros: Banco Extranjero sin presencia física en ningún país, el cual generalmente no tiene empleados; definido en la Ley de Estados Unidos.

Banca Virtual: es el conjunto de servicios financieros prestados por los Bancos, Entidades de Ahorro y Préstamo y demás Instituciones Financieras en general a diferentes mercados, beneficiándose de las bondades y ventajas del intercambio de datos, por medios electrónicos, magnéticos o mecanismos similares, para realizar de manera directa y en tiempo real, las operaciones financieras que tradicionalmente suponen la realización de llamadas telefónicas o movilizaciones de los usuarios a las oficinas, sucursales o agendas de la Institución.

BCI: Banco de Conciliaciones Internacionales.

BID: Banco Interamericano de Desarrollo.

BCV: Banco Central de Venezuela.

Bienes: Activos de cualquier tipo, corporales o incorporales, muebles o inmuebles, tangibles o intangibles, así como también los documentos o instrumentos legales que acrediten la propiedad u otros derechos sobre dichos activos.

Bureau de Cambio / Casa de Cambio o Exchange Office: También llamadas casas de cambio o Exchange office. Ofrece variedad de servicios, tales como: venta de cheques, transferencia de dinero, envío de dinero, traveller's checks, compra - venta de divisas, compra de cheques, casa de cambio, cotización de divisas, envío de dinero, entre otros. Sus clientes son ocasionales, lo que hace complicado el "Conozca a su Cliente".

C

Casa de Cambio: ver Bureau de cambio.

CBSB: Comité de Basilea sobre Supervisión Bancaria.

CCC: Conozca al Cliente de su Cliente: Término para describir un conjunto de políticas y procedimientos usados para determinar las identidades de los titulares de cuenta de un banco correspondiente en una relación de banca corresponsal. El banco correspondiente puede ser usado por otros bancos y clientes para realizar transacciones a través de la cuenta corresponsal.

CDPC: Comité Europeo sobre Problemas Delictivos del Consejo de Europa. Un subcomité del CDPC es el PC-R-EV (ahora MONEYVAL), el Comité Selecto de expertos sobre la evaluación de las medidas antilavado de dinero en los países europeo que no son miembros del Grupo de Acción Financiera Internacional.

CE: Consejo De Europa: La primera Directiva sobre Prevención del Uso del Sistema Financiero para el Propósito del Lavado de Dinero (Directiva 91/308/EEC) fue adoptada por el Consejo Europeo en junio de 1991

Ceguera voluntaria: Principio legal definido por los tribunales en Estados Unidos como: "evitar deliberadamente el conocimiento de los hechos" o "indiferencia intencionada" tribunales han resuelto en numerosos casos de lavado de dinero que la ceguera voluntaria es el equivalente del conocimiento real de la fuente ilegal de fondos o de las intenciones de un cliente en una operación de lavado de dinero.

CICAD: Comisión Interamericana para el Control del Abuso de Drogas, Ver OEA-CICAD.

CNI: Compañía de Negocios Internacional, alternativamente llamadas compañías exentas. Definición usada para la variedad de corporativas offshore; dedicadas al uso comercial, fuera de la jurisdicción de constitución de la compañía, de formación rápida y secreta, con amplios poderes, bajo costo, bajos o exentas de impuestos, y requisitos mínimos de presentación e información.

CB: Comité De Basilea: Es una organización formada en 1975, por los presidentes de los Bancos Centrales del Grupo de los Diez, integrada por autoridades bancarias de: Bélgica, Canadá, Francia, Alemania, Italia, Japón, Luxemburgo, Holanda, Suecia, Suiza, Reino Unido, España y los Estados Unidos. Esta organización adopta el nombre de Comité de Basilea para la Supervisión Bancaria, ya que usualmente se reúne en el Banco de Regulaciones Internacionales en Basilea, donde se encuentra ubicada permanentemente su secretaría. No es una autoridad supervisora supranacional formal, no teniendo sus dictámenes obligación legal, se encarga de las recomendaciones en materia de supervisión, control, y buenas prácticas bancarias, con la finalidad que las autoridades tomen las medidas para implementar las disposiciones que se adecuen a sus propios sistemas internos.

Convención de Viena: Convención Contra el Tráfico Ilícito de Drogas y Sustancias Psicotrópicas de 1988. Los países que son parte de la Convención de Viena se obligan, entre otras cosas, a penalizar el tráfico de drogas y el lavado de dinero asociado y dictar medidas para la confiscación del dinero derivado del tráfico de drogas. El Artículo III de la Convención da una definición amplia de lavado de dinero, la que ha sido base para la mayoría de las legislaciones nacionales.

CSBC: Conozca Su Banco Corresponsal. Término usado para describir el conjunto de políticas y procedimientos de control de lavado de dinero usado para determinar a los dueños beneficiarios de un banco corresponsal y el tipo de actividad que será "normal y esperada" para este banco. Conozca a Su Banco Corresponsal es una herramienta clave en la detección de actividad sospechosa y de lavado de dinero porque las cuentas corresponsales con frecuencia son usadas como conductos para lavar los derivados del lavado en ambientes internacionales. La Ley USA Patriot del 2001 dictó una serie de artículos que descansan directamente sobre los procedimientos que las instituciones financieras de EE.UU. deben seguir en relación con sus bancos corresponsales extranjeros.

CSC: Conozca Su Cliente. El término usado para describir un conjunto de políticas y procedimientos de control de lavado de dinero utilizados para determinar la verdadera identidad de un cliente y el tipo de actividad que será "normal y esperada" para el cliente en particular. Muchos expertos creen que un buen programa CSC es una de las mejores herramientas en un buen programa ALD y para la detección de actividad sospechosa (en inglés: "KYC," knowyourcustomer).

CSE: Conozca a su Empleado. El término usado para describir a un conjunto de políticas y procedimientos de control de lavado de dinero para adquirir un mejor conocimiento y comprensión sobre los empleados de una institución o negocio, sus antecedentes y actividades, con el propósito de detectar conflictos de interés, actividad de lavado de dinero, o delitos en el pasado y presente, y la actividad sospechosa. CSE es la herramienta clave en la detección de actividades sospechosas porque los empleados con frecuencia son cómplices de alguien que lava dinero.

Comité de Basilea para la Supervisión Bancaria: Es una organización formada en 1975, por los presidentes de los Bancos Centrales del Grupo de los Diez (Países), integrada por autoridades en Supervisión Bancaria de los siguientes países: Bélgica, Canadá, Francia, Alemania, Italia, Japón, Luxemburgo, Holanda, Suecia, Suiza, Reino Unido y los Estados Unidos, y se reúne en el Banco de Regulaciones Internacionales en Basilea, donde se encuentra ubicada permanentemente su secretaría.

Cuenta omnibus: Cuenta de compensación, o cuenta de concentración en un banco, corredor de valores u otra institución financiera. Es una cuenta interna usada para realizar transacciones internas y entre bancos.

Cuentas Corresponsales: La Sección 311 de la Ley USA Patriot del 2001, define a la cuenta corresponsal con respecto a las instituciones bancarias como una cuenta establecida para recibir depósitos de, hacer pagos a nombre de una institución financiera extranjera o atender otras transacciones financieras relacionadas con dicha institución.

Cuentas de Cobro: Ciertos grupos étnicos de Asia o África usan estas cuentas para lavar dinero. Los inmigrantes de países extranjeros pagan pequeñas sumas en una cuenta, y el dinero es enviado al exterior. La cuenta extranjera recibe los pagos de fuentes aparentemente no conectadas en el país de origen.

D

DDC: Procedimientos de debida diligencia respecto de sus clientes

Declaración Wolfsberg sobre Financiamiento Terrorista: Declaración del Grupo Wolfsberg, de Enero 2002, con el objeto de determinar la actuación de las Instituciones Financieras en la prevención del movimiento de fondos terroristas a través del sistema financiero.

Delincuencia Organizada: "La acción u omisión de tres o más personas asociadas por cierto tiempo con la intención de cometer los delitos establecidos en la Ley y obtener, directa o indirectamente, un beneficio económico o de cualquier índole para sí o para terceros. Igualmente, se considera Delincuencia Organizada, la actividad realizada por una sola persona actuando como órgano de una persona jurídica o asociativa, con la intención de cometer los delitos previstos en la LODCO". Artículo 4 LODCO.

Delitos Implicados / Actividades ilegales Específicas: Definición amplia o lista de delitos implicados o actividades ilegales específicas, que de estar envueltos en la transacción investigada, podía conllevar al delito de Legitimación de capitales

E

EAG: Grupo Euroasiático.

E-efectivo: Dinero digital o electrónico. Es de fácil y rápido transporte (Vía Internet).

Entrega vigilada o controlada: "Técnica que consiste en permitir que remesas ilícitas o sospechosas salgan del territorio de uno o más países, lo atraviesen o entren en él con el conocimiento y bajo la supervisión de sus autoridades competentes con el fin de investigar los delitos de Delincuencia Organizada, a las personas involucradas en la comisión de éstos y las realizadas internamente en el país."

ESAAMLG: Grupo del Este y Sur de África Antilavado de Dinero: Cuerpo regional, el cual está compuesto actualmente por 14 Estados miembros, 9 de los cuales han suscrito el Memorando de Entendimiento propuesto en el encuentro de ministros y altos representantes de países de la Commonwealth del oriente y sur del África de agosto de 1999 en Arusha, Tanzania, con el fin de reafirmar su compromiso con la adopción de las Cuarenta Recomendaciones del GAFI y preservar así la estabilidad económica, política y social de la región.

Estructuración (ver Smurfing): Actuación ilegal que consiste en dividir depósitos en efectivo o extraer montos más pequeños, con el objeto de evitar reportes o informes de la Institución Financiera.

F

FinCEN: De sus siglas en inglés: FinancialCrimesEnfrcementNetworK /Red de Cumplimiento de Delitos Financieros, del Departamento del Tesoro, es la Unidad de Inteligencia Financiera de los Estados Unidos y principal regulador antilavado de Estados Unidos.

FINTRAC: De sus siglas en Ingles: FinancialTransactions&Reports Análisis Center of Canada / Centro de Análisis de Transacciones y Reportes Financieros de Canadá. Unidad de Inteligencia Financiera de Canadá.

FMI: Fondo Monetario Internacional. Organización Internacional, o "el Fondo", se planteó en julio de 1944 en una conferencia de las Naciones Unidas celebrada en Bretton Woods, New Hampshire (Estados Unidos), se encarga de velar por la estabilidad del sistema monetario y financiero internacional (el sistema de pagos internacionales y tipos de cambio entre las monedas nacionales que hace factible el comercio entre países), así como busca fomentar la estabilidad económica y evitar las crisis, ayuda a resolver las crisis cuando éstas se producen, y fomentar el crecimiento y aliviar la pobreza. Para lograr estos objetivos, el FMI emplea tres mecanismos principales: la supervisión, la asistencia técnica y la asistencia financiera.

G

G-7: Grupo de siete naciones industrializadas: Estados Unidos, Japón, Alemania, Francia, Italia, Reino Unido y Canadá.

G-8: Grupo de ocho naciones industrializadas: Estados Unidos, Japón, Alemania, Francia, Italia, Reino Unido, Canadá y Rusia.

GAFI: Grupo de Acción Financiera Internacional, Organización Internacional multidisciplinaría, creado en la Cumbre Económica de la OECD en 1989, en París, 31 países y 02 organizaciones internacionales son sus miembros. Líder en la lucha contra el delito de Legitimación de Capitales o Lavado de Dinero. Entre sus funciones está la promoción, divulgación e implementación de sus Recomendaciones a los países no miembros; tales como las 40 Recomendaciones sobre Lavado de Dinero, las Recomendaciones Especiales sobre Financiamiento Terrorista.

GAFIC: El Grupo de Acción Financiera del Caribe, es una organización integrada por treinta Estados de la Cuenca del Caribe, que han acordado poner en práctica contramedidas en común para responder a la problemática del delito de Legitimación de Capitales. Fue establecido como resultado de una serie de reuniones convocadas en Aruba en mayo de 1990 y en Jamaica en noviembre de 1992.

GAFILAT: El Grupo de Acción Financiera de Latinoamérica (GAFILAT) es una organización intergubernamental de base regional que agrupa a 16 países de América del Sur, Centroamérica, América del Norte y el Caribe.

Su objetivo es combatir el lavado de dinero, la financiación del terrorismo y el financiamiento de la proliferación de armas de destrucción masiva, a través del compromiso de mejora continua de las políticas nacionales y la profundización en los distintos mecanismos de cooperación entre los países miembros.

GAP (APG en inglés): Grupo Asia/Pacífico Sobre Lavado De Activos: Australia solicitó la creación de un órgano directivo que dirigiera sus esfuerzos a mostrar resultados más concretos en la lucha contra el delito de Legitimación de Capitales, con el propósito de obtener un compromiso regional hacia ese objetivo, sus primeros orígenes fueron a principios de 1990, pero su creación se materializó en la reunión de Bangkok de 1997. La primera asamblea tuvo lugar en Tokio en 1998, la segunda en Manila en 1999 y la tercera en Sydney; se realiza anualmente y en ella participan además de los Estados Miembros, otras jurisdicciones y organizaciones observadoras.

Grupo Egmont: Creado en junio de 1995, es un organismo que agrupa Unidades de Inteligencia Financiera, con el objetivo común de fomentar la creación de dichas Unidades, así como la cooperación y el intercambio de información financiera entre ellas.

Grupo estructurado: "Grupo de Delincuencia Organizada formado deliberadamente para la comisión inmediata de un delito."

Grupo Wolfsberg: El Grupo de Bancos Wolfsberg denominado así en honor a la ciudad ubicada en Suiza donde se formó el grupo, representa un grupo de bancos privados internacionales, como son: ABN Amor N.V.; Banco Santander Central Hispano S.A.; Bank of Tokio-Mitsubishi; Ltd; Barclays Bank; Citigroup, CreditSuisseGroup; Deutsche Bank AG; Goldman Sachs; HSBC, J.P: Morgan Chase; Société Générale; y UBS A.G. El Grupo ha establecido tres conjuntos de principios o guías para la banca privada antilavado de dinero.

GSBO: Grupo de Supervisores Bancarios Offshore.

H

Hawala: Es uno de los sistemas de transferencia informal de fondos (TIF) que son generalmente utilizados en muchas regiones del ámbito local e internacional.

Hawala significa "transferencia" o "cable" en la jerga bancaria árabe. El sistema hawala es un canal informal de transferencia de fondos de un lugar a otro a través de proveedores de servicios conocidos como hawaladars. Aunque por lo general la mayor parte de las transacciones son llevadas a cabo por trabajadores inmigrantes que viven en países desarrollados, el sistema puede utilizarse también para remitir fondos desde un país en desarrollo, aunque la finalidad de la transferencia sea diferente.

Hundí: Ver sistema alternativo de remesa.

I

IAIS: Asociación Internacional de Supervisores de seguros

IAS: Informe de Actividad Sospechosa. La actividad sospechosa se requiere que sea reportada por los bancos y otras instituciones de depósito y negocios de servicios monetarios bajo las normas de la Ley, en un formulario de Informe de Actividad Sospechosa

IECNI: Informe de la Estrategia de Control de Narcóticos Internacional emitido anualmente por el Departamento de Estado de los Estados Unidos. El IECNI incluye una extensa sección sobre el estado del lavado de dinero en la mayoría de los países.

Informe de Transacción de Efectivo (CTR por sus siglas en inglés): apareció cuando se aprobó la Ley Para el Informe de Transacciones en Efectivo y Extranjeras, mejor conocida como la Ley de Privacidad Bancaria (BSA por sus siglas en inglés), en el 1970.

Instrumentos monetarios: Cheques de viajero, instrumentos negociables, incluyendo cheques personales y comerciales, cheques de bancos oficiales, cheques de caja, pagarés, órdenes de dinero, valores o acciones al portador, estos instrumentos están normalmente incluidos, junto con el dinero, en las regulaciones sobre lavado de dinero de la mayoría de los países, y las instituciones financieras deben presentar informes y mantener registros de las operaciones que el cliente realiza con ellos.

INTERPOL: Organización de Policía Internacional: (Lyón –Francia). Tiene como Principios de Funcionamiento, la cooperación internacional, basado en la acción coordinada de las Fuerzas de Policía de los Estados miembros, que a la vez proporcionan y solicitan informaciones y servicios. La Oficina Central Nacional (O.C.N.) de INTERPOL, es el servicio que constituye en cada Estado miembro el punto de apoyo permanente de la cooperación policial internacional, lo cual ejecuta a través de diferentes medios.

Interpuesta persona: Personas naturales o jurídicas, que sin pertenecer o estar vinculado a un grupo de Delincuencia Organizada, sea propietario, poseedor o tenedor de bienes relacionados con la comisión de los delitos previstos en la Ley.

ITE: Informe de Transacciones en efectivo: En algunos países, incluido EE.UU., debe presentarse un informe ante las autoridades gubernamentales cuando se realiza una operación en efectivo por un monto superior al establecido legalmente o cuando se realizan múltiples operaciones en efectivo sobre el monto acumulado en un día hábil.

J

JMLSG: Joint Money LaunderingSteeringGroup: Grupo compuesto por Asociaciones de Comercio del Reino Unido, en la industria financiera, cuyo objetivo es el promulgar prácticas contra el delito de Legitimación de Capitales, así como brindar asistencia e la interpretación de leyes y regulaciones en el tema; para tal fin, en 1990, emitió las notas Guías para la Prevención del Lavado de Dinero. Sin embargo, no tiene función regulatoria, por lo que la aplicación de las notas guías no es obligatoria.

L

LOCDOFT: Ley Orgánica Contra La Delincuencia Organizada y Financiamiento al Terrorismo. Publicada en Gaceta Oficial N° 39.912, de fecha 30 de abril de 2012. Ley que tipifica el delito de Legitimación de Capitales, Financiamiento al Terrorismo y los Delitos contra la Delincuencia Organizada en Venezuela.

LCLD: Ley de Control de Lavado de Dinero (Estados Unidos): En 1986, Estados Unidos se convirtió en el primer país en estatuir en delito el Lavado de Dinero. Investiga y recomienda el procesamiento judicial por violaciones al Título 18, Código de los Estados Unidos, Secciones 1956 y 1957. Estos estatutos hacen ilegal el realizar ciertas transacciones financieras con ganancias generadas a través de actividades ilegales tales como el narcotráfico, fraude y desfalco, entre otros. Así, tiene alcance extraterritorial, cuando el delito es cometido por un ciudadano no estadounidense, cuya conducta ocurre en parte en los Estados Unidos, y si la transacción es por un monto mayor de US $ 10.000.

LSB: Ley de Secreto Bancario: Promulgada en 1970, en Estados Unidos, es una ley primordial, que impone controles regulatorios sobre las Instituciones

Financieras y otras actividades, siendo una de las más conocidas, la norma que requiere de las Instituciones Financieras que realicen transacciones por un monto mayor a US $ 10.000, deben presentar un Informe de Transacciones en Efectivo.

LSMDFE: Ley Sobre Mensajes de Datos y Firmas Electrónicas. Publicado en Gaceta Oficial de la República Bolivariana de Venezuela N° 37.148, de fecha 28 de febrero de 2001

Ley sobre Reducción del Lavado de Dinero Internacional y el Financiamiento Terrorista de 2001: LEY USA PATRIOT Nombre completo en inglés: Uniting and Strengthening América byProvidingAppropriate Tools Required to Intercept and ObstructTerrorismAct de 2001): Acrónimo de su nombre completo, fue promulgada 45 días después del 11 de Septiembre. El Titulo III de esta ley, "Ley de Supresión del Lavado de Dinero y Financiamiento Antiterrorista Internacional de 2001", contiene la mayoría de las normas relacionadas con el delito.

Lista Negra: Ver PTNC.

M

Matriz de Riesgo: Cuadro o documento para evaluar el riego de Lavado de Dinero a un Banco o Institución Financiera al comienzo de una relación comercial o con un cliente; posteriormente la matriz permite realizar un monitoreo de las operaciones más exacto.

MENAFATF (Siglas en inglés): Grupo de Acción Financiera del Medio Este y Norte de África

Monitoreo: Elemento del procedimiento Conozca su Cliente, que consiste en la comparación regular de la actividad constante de la cuenta con el tipo de actividad considerada normal, habitual y esperada, para el cliente, sea cualquier persona, natural o jurídica.

N

NCCT (siglas en inglés): Países y Territorios No Cooperadores

NSM: Negocios de Servicios Monetarios: Término usado en los Estados Unidos y otros países para las compañías de remesa de dinero, pagadores de cheques, emisores, vendedores y cambiadores de cheques de viajero, casas de cambio, entre otras.

NSMs: Ver Servicio de Remesa.

O

OCAE (OFAC siglas en inglés): Oficina de Control de Activos Extranjeros. Departamento del Tesoro de los Estados Unidos. Administra y aplica sanciones económicas y comerciales contra países extranjeros, organizaciones que apoyan el terrorismo, terroristas, traficantes internacionales de droga y otros de acuerdo con la política exterior de Estados Unidos, y los objetivos de seguridad nacional. La OCAE también emite varias listas, incluyendo la de "Traficantes de Drogas Especialmente Designados" y la de "Terroristas Especialmente Designados".

OEA- CICAD: Organización de Estados Americanos - Comisión Interamericana para el Control del Abuso de Drogas. La OEA ha emitidos varios documentos conteniendo recomendaciones sobre lavado de dinero a través de su Comisión Interamericana para el Control del Abuso de Drogas. Ellos incluyen varias modificaciones de la Regulación Modelo de la OEA que fuera emitida por primera vez en 1992. La CICAD ha auspiciado y coordinado varios seminarios de capacitación para funcionarios y banqueros sobre medidas antilavado de dinero.

OFAC (siglas en inglés): "La Oficina de Control de Activos Extranjeros", ver OCAE.

Offshore: Significa fuera del propio país. El término es aplicado en referencia a la intención de reducir los impuestos de una persona o entidad o proteger o esconder bienes - mediante la estructuración de los asuntos financieros bajo las leyes de otra jurisdicción que sean más favorables a las del país donde reside.

OILA: Oficial Informante de Lavado de Dinero.

ONA: Oficina Nacional Antidrogas: Adscrita al Ministerio del Interior y Justicia, es actualmente el órgano desconcentrado de carácter técnico especial en materia de drogas con autonomía funcional, administrativa y financiera, en Venezuela.

ONG: Organización No Gubernamental. Término usado para describir las organizaciones como el Fondo Monetario Internacional, el Banco Mundial y otras que actúan en el ámbito internacional.

ONU: Organización de las Naciones Unidas. Resolución del Consejo de Seguridad 1373 fS/RES/1373 f200m. El 28 de septiembre de 2001, El Consejo de Seguridad de la ONU adoptó unánimemente esta resolución, que ordena, entre otras cosas, el congelamiento de activos terroristas. Las resoluciones del Consejo de Seguridad obligan a los 189 miembros de la ONU, a diferencia de los tratados o convenciones, que requieren pasos posteriores de los estados signatarios.

Operaciones Inusuales o Desusadas: Aquellas desacostumbradas o raras, las que no suelen realizarse en este tipo de negocio o crédito, cuya cuantía o características no guarden relación con la actividad económica del cliente, o que, por su número, por las cantidades transadas o por sus características particulares, escapan de los parámetros de normalidad establecidos para determinado rango de mercado.

Operación No Convencional: Aquella que no esté de acuerdo o en consonancia con los precedentes, costumbres o uso bancario y que no se ajusta a los procedimientos requeridos en esa clase de operaciones. Esta categoría también se puede aplicar cuando se comprenda que toda operación bancaria está integrada por un conjunto de fases, y se omite una o varias de ellas, o se sigue un procedimiento no establecido regularmente por la Institución.

Operación Compleja: Aquella que se compone de operaciones o elementos diversos, es decir, que contiene varias operaciones de diferente clasificación, configuradas por un conjunto o unión de varias operaciones. Para determinar las condiciones inusitadas de complejidad de estas operaciones se debe tener en cuenta el tipo de operación, pues una operación bancaria por su naturaleza puede ser compleja, pero para el empleado bancario esta complejidad habitual es sencilla. Lo que determina que una operación pueda ser compleja en forma inusitada, es la orden del cliente que pueda complicar una operación normalmente simple.

Operación en Tránsito: Aquella por la cual la Institución Financiera sirve de escala entre el origen y el destino de la operación, ya sea ésta nacional o internacional.

Operación de Cambio vinculada al Servicio de Encomiendas Electrónicas distinto se las Operaciones de Transferencias de Fondos:

a) La entrega por parte del cliente a un Banco Universal o Comercial, Entidad de Ahorro y Préstamo o Casa de Cambio afiliado a un sistema central electrónico de información, traspaso y compensación que funcione a nivel internacional, de una determinada cantidad de dinero en bolívares, que él desee enviar hacia el extranjero, y la posterior recepción por parte del destinatario, a través de una agencia en el extranjero afiliada al mismo sistema, de las divisas cuya entrega ordenó: y

b) La recepción por parte del cliente de una determinada cantidad de dinero en bolívares entregada a él por un Banco Universal, Banco Comercial,

Entidad de Ahorro y Préstamo o Casa de Cambio afiliado a un sistema central electrónico de información, traspaso y compensación que funcione a nivel internacional, producto de una entrega de divisas realizada en el extranjero a una agencia afiliada al mismo sistema.

P

Paraíso Fiscal: Países que ofrecen y aplican incentivos impositivos especiales o exención de impuestos para inversores y depositantes extranjeros.

Países y Territorios No Cooperadores: Ver PTNC. Países designados por el Grupo de Acción Financiera Internacional como no cooperador de los principios y procedimientos antilavado internacionales.

PEP: Personas Expuestas Políticamente (PPE: Personas Políticamente Expuestas): son los individuos que desempeñan o han desempeñado funciones públicas destacadas en un país extranjero, por ejemplo. Jefes de Estado o de un gobierno, políticos de alta jerarquía, funcionarios gubernamentales, judiciales o militares de alta jerarquía, altos ejecutivos de empresas estatales, funcionarios importantes de partidos políticos. Las relaciones comerciales con los miembros de las familias o asociados cercanos de las PEP involucran riesgos en cuanto a la reputación similares a los de las mismas PEP.

Perfil: Elemento de los procedimientos Conozca Su Cliente mediante el cual una institución financiera determina el tipo de actividad que debería ser considerada "normal y esperada" para un cliente y los posteriores monitoreos de la actividad para determinar si la misma se realiza dentro del perfil.

PESF: Programa de Evaluación del Sector Financiero: El Fondo Monetario Internacional y el Banco Mundial aplican un programa conjunto denominado (PESF). Con el trabajo de expertos contratados por las dos organizaciones, este programa optimiza los recursos de expertos, reduce la duplicación de esfuerzos y da un asesoramiento uniforme en el trabajo del sector financiero. Ayuda a identificar las fortalezas y debilidades del sistema financiero para reducir el potencial de una crisis.

PIC: Programa de Identificación de Cliente: Políticas y procedimientos de una institución financiera para identificar y verificar la identidad de sus clientes. Debe ser escrito y aprobado por la Junta Directiva de la institución, o un comité del directorio que supervise el programa.

POA: Plan Operativo Anual.

Principios Wolfsberg: Estas guías, emitidas por primera vez en el 2000 y modificadas en el 2002, son recomendadas como procedimientos antilavado efectivos para la banca privada. Las guías incluyen recomendaciones generales para la aceptación de clientes, actualización de los archivos de clientes, prácticas para la identificación de actividad sospechosa o inusual, monitoreo, responsabilidades de control, reporte, educación y mantenimiento de archivos.

Producto del delito: Bienes derivados u obtenidos, directa o indirectamente, de la comisión de un delito.

Programa de Cumplimiento Antilavado: Programa de Cumplimiento Antilavado de Dinero: diseñado para asistir a las instituciones en su lucha contra el Lavado de Dinero y Financiamiento del Terrorismo. Programa que entre otros, también debería incluir como mínimo estos cuatro elementos: 1. Políticas, procedimientos y controles internos escritos; 2. Un Oficial de Cumplimiento Antilavado debidamente designado; 3. Un continuo programa de entrenamiento de empleados; y 4. Una auditoría independiente para testear los programas.

Programa de cumplimiento LSB: Programa requerido a las instituciones financieras de los Estados Unidos para controlar el lavado de dinero y los delitos financieros relacionados con el mismo. Los programas están formados por: Oficial: señor responsable por el cumplimiento; sistemas internos de control, testeo y monitoreo independiente, entrenamiento constante y aprobación de programa de cumplimiento por la Junta Directiva de la compañía.

PTNC: Países y Territorios No Cooperadores.

R

RAS: Reporte de Actividades Sospechosas

ROS: Reportes de Operaciones Sospechosas.

S

Secreto Bancario: El Secreto Bancario prohíbe a los bancos en ciertos países revelar la existencia de cuentas o dar información sobre ellas sin el consentimiento del cliente. El Artículo 9 de las 40 Recomendaciones del GAFI establece que las normas de secretismo bancario deberían ser concebidas de manera de no inhibir la implementación de las Recomendaciones.

SENIAT: Servicio Nacional Integrado de Administración Aduanera y Tributaria, de la República Bolivariana de Venezuela.

SNIC: Servicio Nacional de Inteligencia Criminal del Reino.

Servicio de Remesa: Negocios que reciben efectivo y otros fondos que transfiere a través del sistema bancario a otra cuenta mantenida por una compañía asociada en una jurisdicción extranjera donde el dinero está a disposición del receptor último. También conocidos como NSMs, casas de giro o casas de cambio. Ejemplos de estos negocios son: los emisores, vendedores y cambiadores de órdenes de dinero y cheques de viajero, transmisores de dinero, pagadores de cheques, cambiadores y corredores de moneda, entre otros.

Servicios Financieros Globalizados: El resultado de la continua consolidación de las entidades financieras internacionales a través de fusiones y adquisiciones. Las entidades globales han desarrollado innovaciones de servicios tecnológicos y financieros que han generado nuevos productos y servicios bancarios y modelos de negocios.

Sistemas alternativos de remesa: También conocidos como banca subterránea o paralela. Frecuentemente asociados con grupos étnicos del Medio Oriente, África, China o Asia y generalmente implican la transferencia de valores entre países, fuera del sistema bancario legítimo. La compañía de remesa puede ser un negocio de venta de mercaderías que tiene un acuerdo con un negocio corresponsal en otro país. La transferencia del dinero se realiza a través de información codificada pasada a través de jóvenes, couriers, cartas o faxes, (unidos por una confirmación telefónica. Los sistemas son conocidos por diferentes nombres dependiendo del país: Hawala (una palabra urdi que significa referencia), Hundí (una palabra hindi que significa confianza), banca Chiti (en referencia a la forma que el sistema opera), Banca Chop Shop (China) y PoeyKuan (Tailandia).

Smurfing: Llamado también estructuración. Posiblemente el método de lavado dinero más usado, usualmente incluye a varios individuos que depositan efectivo o compran giros bancarios por montos por debajo del límite sujeto a reporte.

Sospecha: Aquella apreciación fundada en conjeturas, en apariencias o avisos de verdad, que determinará hacer un juicio negativo de la operación por quien recibe y analiza la información, haciendo que desconfíe, dude o recele de una persona por la actividad profesional o económica que desempeña, su perfil financiero, sus costumbres o personalidad, así la ley no determine criterio en fundón de los cuales se puede apreciar el carácter dudoso de una operación. Es un criterio subjetivo basado en las normas de máxima experiencia de hecho.

SUDEBAN: Superintendencia de Bancos y Otras Instituciones Financieras: 17 de marzo de 2010, fue publicada en la Gaceta Oficial de la República Bolivariana de Venezuela No. 39.388, la Resolución 119-10 que establece "Normas relativas a la administración y fiscalización de los riesgos relacionados con los delitos de Legitimación de Capitales y Financiamiento al Terrorismo aplicables a las instituciones reguladas por la Superintendencia de Bancos y Otras Instituciones Financieras"

SUDESEG: Superintendencia de Seguros

T

TALM ("MLAT"): Tratado de Asistencia Legal Mutua. Tratado entre países que permiten la asistencia en procedimientos legales y el acceso a documentos y testigos u otra colaboración legal y judicial en los respectivos países de fuentes públicas y privadas para su utilización en investigaciones oficiales y juicios.

TEF: Transferencia Electrónica de Fondos: Es el equivalente de las transferencias cablegráficas, es seguro, eficiente y menos costoso que pagos en cheque.

Tenedor de Libros: Es el que actúa como un corredor, parecido al corredor de acciones o corredor de bienes raíces, mantiene en su poder dinero para una persona que realiza apuestas y cobra una comisión por ese servicio.

Tipología: Término usado por el GAFI para los métodos de Lavado de Dinero.

Transacción Estructurada: se entenderá un esquema para intentar evadir los requisitos de los reportes, declaraciones fijadas por el Ejecutivo, mediante el método de dividir grandes sumas de dinero en efectivo en múltiples montos por debajo del umbral de reporte o declaración. En muchos casos, secciones relativamente pequeñas de dinero son entregadas a varias personas de bajo nivel en la organización delictiva (estructuradores), quienes lo depositan en numerosas cuentas en uno o varios Bancos locales. En algunos casos, convierten el efectivo en gran cantidad de órdenes de pago o cheques de viajero realizando luego endosos fraudulentos para depositarlos en esas cuentas. También usan nombres falsos y direcciones inexistentes. Los fondos pueden transferidos electrónicamente o empleados para comprar instrumentos monetarios.

Transacción Inusual: Transacciones que son inconsistentes con el perfil del cliente o son inconsistentes con la actividad que se espera para ese tipo de cuenta. En algunas legislaciones son equivalentes a transacciones sospechosas.

U

UE: Unión Europea.

UIF: Unidad de Inteligencia Financiera: Acuerda con otros organismos nacionales recibir, analizar y procesar los Reportes de Actividades Sospechosas (RAS o ROS) detectados en otros sectores económicos como los de seguros y el mercado de valores.

UNODC: Oficina Contra Las Drogas y Crimen de las Naciones Unidas.

Recursos
de
información

http://www.transcrime.it/en/pubblicazioni/criminal-markets-and-mafia-proceeds/

https://www.infobae.com/america/mundo/2017/04/08/cosa-nostra-camorra-y-ndrangheta-3-0-como-es-la-mafia-italiana-en-el-siglo-xxi/

https://www.lainformacion.com/mundo/las-cifras-de-la-mafia-mas-de-20-000-millones-de-euros-al-ano/6337091

https://www.fbi.gov/investigate/organized-crime

https://www.lainformacion.com/mundo/las-cifras-de-la-mafia-mas-de-20-000-millones-de-euros-al-ano/6337091

https://www.efe.com/efe/america/economia/el-contrabando-anual-en-latinoamerica-se-estima-entre-70-000-y-80-dolares/20000011-3419339

http://dx.doi.org/10.1787/888933345922

http://dx.doi.org/10.1787/888933345908

https://www.justice.gov/usao-sdms/pr/two-argentine-men-sentenced-passing-counterfeit-currency

https://www.justice.gov/usao-sc/pr/two-florence-residents-plead-guilty-federal-court-manufacturing-and-passing-counterfeit

http://www.elmundo.es/elmundo/2012/06/27/economia/1340819077.html

https://expansion.mx/bienvenida?toURL=/negocios/2012/07/25/hsbc-paga-385-mdp-de-multa&originalReferer=https://www.google.com/&internal_source=PRESITE

http://www.oecd.org/tax/transparency/

http://www.oecd.org/tax/transparency/exchange-of-information-on-request/ratings/

http://www.oecd.org/tax/transparency/exchange-of-information-on-request/ratings/

Analysis of Transnational Crime and the Developing World Global Financial Integrity Report 2017

Interpol Report / US Drug Enforcement Administration

https://www.un.org/disarmament/es/adm/nuclear-weapons/

https://www.unodc.org/wdr2017/field/Booklet_5_NEXUS.pdf

https://www.transparency.org/news/feature/corruption_perceptions_index_2016

https://www.theguardian.com/world/2017/jun/01/brazil-operation-car-wash-is-this-the-biggest-corruption-scandal-in-history

http://cnnespanol.cnn.com/2017/08/02/panama-multa-a-odebrecht-con-220-millones-de-dolares-por-el-caso-de-sobornos/

http://www.fatf-gafi.org/faq/moneylaundering/

https://www.clarin.com/mundo/hsbc-operaciones-iran-us-millones_0_S1DUT6-2w7e.html

Made in the USA
Columbia, SC
19 January 2019